# LES BESOINS

## ET

# LES DÉFIS
## DES ENFANTS DE 6 À 12 ANS

*Vivre en harmonie avec des apprentis sorciers*

# LES BESOINS
## ET
# LES DÉFIS
## DES ENFANTS DE 6 À 12 ANS

*Vivre en harmonie avec des apprentis sorciers*

**Germain Duclos**
**Danielle Laporte**
**Jacques Ross**

Les éditions
Héritage inc.

**Données de catalogage avant publication (Canada)**

**Duclos, Germain**
**Laporte, Danielle**
**Ross, Jacques**

Les besoins et les défis des enfants de 6 à 12 ans:
Vivre en harmonie avec des apprentis sorciers

ISBN: 2-7625-7790-X

1. Éducation des enfants. 2. Enfants - Psychologie. 3. Enfants -
Développement. 4. Parents et enfants. 5. Apprentissage,
Psychologie de l'. I. Laporte, Danielle. II. Ross, Jacques, 1945-. III.
Titre.

HQ769.D822 1994      649'.124      C94-94-1307-0

Conception graphique de la couverture: Dufour et Fille
Photographie de la couverture: Yves Lacombe
Infographie: Deval Studiolitho inc.
Révision linguistique: Luc Bégin
Directrice de la collection: Lucie Côté

Dépôts légaux: 4e trimestre 1994
Bibliothèque nationale du Québec
Bibliothèque nationale  du Canada

ISBN: 2-7625-7790-X

Imprimé au Canada

**LES ÉDITIONS HÉRITAGE INC.**
300, rue Arran, Saint-Lambert (Québec) J4R 1K5
Tél.: (514) 875-0327

Merci à Luc Bégin pour sa ténacité et pour son flegme rassurant ainsi qu'à Lucie Côté pour ses encouragements.

Merci à tous les parents et à tous les enfants qui, par leur confiance et leur désir d'améliorer leurs relations, nous ont montré le chemin à suivre... et nous ont permis de grandir avec eux.

Merci aux amis, merci à la vie !

Germain Duclos
Danielle Laporte
Jacques Ross

L'apprenti sorcier, comme le définit *Le Petit Robert,* est «celui qui déchaîne des événements dont il n'est pas capable d'arrêter le cours». Mais, entre 6 et 12 ans, il est aussi cet être curieux, entreprenant, fantaisiste et naïf dont la richesse de l'imaginaire et la soif insatiable d'apprendre dans l'action nous fascinent.

# TABLE DES MATIÈRES

# INTRODUCTION

Bien des choses se sont transformées en quelques décennies et la famille n'a pas échappé à ce bouleversement. Mais rien n'a changé concernant le développement de l'enfant qui continue à se faire suivant un processus continu et bien défini. Ainsi, ayant traversé «l'âge de la confiance» (de 0 à 9 mois), «l'âge de l'exploration» (de 9 à 18 mois), «l'âge de l'affirmation» (de 18 à 36 mois) et «l'âge de l'imaginaire» (de 3 à 6 ans), l'enfant aborde maintenant une autre étape importante de son développement qui va le conduire jusqu'à l'adolescence.

La vie est un éternel recommencement! Les grands enjeux de la petite enfance (confiance, exploration, affirmation et imaginaire) reviennent régulièrement et sont vécus de façon de plus en plus élaborée, de plus en plus complexe et de plus en plus consciente. Regardons, par exemple, la période qui va de 0 à 9 mois pendant laquelle l'enfant doit se distancier graduellement du corps de sa mère pour s'asseoir, ramper, manger avec ses mains, etc. Cette première séparation aura un écho au moment de l'entrée à l'école. L'enfant devra alors quitter ses parents pour apprendre seul et aller de plus en plus vers des amis. À l'adolescence, une nouvelle séparation s'opère lorsque le jeune s'identifie à son groupe de copains et réclame davantage d'autonomie. Même à l'âge adulte, chaque individu doit régulièrement faire face à ce dilemme : être assez proche de l'être aimé, de ses amis, de ses enfants pour vivre des relations d'intimité, et en être assez loin pour conserver une indépendance affective et intellec- tuelle.

Que veut dire la *confiance* à 6 ans sinon se faire confiance comme apprenti, faire confiance à son enseignante et aux adultes qui veulent être des guides sur la route de la connaissance ainsi que faire confiance à la vie !

Que veut dire *explorer* à 8 ans si ce n'est devenir un apprenti « sage », c'est-à-dire quelqu'un qui se permet des erreurs de parcours, qui cultive sa curiosité et qui entre- tient sa soif de tout connaître !

Que veut dire *s'affirmer* à 10 ans sinon connaître ses forces et ses talents, exiger qu'on reconnaisse sa compé- tence, expérimenter un peu plus de liberté et réclamer de l'autonomie et du respect dans sa famille, à l'école et dans la société.

Que veut dire *utiliser son imaginaire* à 11 ou 12 ans si ce n'est inventer dans l'action, imaginer des situations et des solutions, admirer des personnes qui paraissent extraordi- naires et se choisir des héros dont on envie les innombra- bles qualités !

À partir de 6 ans, l'enfant entre résolument dans l'uni- vers de la connaissance. Celui de la connaissance scolaire, celui, plus important, de la connaissance des autres et des relations avec les autres et, surtout, celui de la connaissance de soi, c'est-à-dire de ses forces et de ses vulnérabilités.

De 6 à 8 ans, l'enfant vit «l'âge de raison» et il veut tout connaître. Puis, à «l'âge des règles», soit de 8 à 10 ans, il cherche à tout contrôler et à tout ordonner. Enfin, de 10 à 12 ans, il entre dans «l'âge des héros» et le moment est venu où il veut tout redéfinir, tout transformer et tout recréer.

Inventif et curieux, l'enfant de 6 à 12 ans est un *apprenti* que nous voudrions instantanément «sage» mais qui n'apprend à le devenir que peu à peu. Créateur et sensible, c'est aussi un *sorcier* qui «intuitionne» les rapports entre les choses et qui devine les mystères de l'univers.

Centré sur le plaisir, désireux de connaître tous les secrets de son monde, l'enfant de 6 à 12 ans est un *apprenti sorcier* qui est à la recherche de talismans et, surtout, de la fameuse formule magique qui lui permettra de transformer tout ce qu'il touche en or et tout ce qu'il vit en bonheur intense.

Avec ce deuxième livre d'une série de trois, nous cherchons encore une fois à permettre aux parents de passer **de la théorie à la pratique** en sollicitant leur participation active par une description des enjeux, des défis et des besoins de chaque âge, par des exercices pratiques, par des questionnaires d'auto-évaluation de même que par des réflexions personnelles. De plus, nous proposons directement aux enfants de mieux se connaître en répondant à certaines questions et en discutant de ces questionnaires avec leurs parents. Cela donnera à chacun l'occasion de pratiquer l'art de la communication !

La compétence parentale se développe au fil des jours mais elle n'est jamais acquise pour toujours. Tout est question de désir, de conscience et d'équilibre.

Ce livre s'adresse aux parents biologiques de même qu'aux parents «psychologiques» ou «sociologiques»[1]. Il se veut un outil précieux pour tous ceux et celles qui veulent devenir un parent guide et favoriser l'épanouissement de leur enfant, et ce, quel que soit le type de famille qu'ils forment.

---

1   Afin de simplifier les exercices, nous utilisons les termes «mère» et «père» ou les abréviations **M** et **P**, mais cet usage n'est évidemment pas restrictif.

# I

# L'UNIVERS
# DE L'APPRENTI SORCIER

# 1

# Un univers en mutation

À peine sorti de « l'âge de l'imaginaire », l'enfant entre dans la période dite de latence au cours de laquelle, selon les psychanalystes, les pulsions et les désirs sont mis en veilleuse pour libérer l'énergie et la rendre disponible d'abord et avant tout aux apprentissages. Ce désir d'apprendre occupe une grande place entre 6 et 12 ans; mais cela n'empêche pas l'enfant de vivre des émotions intenses, de réagir par des comportements qui s'avèrent parfois difficiles à contrôler et d'éprouver toutes sortes de problèmes d'apprentissage.

De nos jours, les parents et les intervenants scolaires sont de plus en plus nombreux à consulter au sujet de ces problèmes. Ils s'informent, demandent conseil et assistent en grand nombre aux diverses conférences qui se donnent sur l'éducation des enfants de cet âge.

Une étude récente sur la santé mentale des jeunes de 6 à 11 ans démontre également que près de 20 p. cent d'entre eux éprouvent au moins une difficulté persistante d'adaptation. Il s'agit d'un pourcentage important! Pourtant, il faut se rappeler que tout est question d'intensité, de durée et de fréquence dans ce domaine, et que le processus de développement lui-même comporte des périodes de déstabilisation. Les enfants, comme les adultes, ont sans cesse besoin de se réajuster et il est normal qu'ils vivent de petites régressions temporaires. Un des grands enjeux de l'être humain n'est-il pas d'arriver à s'adapter sans devenir, pour autant, d'une conformité paralysante et tout en conservant une marge de liberté qui est source de créativité et d'ouverture d'esprit!

Nous ne croyons pas que les «enfants problèmes» soient plus nombreux aujourd'hui qu'hier! Par contre, les parents d'aujourd'hui sont plus rapidement alertés par les conflits de leurs petits; ils sont mieux informés et plus enclins à se questionner.

Les grands changements sociaux des dernières décennies ont fait ressortir des problématiques spécifiques et ont coloré différemment les relations familiales. Les possibilités d'être un «parent guide» n'en sont pas moins réelles.


## Portrait de l'apprenti sorcier

Déjà «grand» mais encore si «petit», l'enfant de 6 à 12 ans est un être merveilleux, attachant et, par moments, drôle. Toujours concret, il est aussi capable de raisonnements surprenants. C'est aussi un être qui est très occupé à connaître l'univers et ceux qui le peuplent.

Il est à l'âge où il se détache de plus en plus de ses parents tout en revenant à eux rapidement pour se faire consoler, encourager et admirer. Plein de contradictions, il recherche sans cesse la compagnie de ses amis alors qu'il repousse souvent son petit frère ou sa petite sœur.

Chaque journée s'avère trop courte pour lui étant donné qu'il veut tout faire et tout connaître. Sa chambre déborde de collections d'objets précieux, bouts de bois, pierres, cartes de toutes sortes, gommes à effacer et crayons, etc. Le soir, même s'il est épuisé, il s'intéresse quand même à un livre ou au film qui passe à la télévision. Il a parfois de la difficulté à s'endormir parce que le monde de l'inconscient, celui des émotions, des peurs et des désirs, l'envahit. À cet âge, il est plus facile d'agir que de parler de soi !

L'enfant de 6 à 12 ans est un « apprenti » qui n'est pas toujours « sage ». Il veut tout réussir et tout de suite ! Avant de faire quelque chose, il observe attentivement ; mais cette observation est de très courte durée et il déclare illico qu'il est capable d'y arriver. Il expérimente avec abondance et inquiète souvent ses parents. Il apprend selon un style particulier que lui-même ne connaît ni ne reconnaît encore. Il adore les activités organisées qui lui permettent d'acquérir des habiletés comme le scoutisme, « Les débrouillards », les activités sportives, la danse, etc. Et il accueille bien les expériences nouvelles !

L'enfant de 6 à 12 ans est également un « sorcier » qui a recours à des effets magiques et à des artifices. Il cherche à acquérir du pouvoir sur sa vie et, pour ce faire, il doit parfois se lier aux puissances occultes que représentent les adultes. Il désire s'éloigner de ses parents mais il se sent en même temps bien démuni. Espérant devenir grand et fort, le garçon est fasciné par des héros sans peur et sans reproche que les médias lui proposent et qui ont nom Batman, Ninja Turtle, etc. La fille, pour sa part, ne se voit proposer que peu d'héroïnes combatives et capables de faire face aux dangers de la vie. En revanche, elle a le loisir de s'identifier à de belles héroïnes qui pratiquent la séduction et la ruse et qui possèdent un pouvoir différent mais bien réel sur le monde extérieur.

Les parents sont parfois inquiets de constater que leur « apprenti sorcier » a l'esprit obnubilé par des personnages qui sont parfois violents et qui ne sont pas toujours « moraux ». À cet effet, il est important qu'ils comprennent que leur enfant cherche à compenser un sentiment d'impuissance face aux adultes en voulant ressembler à des personnages qui expriment sans culpabilité leurs désirs, leur agressivité et leurs besoins. En d'autres mots, le « sorcier » est à la recherche de talismans !

L'enfant de 6 à 12 ans est un « apprenti sorcier » puisqu'il cherche à contrôler ses instincts pour être admis dans le monde des adultes. Par des rituels (ne pas marcher sur les lignes du trottoir, par exemple), par des jeux de règles, par des comportements de toutes sortes et par des manipulations émotives de plus en plus sophistiquées, il tente d'orienter son énergie créatrice pour qu'elle soit socialement acceptable. En fait, il ressemble à un jongleur. Il jongle avec son imagination débordante, son goût de la logique concrète, son désir de se faire valoir, son besoin de se faire aimer et accepter de même qu'avec l'espoir d'être admis éventuellement dans le monde des adultes. Le nez en l'air et cherchant à garder son équilibre, il ne voit pas toujours venir ce qui s'en vient !

L'apprenti sorcier est à la recherche des secrets de la nature. On le voit inventer des potions magiques en se servant d'épices et d'huiles, démonter des objets et chercher à comprendre l'incompréhensible. Les dinosaures et les volcans le fascinent tandis que certains phénomènes, tels que les chicanes entre parents, la mort d'un animal ou une menace de guerre, le troublent beaucoup.

Il se trouve à la frontière de deux pays : celui de la magie et celui de la science ! Ses parents et les autres adultes qui l'entourent doivent l'encourager à développer à la fois son intuition et son jugement pratique afin qu'il devienne lui-même un héros et un créateur que tous les possibles attirent.

## Une génération distincte

De nos jours, les enfants qui sont âgés de 6 à 12 ans ont des mères qui sont issues du courant féministe. Ces femmes, qui travaillent à l'extérieur du foyer dans une proportion de 67 p. cent, réclament le partage des tâches domestiques et désirent d'abord et avant tout se réaliser en tant que personnes. Ces enfants ont aussi des pères qui cherchent leur identité positive d'homme après avoir pris conscience, parfois de façon brutale, de leurs difficultés à exprimer leurs émotions et à vivre une véritable intimité. Les apprentis sorciers ont des parents qui ont cherché également à combattre les stéréotypes tout en poursuivant sans relâche amour, argent et bonheur. Des parents, enfin, qui se « cherchent » tout en vivant un stress social intense à cause des changements rapides et alarmants qu'ils subissent et provoquent (chômage, séparation, etc.).

### La génération télévisuelle

Les apprentis sorciers d'aujourd'hui ont des parents qui sont nés au début de l'ère télévisuelle et qui leur ont transmis une culture qui est faite en partie de dessins animés et de téléromans. Ils forment la première génération d'enfants qui ont été identifiés comme des «consommateurs d'images». En effet, ils regardent, en moyenne, 22 heures de télévision par semaine; à cela s'ajoute le temps passé devant les films vidéo ou devant l'ordinateur et les jeux électroniques. Ils sont friands de vidéoclips et de films d'horreur tout autant que d'émissions éducatives.

Télévision et jeux vidéo sont également devenus, par moments, un service de gardiennage peu encombrant; ce sont aussi des moyens facilement accessibles quand on veut tromper l'ennui et le sentiment de solitude.

La génération des 6 à 12 ans est bombardée d'informations et chacun a une culture d'images qui est impressionnante. Ces enfants sont extrêmement habiles à manipuler les appareils électroniques et ils sont très actifs lorsqu'ils sont face à un écran; que l'on pense, par exemple, à leur capacité d'opérer le système «Vidéoway» et de faire des dessins sur ordinateur. Leur coordination visuomotrice est excellente et leur connaissance du monde est étendue même si elle est morcelée.

Soulignons, en dernier lieu, que nombreux sont les auteurs qui notent que les enfants d'aujourd'hui passent moins de temps à parler avec les membres de leur famille que ceux d'autrefois.

## La génération des «enfants rois»

Quarante-sept pour cent des enfants de 6 à 12 ans sont des enfants uniques. Ils ont été fortement désirés et ils sont porteurs de beaucoup d'attentes.

Jamais les parents n'ont été à ce point invités à stimuler leurs enfants par des jeux éducatifs et par des cours de toutes sortes (musique, patin, ski, etc.). La majorité d'entre eux regardent leurs enfants à la loupe, anxieux et désireux de leur donner beaucoup d'affection et de compréhension. Mais il y en a certains qui sont dépassés par l'ampleur des exigences sociales et qui se mettent à ignorer carrément leurs enfants ou à faire preuve d'agressivité à leur égard. Nous assistons ainsi à un paradoxe social : il y a de plus en plus d'enfants qui sont stimulés de façon excessive en même temps qu'il y en a de plus en plus qui sont négligés, battus, et qui accumulent des retards sur le plan moteur et sur celui du langage.

### La génération « sociale »

Les enfants sont moins nombreux qu'auparavant mais ils commencent leur vie sociale de plus en plus tôt. Ils vont à la garderie en très bas âge et c'est ainsi qu'ils apprennent à interagir avec d'autres enfants et adultes.

La majorité des enfants, rendus à l'âge de la maternelle, vivent 2 heures et demie de classe et de 3 à 8 heures de garderie par jour (garderie scolaire ou en milieu familial). Ces enfants sont plus autonomes, plus aptes à négocier des activités et à prendre leur place que les autres ; mais ils sont aussi plus agités et plus agressifs en classe. À ce propos, des recherches démontrent que ces difficultés sont attribuables à l'instabilité qui prévaut dans l'horaire quotidien. Toutefois, en première année, les différences entre ces enfants qui proviennent du milieu de garde et ceux qui sont restés à la maison s'estompent parce que la routine quotidienne devient plus stable.

Les enfants vivent donc la plus grande partie de leurs journées en présence de groupes d'enfants. Ils sont dans des contextes qui les encadrent même s'ils sont plus ou moins structurés. Il n'est donc pas surprenant que de nombreux enfants réclament, dès la troisième ou la quatrième année du primaire, la permission de revenir seuls à la maison après l'école. Ils éprouvent un besoin de calme et d'indépendance et cela est tout à fait naturel.

### La génération de la famille éclatée

À peu près la moitié des enfants de cet âge vivent avec leurs deux parents. Dans ces familles traditionnelles, certains couples connaissent l'harmonie alors que d'autres vivent des conflits qui sont plus ou moins graves.

L'autre moitié des enfants se retrouve dans des familles soit monoparentales, soit recomposées. À l'intérieur de ces familles, le sentiment de bien-être des parents est très variable. On sait, par exemple, que 80 p. cent des mères monoparentales vivent sous le seuil de la pauvreté et que cela provoque un stress important. Les familles recomposées, pour leur part, sont diverses. Il y a celles où chacun des conjoints a la garde d'un ou de plusieurs enfants, celles où un seul des deux conjoints vit avec ses enfants tandis que l'autre a des droits de visite auprès des siens et, enfin, celles où les conjoints ont des enfants en commun en plus de ceux qui sont issus de relations antérieures.

Nombreux sont les enfants qui vivent des passages successifs entre la famille monoparentale (dirigée très souvent par la mère) et la famille recomposée puisqu'on sait que près de 70 p. cent des nouveaux couples connaissent une seconde rupture !

Les enfants des familles éclatées sont susceptibles d'avoir à vivre différentes formes de garde : garde chez la mère avec ou sans visite du père, garde partagée, garde chez le père avec ou sans visite chez la mère. De plus, ils peuvent demander des modifications dans le type de garde et il n'est pas rare qu'ils « déménagent » à quelques reprises.

En résumé, on peut dire qu'ils vivent une multitude de formules familiales et que leurs relations directes avec leurs deux parents varient beaucoup, que ce soit au sein de la famille traditionnelle ou dans les nouvelles familles.

Il y a des pères qui sont parfois très présents, remplissant même les fonctions dites «maternelles». Mais nombre d'entre eux sont «absents», que ce soit parce qu'ils sont débordés de travail dans un monde qui est de plus en plus compétitif ou parce qu'ils sont préoccupés à constituer une deuxième famille après un divorce. Ils ont souvent tendance, malgré leur amour pour leurs enfants, à se décourager devant l'agressivité de leurs jeunes qui ne sacrifient pas facilement leur vie sociale pour aller chez papa quand celui-ci est disponible. De guerre lasse, plusieurs pères démissionnent et en viennent même à refuser de payer leur pension alimentaire.

La situation de la mère au sein de la famille varie également en fonction du temps et de l'énergie qu'elle doit consacrer à ses différents rôles de mère, de travailleuse et d'amante. Sur le plan du travail, les mères peuvent se retrouver avec un emploi à temps partiel ou à temps plein, ou elles peuvent décider de rester à la maison. Les mères seules, quant à elles, vivent pour la plupart sous le seuil de la pauvreté et doivent combattre des sentiments de solitude et de dépression.

Les mères d'aujourd'hui, quelle que soit leur situation, sont souvent habitées par un sentiment de culpabilité. En effet, elles ne peuvent s'appuyer que sur bien peu de nouveaux modèles féminins socialement acceptés. De la même façon, il est rare qu'un père puisse se référer à son propre père pour définir son rôle. Pour la première fois, maman part le matin en sachant que sa fille va revenir seule à la maison après l'école et papa, de son côté, prend charge de ses enfants pour le week-end. L'un et l'autre ne savent plus très bien distinguer dans ces situations ce qui est adéquat de ce qui ne l'est pas.

Les enfants d'aujourd'hui peuvent difficilement mettre en veilleuse leur sexualité étant donné que les parents sont souvent soit à la recherche d'un partenaire, soit en amour ou en peine d'amour. Tout enfant, même celui dont les parents vivent ensemble et sont heureux, est constamment mis en présence d'adultes qui sont à la recherche d'une nouvelle relation amoureuse. Il n'est donc pas surprenant que de nombreux enfants ressentent très tôt le besoin d'avoir un amoureux ou une amoureuse et qu'ils vivent de véritables peines d'amour.

Les familles, qu'elles soient traditionnelles ou autres, sont touchées par d'autres réalités. La famille élargie (grands-parents, oncles et tantes), du moins en ce qui concerne les familles de souche québécoise francophone, a moins d'importance qu'autrefois même si on remarque que les grands-parents recommencent à s'intéresser à leurs petits-enfants. De plus, à cause de la mondialisation des marchés et de la plus grande mobilité des entreprises, nombre de familles doivent régulièrement déménager pour assurer l'emploi de l'un des parents ou inventer de nouvelles façons de vivre. Prenons, à ce sujet, l'exemple du père qui, étant muté dans une autre ville alors que la mère désire conserver son emploi, va dorénavant habiter trois jours à la maison et quatre jours dans cette autre ville.

Le taux important de chômage et la nécessité pour chacun de faire preuve de souplesse dans ses horaires de travail sont d'autres traits de la réalité qui nous donnent une idée de la complexité de la vie familiale d'aujourd'hui.

Malgré les profondes transformations qu'a subies la société, il n'est pas moins vrai que la famille demeure le premier lieu d'appartenance pour l'enfant. C'est dans sa famille que l'enfant reçoit l'amour et la sécurité, l'estime de soi et la confiance de base en la vie. C'est dans sa famille qu'il développe un attachement durable et solide et c'est d'abord et avant tout à ses parents qu'il désire s'identifier.

## La génération de l'espoir

L'enfance est un phénomène étudié, observé, disséqué et analysé comme jamais auparavant. Nous connaissons les stades de développement des enfants, leur façon d'apprendre et d'entrer en relation avec les autres adultes et enfants. Nous scrutons leurs états d'âme et nous les considérons comme des êtres humains à part entière à qui nous voulons permettre de s'épanouir rapidement et entièrement. Cette attitude dénote un énorme changement social dont bénéficient les enfants. Ceux-ci, d'ailleurs, sont conscients de leurs droits et dénoncent plus facilement les abus dont ils sont victimes. Nombreux sont les adultes qui sont à leur écoute et qui tentent de les accompagner avec bienveillance dans leur cheminement !

De nos jours, les enfants de 6 à 12 ans sont conscients de la fragilité de la nature. Ils pensent « récupération » et « santé » plus que leurs parents le faisaient à leur âge. De plus, ils apprennent très tôt à s'ouvrir au monde lorsque leurs parents ont fait cette démarche eux-mêmes. Ils s'expriment beaucoup plus facilement et sur plus de sujets que la génération précédente et ils sont plus conscients de leurs besoins. Ils n'acceptent plus une autorité contraignante et veulent se faire entendre un peu partout.

Aujourd'hui, les enfants de 6 à 12 ans sont peut-être plus agités que ceux des générations précédentes mais ils sont aussi plus créateurs et plus inventifs. Ils sont l'espoir de notre monde et ce sont leurs ressources affectives et intellectuelles qui sont garantes de l'avenir.

# 2

# Apprendre à apprendre

## L'âge d'or des apprentissages

Le processus de socialisation s'accélère entre 6 et 12 ans. L'école, en offrant un encadrement systématique et permanent, joue un rôle majeur dans cette évolution. Durant cette période, l'intelligence continue à se développer et tend même à se stabiliser. L'apprenti sorcier devient de plus en plus capable de catégorisation et d'opérations concrètes sur l'univers qui l'entoure. De cet univers, il perçoit progressivement tous les éléments constitutifs et il prend peu à peu conscience des relations qu'ils ont entre eux.

Apprentissages cognitifs, jeux et vie sociale amènent l'enfant de cet âge à se confronter à autrui et à tenir compte graduellement d'un autre point de vue que le sien. Il est à noter également qu'il joue presque exclusivement avec des enfants de son âge et de son sexe ; par contre, ses attitudes sociales et affectives s'affirment et se différencient de plus en plus selon les modèles masculins et féminins qui lui sont présentés. Somme toute, durant la période de 6 à 12 ans, l'enfant est en mesure d'établir des relations sociales et affectives qui pourront durer toute sa vie.

Sur le plan du développement moral, les notions de bien et de mal se précisent davantage et l'enfant devient peu à peu capable d'éprouver un sentiment de culpabilité lorsque ses initiatives transgressent les règles morales ou sociales de son entourage.

De façon générale, cette période du développement recoupe celle de l'école primaire. Le jeune, particulièrement à travers la vie scolaire, va s'intéresser davantage à l'univers des choses concrètes, construire sa pensée logique et développer son potentiel intellectuel.

L'apprenti sorcier commence à s'intéresser de façon plus objective aux autres et il devient progressivement capable de créer une nouvelle forme de relation qu'on appelle l'amitié. Quant à la curiosité sexuelle, elle persiste tout le long de cette phase d'évolution.

La période de 6 à 12 ans est « l'âge d'or des apprentissages ». En quelques années, l'enfant acquiert les principaux mécanismes de la pensée et s'enrichit de très nombreuses connaissances académiques. Toutefois, il est encore dépendant des réalités immédiates. Même s'il aborde graduellement les notions abstraites, il n'est pas vraiment capable de bien les manier. D'ailleurs, ce n'est qu'à l'adolescence qu'il pourra développer toutes les possibilités qui sont liées à l'abstraction. Il faut noter, cependant, que le maniement du raisonnement concret sera parfaitement acquis vers 11 ou 12 ans.

Au cours de cette période, les parents vont perdre, peu à peu, de l'importance aux yeux de l'enfant au profit de nouvelles relations qu'il développe avec des amis, des camarades, des enseignants, des entraîneurs sportifs, etc.

Cette phase est également celle au cours de laquelle l'enfant, grâce à l'encadrement qu'il connaît, acquiert un certain équilibre. Bien qu'encore précaire, cet équilibre va lui permettre d'intégrer peu à peu toutes les possibilités et toutes les limites de ce qu'on pourrait appeler « la loi et l'ordre », autant dans la vie familiale que dans la vie scolaire et sociale.

## L'acquisition d'une discipline personnelle

Durant la période de 6 à 12 ans, la capacité qu'a l'enfant d'apprendre à se maîtriser, à se diriger et à choisir par lui-même continue d'être fortement tributaire de l'accompagnement des parents. D'ailleurs, cette capacité se manifestera peu à peu par l'intériorisation d'un « code personnel » plutôt que par des références constantes aux interdictions et aux permissions que lui donnent les adultes de son entourage.

La famille, l'école et la société en général attendent de l'enfant de cet âge qu'il acquière une maîtrise de plus en plus grande de lui-même. C'est l'ensemble des règles, des normes et des lois de la famille, de l'école et de la société qui constitue le code personnel auquel l'enfant va d'abord se conformer.

## Un phénomène évolutif

L'acquisition de la propreté, vers l'âge de 2 ans, représente un premier niveau de maturité et de conformité sociale. Plus tard, vers 5 ou 6 ans, la plupart des enfants savent déjà aller seuls à la toilette, se brosser les dents, manger proprement sans aide, se vêtir correctement, mettre et enlever leurs chaussures, aller au lit, etc. Ils peuvent aussi supporter plus facilement la frustration liée à un délai dans la satisfaction d'un de leurs désirs. Le développement de cette capacité va s'accentuer peu à peu entre 6 et 12 ans selon un rythme qui dépendra souvent de deux facteurs, soit la stabilité de l'humeur et le type d'activités vécues au moment de l'attente. En effet, la patience de l'enfant sera plus grande s'il a la possibilité de jouer et de s'amuser pendant qu'il attend.

L'enfant, vers 6 ans, a donc intériorisé une routine quotidienne qui le rend moins dépendant de ses parents tout en lui assurant une image positive chez les personnes de son entourage. Toutefois, l'acquisition complète de la maîtrise de soi et de l'autodiscipline va prendre encore beaucoup de temps. Le passage de la discipline parentale à un code personnel intériorisé ne va s'effectuer que progressivement, au fil des relations que l'enfant a avec ses parents, ses enseignants et quelques amis significatifs.

## Discipline extérieure ou intériorisation?

Les enfants qui sont capables de maîtrise de soi et d'auto-discipline sont généralement ceux qui sont encouragés très jeunes à être autonomes et qui, dès l'âge de 4 ou 5 ans, reçoivent une aide concrète quand ils ont des initiatives personnelles. Au contraire, les enfants qui, depuis la naissance, se sentent totalement régis par leur entourage sont peu enclins à intérioriser des règles personnelles

pour guider leurs conduites et leurs attitudes quotidiennes.

Dans le cas de ces enfants, les parents ont habituellement eu recours très tôt à la punition pour faire naître
chez eux un sentiment de culpabilité et les inciter à la discipline personnelle. Mais on ne peut réduire la discipline
à une question de fessées, de gifles, de réprimandes, d'iso-
lements temporaires ou de retraits d'affection ou d'attention. Il y a peu de chances que les enfants, soumis sans
explication à cette forme de discipline, se sentent réellement coupables ou désireux de se maîtriser par eux-
mêmes dans l'avenir. Cette forme d'éducation amène
plutôt l'enfant à avoir recours au mensonge et à la manipulation pour éviter d'être puni.

Le parent doit plutôt aider son enfant à intérioriser, au
fur à mesure des événements quotidiens, les différentes
règles morales et sociales du code familial. Pour y arriver
de façon concrète, il faut «raisonner» avec lui et lui expliquer, au cours d'une rencontre prévue à cette fin, les
conséquences logiques et naturelles qui découlent de ses
conduites, de ses comportements et de ses attitudes.

Ces rencontres entre le parent et l'enfant ont généralement deux résultats intéressants. D'abord, elles incitent
l'apprenti sorcier à tenir compte immédiatement du point
de vue d'autrui et, ensuite, elles l'aident à intérioriser progressivement des règles morales et sociales en lui fournis-
sant des explications rationnelles (le sens des règles) aux
émotions qu'il éprouve et aux conséquences positives ou
négatives qui s'ensuivent selon qu'il a choisi un comportement ou un autre.

Au fur et à mesure qu'il comprend que ses actes peuvent affecter les autres autant que lui-même, l'enfant
devient capable d'évaluer ses propres besoins de même
que ses comportements et ses attitudes. Ainsi, il lui sera de

plus en plus facile de se guider puisqu'il adoptera, peu à peu, l'ensemble des règles morales et sociales de ses parents. Ces normes, ces règles et ces façons de faire constituent, en fait, le « code de vie » que les parents ont privilégié.

Ce code, auquel se greffent les interventions continuelles des parents par rapport aux idées, aux sentiments, aux attitudes et aux comportements de l'enfant, a une influence considérable sur le développement affectif et social de l'apprenti sorcier.

Celui-ci apprend de nouvelles conduites en observant les autres (parents, pairs, enseignants, entraîneurs sportifs, etc.). Il découvre ce qui est approuvé ou désapprouvé et il expérimente les conséquences naturelles qui découlent de ses actes et de ses attitudes. À mesure qu'il acquiert les différentes règles morales et sociales du code de vie, il se montre de plus en plus capable d'adopter le point de vue, les comportements et les attitudes d'autrui. Cette capacité nouvelle l'amène d'abord à restructurer son point de vue, puis à choisir des conduites et des attitudes qui sont davantage en harmonie avec son environnement immédiat.

### L'exemple de la vie scolaire

L'enfant de 6 à 12 ans a un sens de la discipline personnelle qui est fondamentalement lié aux attitudes et aux comportements individuels et collectifs que présentent les personnes de l'entourage. C'est le cas, par exemple, de la question du succès scolaire. En effet, plusieurs études ont démontré que l'enfant qui compte davantage sur lui-même que sur les autres et qui est en même temps chaleureusement et fermement guidé réussit mieux à l'école. Généralement, il attribue ses succès à ses capacités personnelles et ses échecs à un effort moindre de sa part. Étant donné que l'effort est une question d'autodiscipline et de volonté intérieure et que cela peut être amélioré, il est très confiant de pouvoir surmonter ses échecs.

Par contre, l'enfant qui éprouve beaucoup de difficultés à l'école a tendance à donner d'autres motifs pour justifier ses succès ou ses échecs. La plupart du temps, il attribue ses réussites à des facteurs complètement extérieurs à lui ou, tout simplement, à la facilité de l'épreuve proposée. Cependant, s'il échoue, il attribue son échec à son inaptitude personnelle. En intériorisant au fur et à mesure de ses échecs une image négative de lui-même, il n'essaie plus de se discipliner ni de travailler davantage.

Cette image de soi, qu'elle soit positive ou négative, varie d'un enfant à l'autre et est bien évidemment liée à la manière dont chacun expérimente la vie quotidienne. Ainsi, l'enfant qui réussit bien et qui s'en rend compte développe une estime de soi positive; il a confiance en lui, en ses possibilités et en ses moyens. Par contre, celui qui ne réussit pas, qui se fait souvent prendre en défaut ou qui accumule les échecs, se construit rapidement une image de soi négative; il manque de confiance en lui et considère qu'il est sans intérêt pour les autres.

En d'autres mots, on peut dire que certains enfants fortifient leurs ambitions au fur et à mesure qu'ils connaissent des succès scolaires. D'autres, au contraire, lorsqu'ils entrent à l'école, vivent de façon répétée des déconvenues et des échecs qui diminuent de façon manifeste leur désir de réussite. La répétition des échecs, des frustrations et des punitions les amène souvent à croire qu'ils ne peuvent rien faire pour changer leur situation personnelle. Vaincus d'avance, se sentant impuissants, ils n'essaient plus de créer les conditions qui pourraient leur permettre de réussir.

Cette attitude négative conduit généralement l'enfant à vivre ce que l'on appelle communément le complexe de l'échec. C'est, en d'autres mots, une première forme de décrochage scolaire ; la motivation à l'égard de la réussite périclite au profit d'une attitude générale de je-m'en-foutisme. Plus ce complexe sera vécu longtemps, plus il sera difficile d'amener l'enfant à s'intéresser de nouveau aux apprentissages proposés par l'école ou même par la famille. Les expériences d'insuccès qu'il a vécues lui auront enseigné que ce qui lui arrive est indépendant de sa volonté et de ses efforts personnels. Prisonnier de cette attitude, il ne tentera plus rien pour changer sa situation ou résoudre ses difficultés personnelles.

Finalement, il faut souligner que l'entrée à l'école déclenche chez tous les enfants une nouvelle situation d'insécurité. Au niveau des performances, tous doivent, en effet, « affronter » leurs pairs et répondre en même temps aux attentes souvent très élevées de leurs parents et des enseignants.

## Les attitudes parentales

Les parents, durant la période qui va de 6 à 12 ans, guident encore l'enfant dans beaucoup de domaines et ils représentent toujours pour lui de puissants agents de socialisation.

Sur le plan économique, l'enfant est toujours dépendant et ce sont ses parents qui voient à ses besoins, l'habillent, le nourrissent et lui procurent un toit. Il dépend aussi beaucoup de ses parents sur le plan affectif. Il a besoin de leur attention, de leur contact physique, de leur tendresse et de leur compréhension. Il a encore énormément besoin d'eux comme compagnons de jeux.

Les réponses que donnent les parents aux besoins affectifs et matériels des apprentis sorciers influencent encore beaucoup les conduites et les comportements que ceux-ci adoptent. En effet, durant cette période, les parents ont beaucoup de pouvoir sur leur enfant; leur influence est particulièrement grande dans le domaine des rôles sexuels et dans celui de l'acquisition de conduites altruistes. Dans ce dernier cas, leurs attitudes déterminent largement la teneur des comportements sociaux (s'associer-partager-coopérer) actuels et futurs de leur enfant.

Les parents ont encore la possibilité d'influencer profondément leur enfant au cours de la période qui va de 6 à 12 ans. Les réactions qu'ils ont face aux attitudes et aux actes négatifs revêtent une grande importance. Ils doivent faire connaître leur désapprobation, proposer des alternatives plus réalistes, retirer des marques d'attention, supprimer des privilèges et des récompenses et, finalement, faire vivre les conséquences qui découlent de ces attitudes et actes négatifs.

Les attitudes parentales demeurent donc très importantes tout le long de cette période du développement de l'enfant. Les parents influencent encore fortement leur enfant parce qu'ils incarnent des «modèles», tant sur le plan des rôles sexuels que dans le domaine des comportements altruistes.

## Les enjeux sociaux

Les parents, les pairs, l'école et les jeux sont des facteurs de socialisation qui jouent un rôle majeur et quotidien dans le développement de la personnalité de l'enfant entre 6 et 12 ans. Par exemple, au contact de ses pairs, l'apprenti sorcier découvre un tas de choses dont l'importance d'être populaire et d'être accepté par le groupe. De là vont éclore et se développer les relations amicales.

Au fil des jours, l'enfant explore ses possibilités, ses capacités et ses moyens. Au fil des situations sociales qu'il rencontre, il se rend compte, par exemple, que la générosité et l'aide à autrui sont des valeurs approuvées par la société tandis que l'abus et la violence ne le sont pas.

Au cours de cette période, l'enfant adopte une attitude positive ou négative comme comportement de base. Il le fait en tenant compte d'abord des effets et des réactions que provoquent ses conduites sur l'entourage. Son comportement de base dépend aussi beaucoup des modèles qui sont présents dans sa vie, de leurs attitudes de même que de la qualité de la relation que l'enfant entretient avec eux.

L'estime de soi d'un enfant de cet âge dépend aussi de certains autres facteurs qui favorisent également son autonomie personnelle; qu'on pense, par exemple, à ses succès ou à ses échecs à l'école et à la conformité de ses comportements moraux et sociaux.

Durant cette période, le groupe de pairs s'agrandit et son influence ne cesse de croître. Les amitiés et la participation active aux activités du groupe sont de plus en plus fréquentes et intenses. Le groupe fournit enfin des « modèles de comportement » qui désapprouvent sévèrement la transgression de ses règles et qui gratifient les conduites qu'il préconise.

Les jeux de groupe auxquels participe l'apprenti sorcier sont de plus en plus régis par des règles précises et définies. C'est là qu'il a vraiment l'occasion d'approfondir ses relations sociales et d'acquérir différents comportements égalitaires. Ces jeux sont aussi une occasion idéale pour s'affirmer et se valoriser. Ils permettent, finalement, de développer des capacités cognitives en obligeant régulièrement l'enfant à se mettre à la place de l'autre.

# 3

# Le monde des apprentissages

## De l'impulsivité à la réflexivité

Vers l'âge de 5 ou 6 ans, l'enfant est à l'orée d'une étape importante de sa vie. En effet, les années qui s'annoncent sont riches en expériences et en apprentissages qui vont constituer les assises de toute une vie.

L'apprenti sorcier se dégage progressivement d'un monde imaginaire pour accéder à un nouveau monde où l'école joue un grand rôle et où vont se multiplier les invitations à participer à toutes sortes d'activités organisées.

La période de 6 à 12 ans est l'âge d'or des apprentissages concrets auxquels nos institutions scolaires, politiques et économiques accordent une grande importance.

Comme ailleurs en Occident, notre société voue un culte à l'efficacité et à la rentabilité à court terme. Sans cesse, le rendement de chacun est mesuré; pour s'en convaincre, qu'on pense, par exemple, aux notes scolaires. Depuis quelques années, notre société pratique de plus en plus une sorte de culte de la performance et met l'accent sur les résultats plutôt que sur les processus par lesquels on y parvient.

À 5 ou 6 ans, l'enfant est mis en contact avec de nouvelles exigences. Il se rend compte graduellement qu'il doit répondre aux attentes que les adultes ont placées en lui. Pour y parvenir, il doit s'engager dans un processus de deuil de la petite enfance. En d'autres mots, il doit renoncer peu à peu à toute une période de sa vie au cours de laquelle l'imaginaire, le rythme personnel et les motivations individuelles occupaient une large place.

De 6 à 12 ans, la curiosité sexuelle dont l'enfant faisait preuve se transforme en une sorte de vaste curiosité intellectuelle. C'est la période des pourquoi: «Pourquoi les nuages bougent?», «Pourquoi il pleut?», etc. L'enfant éprouve de plus en plus de plaisir à chercher et à découvrir. En fait, il veut maîtriser son environnement, s'y adapter, et il s'appuie, pour y arriver, sur de nouvelles habiletés intellectuelles. En effet, il est dorénavant capable de classer, de sérier et de comparer logiquement les objets qui l'entourent. Il fait preuve d'une logique concrète qui lui permet de mieux comprendre l'univers.

Pour avoir accès à cette logique, l'enfant doit apprendre à contrôler ses émotions et ses fantaisies et à les mettre de côté en quelque sorte. Ayant à faire face à des apprentissages prédéterminés et à répondre aux attentes des adultes, il apprend à être «raisonnable», c'est-à-dire qu'il fait en sorte que sa réflexivité l'emporte sur son impulsivité et sur ses fantaisies.

## Le culte de la performance

Au cours de cette période, on assiste au déclin des jeux symboliques et égocentriques. De fait, les adultes incitent l'enfant à avoir des activités sérieuses, considérant souvent que le jeu est une activité futile, voire inutile, et qu'il sert à éviter les exigences de la réalité.

Pourtant, il est prouvé hors de tout doute que les apprentissages de qualité, c'est-à-dire ceux qui durent le plus longtemps, sont précisément ceux qui ont été faits en ressentant du plaisir. Ces apprentissages se sont souvent déroulés dans le cadre d'un jeu ainsi que dans celui d'une relation de complicité avec des camarades et des adultes. Pourtant, notre système scolaire et nombre de nos organismes de loisirs ne favorisent pas les activités de type ludique. En effet, nos écoles fonctionnent très souvent selon le modèle de l'industrie ; qu'on pense, en effet, aux horaires rigoureux des enseignants, au régime pédagogique qui laisse peu d'autonomie aux intervenants scolaires, aux seuils de réussite qui se sont élevés de même qu'aux objectifs d'apprentissage et aux examens sommatifs qui augmentent.

L'obsession du rendement n'est pas sans peser lourdement sur les enfants. En effet, leurs apprentissages doivent se dérouler selon des rythmes dictés par les programmes et dans un climat où seuls les résultats comptent. La motivation et le plaisir importent peu. Rendement et performance envahissent également le secteur des loisirs et des activités parascolaires. Les enfants se voient contraints de fournir également dans ce domaine un rendement qui sera évalué. Prenons l'exemple de la natation où il faut réussir un examen pour passer d'un niveau à un autre et celui du piano où l'enfant doit vivre l'épreuve d'un récital.

Où que l'on regarde, la compétition est érigée en système. Les activités des enfants n'échappent pas aux attentes et aux normes des adultes !

## Le droit à l'erreur

Une trop grande importance accordée à la performance, au rendement et aux résultats peut nuire au développement des enfants. Il est donc primordial de respecter le rythme qui est propre à chaque enfant de même que les intérêts et les habiletés qui appartiennent à chacun.

Mettant l'accent sur le plaisir, cherchant à prévenir un stress envahissant, l'adulte doit accorder plus d'importance au processus des apprentissages qu'aux résultats obtenus. L'enfant va sentir cette attitude et ne sera que plus motivé à découvrir et à maîtriser des techniques concrètes qui aboutiront logiquement à des résultats qui le valoriseront. C'est de là seulement que peut naître le sentiment d'efficacité.

De 6 à 12 ans, ayant acquis une pensée logique concrète, l'enfant peut dorénavant établir des relations de cause à effet entre ses moyens et les résultats qui en découlent. Il prend conscience que le résultat (positif ou négatif) n'est pas magique mais qu'il est l'aboutissement logique des actions ou des stratégies qu'il a utilisées. Il se rend compte également qu'il a un pouvoir réel sur ses apprentissages et qu'il peut obtenir des résultats valorisants s'il contrôle ses moyens et ses stratégies. L'enfant peut ainsi se sentir efficace !

Pour en arriver à ajuster ses actions et ses stratégies lorsqu'il poursuit un objectif d'apprentissage, l'apprenti sorcier doit faire des erreurs et vivre ainsi des formes de déséquilibre momentané. C'est en tâtonnant et en s'ajustant qu'il en vient à découvrir d'autres façons de faire et que sa pensée et ses actions deviennent plus souples et plus mobiles.

Au contraire, si nous amenons l'apprenti sorcier à n'accorder de l'importance qu'à l'atteinte rapide des résultats au détriment du processus par lequel il y parvient, il percevra les erreurs comme des obstacles qu'il faut éliminer par souci de rentabilité. N'ayant plus le droit à l'erreur, contraint d'atteindre à tout prix des résultats, le jeune estimera que sa valeur personnelle équivaut surtout à son rendement.

Chez nombre d'adultes, l'erreur est également vécue comme un échec. Elle n'est pas perçue comme un élément positif qui permet d'ajuster ses actions et de réaliser de nouveaux apprentissages.

## Un adulte complice et médiateur

Au cours de cette période, l'adulte doit jouer un rôle de médiateur entre l'enfant et le monde des apprentissages. Accompagnant le jeune dans ses découvertes, il doit l'aider à établir des relations entre ses connaissances, ses habiletés, ses actions et les buts qu'il poursuit. Ce rôle doit se vivre dans un climat chaleureux où plaisir et enthousiasme se transmettent de l'un à l'autre et sous-tendent la motivation.

L'adulte établit une complicité avec l'apprenti sorcier en donnant une réponse adéquate à ses besoins affectifs ainsi qu'en respectant ses intérêts et son rythme de développement. Le jeune sent qu'il est aimé pour ce qu'il est! Il intègre davantage ses apprentissages car il les a vécus dans une relation de complicité.

# II

# L'ÂGE DE RAISON

## de 6 à 8 ans

# 1

# De l'imaginaire à la raison

## L'entrée dans l'univers de la connaissance

Dans la culture occidentale, l'entrée à l'école est un événement déterminant dans la vie de l'enfant et de ses parents. Elle provoque ou du moins accélère le déclin de l'égocentrisme affectif et social dont l'enfant a fait preuve jusqu'à maintenant.

L'univers de l'enfant va dorénavant se transformer et faire place, non sans difficulté, à une socialisation progressive. C'est l'heure de faire l'expérience de la camaraderie, des compagnons de jeux et du travail scolaire! S'annoncent, vers 6 ans, des expériences nouvelles qui vont favoriser le passage de «l'âge de l'imaginaire» à «l'âge de raison».

L'enfant a des besoins d'action qui vont maintenant se traduire en jeux d'équipe ainsi que par des constructions méthodiques et des fabrications de toutes sortes. Tout ce qui se passe dans la réalité intéresse de façon prodigieuse l'apprenti sorcier et il s'y consacre avec le plus grand plaisir. Il réagit de façon presque immédiate à chaque émotion, sensation, image ou idée. De là vient sa propension à l'action et à l'exploration ainsi qu'à une expérimentation incessante. Pour l'heure, il s'intéresse tout particulièrement aux objets en eux-mêmes alors que, vers 8 ou 9 ans, il les collectionnera de façon presque compulsive. Pour l'instant, ses relations avec les autres, ses rapports à l'environnement de même que la perception qu'il a de lui-même vont subir de profondes transformations.

## L'apprenti sorcier à l'âge de raison

| VERS 6 ANS | VERS 8 ANS |
|---|---|
| **RELATION À SOI** | |
| - Capable de toutes les coordinations motrices.<br>- Capable de s'asseoir le tronc bien droit, mais a de la difficulté à maintenir la posture plus que quelques minutes.<br>- La latéralité (gauche/droite) n'est pas complètement acquise, mais la main dominante est affirmée.<br>- Distinction progressive de la droite et de la gauche. | - Capable de contrôle postural et respiratoire.<br>- Capable d'être attentif plusieurs heures par jour, mais de façon non consécutive.<br>- La latéralité (gauche/droite) est parfaitement acquise et utilisée.<br>- Prise de conscience de l'ensemble de son corps avec les impacts sociaux que cela entraîne. |

## RELATION AUX AUTRES

| | |
|---|---|
| - Individualisme très marqué. | - Membre véritable du groupe familial. |
| - Apparition des activités de sous-groupe, mais à des fins individuelles. | - Capable de vivre une relation de bonne entente avec ses parents. |
| - Capable d'apprendre à se conformer aux règles familiales et sociales. | - Capable de s'adapter au groupe social et familial en respectant les conventions établies mais sans en saisir le sens. |
| - Les parents demeurent encore le centre de l'univers social de l'enfant. | - Le garçon recherche de plus en plus la présence de son père ; la fille également mais elle recherche aussi une certaine complicité avec sa mère. De plus, l'apprenti sorcier recherche des partenaires. |
| - La communication est limitée : donner de l'information et recevoir de l'information. | - La communication est opérationnelle : donner de l'information, en recevoir, la décoder et en découvrir peu à peu le sens. |

## RELATION À L'ENVIRONNEMENT

| | |
|---|---|
| - Capable de se représenter hier et demain, mais s'intéresse davantage au moment présent. | - Saisit le déroulement du temps : minutes, heures, jours, années, saisons, etc. |
| - Capable de se représenter des itinéraires peu complexes (ex.: aller au dépanneur). S'intéresse encore à l'espace qu'il occupe dans l'immédiat. | - Capable d'organiser son « temps » et ses « espaces ». Capable de prévoir son temps et son espace. |
| - Tout jeu est activité et toute activité est un jeu. | - Capable de différencier jeu et travail. |
| - Capable d'attention soutenue au jeu (centré sur le plaisir de s'activer : agir pour le plaisir). | - Capable d'attention soutenue à l'activité travail (centré sur les résultats à obtenir : agir pour produire). |

L'entrée de l'enfant à l'école primaire représente certainement l'événement le plus significatif parmi tous ceux qui jalonnent cette étape du développement psychologique et social. Par l'intermédiaire de l'école, c'est toute la société, avec ses multiples connaissances et ses nombreuses règles, qui se révèle à l'apprenti sorcier dont l'attention est spontanément dirigée vers les objets, les animaux, les plantes, les humains, les événements et les actions. Dans un premier temps, il veut savoir comment les choses sont faites, à quoi elles servent et, surtout, comment les utiliser.

L'apprenti sorcier observe, explore, risque, essaie, expérimente et réalise. Il est perpétuellement en mouvement et il ne se passe rien d'intéressant autour de lui qu'il n'observe et ne cherche à comprendre.

---

### Matière à réflexion

**L'apprenti sorcier est un être unique**

- Entre 6 et 8 ans, on observe une restructuration importante du cerveau. L'enfant dispose d'une nouvelle capacité d'organisation et d'analyse de l'information, c'est-à-dire qu'il peut donner une information et en recevoir une. Cette capacité influence directement la notion d'intention.

- On assiste également à une évolution marquée des relations entre l'enfant et son environnement. Ses idées, ses émotions et ses intérêts sont influencés par son insertion dans de nouvelles structures sociales : le « groupe jeu » et le « groupe classe » apportent des possibilités d'action et de relation qui sont presque illimitées.

- Le rythme de développement, les intérêts, la motivation et la structure de la personnalité diffèrent d'un enfant à l'autre.

- Le développement d'un enfant se fait par étapes ou par stades successifs. À cela s'ajoute la notion de rythme personnel de développement (plus vite ou moins vite).

- L'activité de l'apprenti sorcier est constituée d'une succession de temps forts et de temps de repos.

- L'adulte doit ajuster son attitude à la personnalité de l'enfant et la mettre en rapport avec les impératifs familiaux, sociaux et scolaires.

- L'adulte doit écouter l'enfant et lui faire confiance. Ce n'est que s'il y a une confiance mutuelle que l'apprenti sorcier pourra faire valoir ses capacités d'apprendre, ajuster ses conduites et évaluer les résultats de ses actions quotidiennes.

# L'apprenti sorcier s'intègre à la société

La socialisation est un processus par lequel l'enfant s'intègre à une société et à ses institutions et acquiert, peu à peu, ses us, coutumes et traditions. Il apprend d'abord à pratiquer les comportements et les attitudes qu'encouragent les différents groupes qu'il fréquente (famille, école, pairs) et à se conformer à leurs codes de conduite pour autant qu'il soit en mesure d'établir de bonnes relations avec des personnes qui sont significatives pour lui.

Le processus de socialisation se fait différemment d'un individu à l'autre et cela dépend largement de l'environnement physique, relationnel, familial, scolaire et culturel de chacun.

## Le rôle de l'environnement

Des spécialistes en psychologie et en éducation ont démontré, depuis plusieurs années, que de nombreux aspects de l'environnement physique et social de l'enfant ont une influence importante sur son développement personnel ainsi que sur son comportement de tous les jours.

Dans une grande ville, par exemple, les enfants ont beaucoup d'activités et côtoient bon nombre de personnes. Ils expérimentent ainsi une bonne somme de complicité et de rivalité. Par contre, dans ces grandes agglomérations, l'environnement physique et social peut devenir plus hostile que sécurisant. Des phénomènes comme la pauvreté, le sentiment de solitude et le bruit ont un impact certain sur le développement social de l'enfant.

Si l'environnement physique et social influence, dans une certaine mesure, les activités des adultes et des enfants, la réciproque n'en est pas moins vraie. En effet, les humains colorent par leur seule présence les activités du milieu social dans lequel ils évoluent. Ainsi, toutes les transformations significatives qui surviennent dans la composition ethnique, l'âge des habitants, les types d'activités pratiquées ou, simplement, dans le mode de vie provoquent des changements structuraux dans la communauté. Les relations, les intérêts, les activités sociales et communautaires de même que les simples événements quotidiens sont alors teintés par toutes ces transformations.

---

**Exercice n° 1**
**L'enfant et son environnement**

Dans un premier temps, faites l'exercice individuellement, puis échangez avec votre partenaire.

- Tentez de déterminer le type d'environnement dans lequel votre enfant évolue.

|  | M | P |
|---|---|---|
| Ville | ☐ | ☐ |
| Campagne | ☐ | ☐ |
| Dans un grand centre | ☐ | ☐ |
| Près d'un grand centre | ☐ | ☐ |
| Loin d'un grand centre | ☐ | ☐ |
| Dans un milieu favorisé | ☐ | ☐ |
| Moyennement favorisé | ☐ | ☐ |
| Défavorisé | ☐ | ☐ |
| Dans un lieu peu bruyant | ☐ | ☐ |
| Moyennement bruyant | ☐ | ☐ |
| Très bruyant | ☐ | ☐ |

| | M | P |
|---|---|---|
| Dans un milieu uniforme | ☐ | ☐ |
| Où se côtoient quelques ethnies | ☐ | ☐ |
| Multiethnique | ☐ | ☐ |

- Quelle sorte d'impact cet environnement a-t-il sur sa socialisation ?

| | M | P |
|---|---|---|
| Positif | ☐ | ☐ |
| Moyennement positif | ☐ | ☐ |
| Plutôt négatif | ☐ | ☐ |
| Négatif | ☐ | ☐ |

Pourquoi ?

_____

_____

- Que pouvez-vous faire pour améliorer la situation ?

_____

_____

## Le rôle de la famille

Même si la famille traditionnelle ne représente plus que la moitié des familles actuelles, l'apprenti sorcier vit, la plupart du temps, dans une famille composée d'une mère (ou d'une belle-mère), d'un père (ou d'un beau-père), de frères et de sœurs (ou de demi-frères et de demi-sœurs).

Nous savons tous que la famille influence le développement des attitudes morales et sociales de l'enfant de même que celui de son intelligence et de ses relations avec autrui.

Le père, par exemple, détermine chez son fils ce que nous appelons généralement le « rôle masculin », c'est-à-dire le goût pour les jeux virils ou le désir de compétition et de rivalité. C'est aussi le père qui est à l'origine de la conduite que sa fille va adopter envers ses camarades de sexe masculin. L'attitude du père envers sa fille et ce que cette dernière apprend à son contact vont grandement influencer les comportements qu'elle va avoir à l'égard des hommes, particulièrement à l'adolescence puis à l'âge adulte. De la même façon, la mère détermine le «rôle féminin» de sa fille et les attitudes de son fils envers les femmes en général.

Le sexe et l'âge des autres enfants qui sont présents dans la famille contribuent également à l'acquisition de conduites qui sont traditionnellement perçues comme étant masculines ou féminines. Par exemple, le garçon qui n'a que des sœurs aînées ou qui est enfant unique est moins enclin à s'identifier à un rôle masculin typique que celui qui n'a que des frères aînés ou qui est lui-même l'aîné. Pour sa part, la fille qui n'a que des frères aînés a plus tendance à présenter des comportements de garçon qu'une autre fille qui n'a que des sœurs aînées ou qui est une enfant unique. À cet effet, les recherches montrent que les enfants qui sont capables d'adopter des comportements moins stéréotypés sont davantage protégés contre les stress intenses.

Les sœurs et les frères aînés jouent souvent un rôle parental aux yeux des plus jeunes, surtout si la différence d'âge est appréciable. Il est donc naturel que leurs attitudes et leurs comportements aient une influence importante sur la conduite morale et sociale des plus jeunes.

On peut dire, finalement, que l'environnement familial a une influence déterminante sur le développement affectif et intellectuel de l'apprenti sorcier. La quantité et la qualité de ses acquisitions et la rapidité avec laquelle il apprend sont très souvent tributaires de l'encouragement et du soutien qu'il reçoit de sa famille. Il est important que les parents de l'apprenti sorcier créent un climat qui favorise sa curiosité ainsi que l'expression de ses intérêts.

Il faut souligner, enfin, que la quantité et la qualité des relations entre parents et enfants influencent directement le sentiment de bien-être de chacun.

---

**Exercice n° 2**
**Les conditions familiales de l'enfant**

Dans un premier temps, faites l'exercice individuellement, puis échangez avec votre partenaire.

- Quel rang l'enfant occupe-t-il dans la famille ?

|  | M | P |
|---|---|---|
| Enfant unique | ☐ | ☐ |
| Aîné | ☐ | ☐ |
| Cadet (vient après l'aîné) | ☐ | ☐ |
| Benjamin (le plus jeune) | ☐ | ☐ |

- L'enfant qui vit dans une famille recomposée a-t-il changé de rang par rapport à celui qu'il occupait dans sa famille d'origine ?

- L'enfant est-il le seul de son sexe ?

- Si oui, quel impact cela a-t-il sur son comportement ?

- Diriez-vous que les occasions de relations de plaisir mère-enfant sont :

|  | M | P |
|---|---|---|
| Fréquentes | ☐ | ☐ |
| Moyennement fréquentes | ☐ | ☐ |
| Plutôt rares | ☐ | ☐ |
| Rares | ☐ | ☐ |

- Diriez-vous que les occasions de relations de plaisir père-enfant sont :

|  | M | P |
|---|---|---|
| Fréquentes | ☐ | ☐ |
| Moyennement fréquentes | ☐ | ☐ |
| Plutôt rares | ☐ | ☐ |
| Rares | ☐ | ☐ |

- Diriez-vous que les occasions de relations de plaisir dans la fratrie sont :

|  | M | P |
|---|---|---|
| Fréquentes | ☐ | ☐ |
| Moyennement fréquentes | ☐ | ☐ |
| Plutôt rares | ☐ | ☐ |
| Rares | ☐ | ☐ |

- Comment pourriez-vous améliorer la situation si cela s'avérait nécessaire ?

_____

_____

_____

_____

## Exercice n° 3
## Le parent et sa propre famille

Dans un premier temps, faites l'exercice individuellement, puis échangez avec votre partenaire.

- Quel rang occupez-vous dans votre propre famille ?

|  | M | P |
|---|---|---|
| Enfant unique | ☐ | ☐ |
| Aîné(e) | ☐ | ☐ |
| Cadet(te) | ☐ | ☐ |
| Benjamin(e) | ☐ | ☐ |

- Êtes-vous le seul enfant de votre sexe ?

|  | M | P |
|---|---|---|
| Oui | ☐ | ☐ |
| Non | ☐ | ☐ |

- Quel rôle votre rang dans la famille et le sexe de votre fratrie ont-ils joué dans votre vie sociale lorsque vous étiez enfant ?

**M** _____

**P** _____

- Diriez-vous que votre vie sociale actuelle est toujours influencée par vos expériences passées dans votre famille ?

M _____

P _____

(Pour répondre à cette question, aidez-vous des exemples suivants : 1- Étant l'aînée de quatre filles et tenant un rôle de mère auprès de vos sœurs, vous allez vous demander si vous avez gardé le réflexe de vous occuper de vos amies en les maternant. 2- Étant le plus jeune fils d'une famille de deux enfants et très dorloté, vous allez tenter de voir si vous ne cherchez pas encore à être entouré par votre groupe d'amis.)

Il est bon de se rappeler, en conclusion, que la fratrie est le premier groupe social de l'enfant et qu'elle a un impact certain sur la socialisation.

## Le rôle de la culture

L'origine culturelle joue un rôle important dans le développement psychologique de l'enfant. En effet, elle est à la source d'un certain nombre de comportements et d'attitudes qui ont trait aussi bien à la manière de se conduire avec les autres qu'à la simple façon de se vêtir. La culture propose également des valeurs, des idéaux ainsi que des modes de pensée et d'action auxquels adhèrent parents et enfants. De plus, il ne faut pas oublier que les rôles féminins et masculins traditionnels varient de façon appréciable d'une culture à l'autre.

Chaque groupe ethnique a des us et coutumes ainsi que des institutions qui lui sont propres et qui influencent chacun de ses membres. Mais il existe fréquemment, à l'intérieur d'un même groupe ou d'une même culture, des différences considérables relativement aux attitudes et comportements qui sont liés aux différences de classe sociale, de statut économique ou de couleur de la peau.

## Exercice n° 4
## Les valeurs culturelles

Dans un premier temps, faites l'exercice individuellement, puis échangez avec votre partenaire.

- Quelles sont vos origines ethniques ?

  M _____

  P _____

- Quelles sont les valeurs culturelles auxquelles vous adhérez (valeurs religieuses, morales, sociales, relationnelles et sexuelles) ?

  _____

  _____

  _____

  _____

*Questions pour les parents immigrants*
- Quelles sont les valeurs de votre milieu actuel qui diffèrent de celles de votre pays d'origine (valeurs religieuses, morales, sociales, relationnelles et sexuelles) ?

  _____

  _____

  _____

- Votre enfant est-il né ici ?

  _____

- Êtes-vous attaché(e) à vos coutumes ?

|  | M | P |
|---|---|---|
| Beaucoup | ☐ | ☐ |
| Moyennement | ☐ | ☐ |
| Un peu | ☐ | ☐ |
| Pas du tout | ☐ | ☐ |

- Continuez-vous à parler votre langue d'origine?

|  | M | P |
|---|---|---|
| Oui | ☐ | ☐ |
| Non | ☐ | ☐ |

- Votre enfant est-il ambivalent dans son choix de valeurs?

|  | M | P |
|---|---|---|
| Oui | ☐ | ☐ |
| Non | ☐ | ☐ |

- Est-il très intégré à son milieu actuel?

|  | M | P |
|---|---|---|
| Oui | ☐ | ☐ |
| Non | ☐ | ☐ |

- Quel impact cela a-t-il sur votre sentiment d'identité?

M _____

P _____

- Comment favorisez-vous l'interconnexion entre vos valeurs ethniques et celles de votre milieu de vie actuel?

M _____

P _____

## Le rôle de l'école

L'école, avec ses règles de conduite morales et sociales qui diffèrent parfois de celles qui prévalent dans le groupe culturel et dans la famille, demeure aux yeux de presque tous les parents un moyen privilégié de socialisation. Ceux-ci sont convaincus, en effet, que l'instruction détermine, dans une large mesure, la réussite sociale future de leurs enfants. Ils cherchent donc à ce que ceux-ci entretiennent des relations ouvertes et amicales avec leurs enseignants, à ce qu'ils obtiennent des résultats acceptables, connaissent du succès aux examens et aient du plaisir à apprendre.

L'établissement scolaire représente, pour l'apprenti sorcier, un moyen prodigieux pour développer son intelligence et sa sociabilité. Sa participation quotidienne aux activités de l'école le place en position d'utiliser ses capacités de réflexion dans diverses situations d'apprentissage et de côtoyer les « différences » que présentent ses compagnons d'étude et de jeu.

Le rôle de l'école ne se limite pas à élargir le champ des connaissances de l'enfant. Il consiste également à favoriser, de toutes les façons possibles, sa socialisation, son intégration communautaire et l'ensemble de son développement psychologique. Tout particulièrement, l'école doit amener l'apprenti sorcier à reconnaître et à accepter les règles morales et sociales de sa petite communauté ; elle doit également l'associer à ces règles sans en faire pour autant un conformiste qui s'avère impuissant à les remettre en question.

---

**Exercice n° 5**
**L'école et la vie sociale**

Faites l'exercice ensemble et discutez-en.

- Prenez du temps pour discuter avec votre enfant de sa vie de groupe à l'école. Inspirez-vous, si nécessaire, des questions suivantes :
  - Parle-moi de tes amis à l'école !
  - En as-tu plusieurs ?
  - Lesquels préfères-tu ? Pourquoi ?
  - Parle-moi de ceux que je ne connais pas !
  - Trouves-tu que tu as assez d'amis ? Pourquoi ?
  - Qui aimerais-tu avoir à côté de toi en classe ? Pourquoi ?

Vous connaîtrez mieux votre enfant et l'aiderez à développer son réseau de relations si vous vérifiez de temps à autre la perception qu'il a de sa vie sociale à l'école.

---

**Exercice n° 6**
**Vos souvenirs de l'école primaire**

Dans un premier temps, faites l'exercice individuellement, puis échangez avec votre partenaire.

- Lorsque vous repensez à votre vie à l'école primaire, diriez-vous que vous aviez :

|  | M | P |
|---|---|---|
| Assez d'amis | ☐ | ☐ |
| Trop d'amis | ☐ | ☐ |
| Pas assez d'amis | ☐ | ☐ |

- Gardez-vous de bons souvenirs de votre vie sociale à l'école primaire ?

  M _____

  P _____

- Avez-vous encore des amis de ce temps-là ?

  M _____

  P _____

- Votre enfant, dans sa vie sociale, vous ressemble-t-il ?

  M _____

  P _____

- Êtes-vous content(e) de ces différences ou de ces ressemblances ?

  M _____

  P _____

- Pourquoi ?

  M _____

  P _____

## *Le rôle du groupe de pairs*

Durant toute sa vie, l'être humain est fortement influencé par les attitudes et les comportements de ses pairs. On le voit déjà lorsque l'apprenti sorcier entre à la maternelle ou à l'école primaire. Il commence alors à se détacher, en partie du moins, du milieu familial pour vivre l'expérience d'un nouvel environnement, celui de ses pairs. Ce groupe social a généralement ses propres lois, normes et règles en matière d'attitudes et de conduites et il arrive qu'elles diffèrent de celles du milieu familial.

Entre 6 et 12 ans, le groupe de pairs joue un rôle aussi important que la famille. Il est un lieu privilégié d'affirmation de soi, de valorisation personnelle et d'identification à des conduites morales et sociales.

---

**Exercice n° 7**
**Le groupe des amis**

Dans un premier temps, faites l'exercice individuellement, puis échangez avec votre partenaire.

- Trouvez-vous que votre enfant a :

|                        | M | P |
|------------------------|---|---|
| Suffisamment d'amis    | ☐ | ☐ |
| Trop d'amis            | ☐ | ☐ |
| Pas assez d'amis       | ☐ | ☐ |

- Posez la même question à votre enfant.

- Avez-vous une perception différente de celle de votre enfant ?

M _____

P _____

- Pensez maintenant à votre propre groupe d'amis et demandez-vous si vous avez :

|  | M | P |
|---|---|---|
| Suffisamment d'amis | ☐ | ☐ |
| Trop d'amis | ☐ | ☐ |
| Pas assez d'amis | ☐ | ☐ |

- Comment pouvez-vous améliorer votre vie sociale, si cela est nécessaire ?

**M** _____

**P** _____

- Trouvez trois moyens que vous pouvez donner à votre enfant pour qu'il améliore sa vie sociale :

_____

_____

_____

## Matière à réflexion

### L'apprenti sorcier recherche des partenaires

- L'apprenti sorcier profite de ses rencontres avec d'autres enfants (à l'école, à la maison, au parc, etc.) pour se choisir un ou deux partenaires. Ces choix ne se font pas au hasard et ne portent pas sur n'importe qui. Ils sont orientés par quelques signes extérieurs et un certain nombre de comportements que l'apprenti sorcier observe chez les autres.

- Les enfants plus jeunes ont une tendance marquée à vouloir se rapprocher des plus grands. Ils sont rarement acceptés par ces derniers qui continuent quand même à les fasciner.

- Il arrive souvent que l'apprenti sorcier s'ennuie et devienne instable ou agité lorsqu'il se retrouve seul, et cela, même s'il est entouré de jouets.

- Une activité devient plus intéressante dès que l'apprenti sorcier a un partenaire. Cela n'empêche pas que les relations entre les deux, après des moments de très grand plaisir, peuvent s'envenimer.

- Le groupe de jeu (3, 4 ou 5 amis) est toujours très excitant pour l'enfant et les conflits ouverts y sont beaucoup moins fréquents que dans les activités à deux.

- L'apprenti sorcier fait preuve d'une certaine stabilité dans le choix de ses partenaires. En effet, ceux qu'il choisit lui apparaissent toujours attirants et sécurisants.

- Il existe toujours dans un groupe d'enfants des phénomènes naturels d'attirance, d'opposition, d'exclusion et de conflit.

- On voit mieux les comportements d'affiliation des enfants lorsque les activités ne sont pas dirigées.

- Ce sont généralement les groupes de 3 ou 4 qui créent les activités les plus élaborées.

- Le groupe de jeu, lorsqu'il est constitué de partenaires qui se sont choisis, démontre souvent une cohésion très forte, une grande stabilité et moins de conflits.

- Le choix d'une activité et l'attrait d'être en relation sont les deux facteurs qui poussent l'apprenti sorcier à découvrir le plaisir d'être ensemble, de faire ensemble ainsi que de vivre l'expérience d'être reconnu et accepté par l'autre.

- L'apprenti sorcier, en vivant une relation positive dans un groupe d'amis, fait une expérience de sécurité qui l'incite à s'engager dans l'action.

- L'apprenti sorcier associe son imagination et ses désirs à ceux de ses partenaires sans vivre trop de dépendance à leur égard.

- Dans un groupe d'amis, il existe un phénomène d'imitation. Mais les modèles proposés par les amis ne sont pas des objets de dépendance puisque chaque enfant est obligé, sous peine d'être exclu par ses pairs, de partager, de participer et d'offrir un petit quelque chose de lui aux autres. Le désir de s'approprier le modèle de l'autre (comportement, langage, attitudes) représente plutôt un facteur important dans l'évolution des attitudes sociales, morales et relationnelles de l'enfant.

- Faire les mêmes activités, avoir les mêmes goûts, posséder les mêmes objets et présenter les mêmes comportements, voilà autant d'éléments qui illustrent l'appartenance réciproque. S'il y a trop de différences entre les amis, on assiste plutôt à une baisse tangible de ce sentiment d'appartenance qui est nécessaire à l'apprenti sorcier ; les autres deviennent alors des facteurs d'insécurité.

- Dès l'âge de 5 ou 6 ans, l'enfant comprend très bien les questions suivantes : « Qui veux-tu avoir pour jouer ? », « Qui veux-tu avoir à côté de toi en classe ? », « Qui accepterais-tu dans ton groupe d'amis ? ». Non seulement comprend-il très bien toutes ces questions mais il y répond également de façon très spontanée en justifiant même le choix de tel ou tel partenaire.

- À cet âge, le garçon cherche son identité masculine dans un groupe de garçons. De la même façon, une fille se tourne vers les filles afin de découvrir son identité féminine.

## Le rôle des moyens de communication

La télévision, les jeux vidéo, l'ordinateur, le cinéma, les livres, les journaux sont des moyens de communication qui ont une influence certaine (positive ou négative) sur l'élaboration des conduites morales et sociales de l'apprenti sorcier.

On peut dire que, de nos jours, les enfants des pays occidentaux regardent la télévision de façon exagérée puisqu'ils y consacrent jusqu'à un tiers de leurs journées. De façon générale, ils sont donc moins actifs ; ils jouent moins, consacrent moins de temps à la lecture ou la discussion et se couchent souvent tard.

Il y a de vifs débats actuellement sur la violence à la télévision. Certains spécialistes affirment que les scènes de violence à l'écran n'influencent guère les attitudes et les comportements des enfants. Mais ils ajoutent, du même souffle, que ces scènes peuvent agir comme des renforçateurs chez les enfants ou les adolescents qui sont déjà agressifs ou qui sont entourés d'adultes agressifs et qui puisent dans ces images des « modèles d'identification à la puissance ».

D'autre part, des émissions éducatives démontrent leur efficacité en aidant les enfants à intérioriser certaines notions enseignées à l'école. Mais ces émissions, même si elles sont consommées de façon intensive, n'abolissent pas pour autant les différences individuelles, de classe sociale, de statut économique ou de culture entre les enfants.

Nous vivons dans une ère de communication électronique et il est impensable de priver les enfants de ces nouveaux moyens de connaissance. Toutefois, nous pensons que les parents ont un rôle actif à jouer ; ils doivent discuter avec les enfants du contenu des émissions de télévision et des jeux vidéo ainsi que favoriser ou limiter l'utilisation de ces moyens de communication. Il est entendu qu'aucun moyen mécanique ne remplacera jamais la communication verbale entre des humains chaleureux et attentifs !

---

**Exercice n° 8**
**La télévision et les jeux vidéo**

Dans un premier temps, faites l'exercice individuellement, puis échangez avec votre partenaire.

- Est-ce que votre enfant utilise la télévision, le vidéo, l'ordinateur ou les jeux électroniques ?

|  | M | P |
|---|---|---|
| Rarement | ☐ | ☐ |
| Parfois | ☐ | ☐ |
| Souvent | ☐ | ☐ |
| Très souvent | ☐ | ☐ |

- Vous arrive-t-il de regarder une émission avec votre enfant ?

|  | M | P |
|---|---|---|
| Oui | ☐ | ☐ |
| Non | ☐ | ☐ |

- En discutez-vous par la suite ?

| Jamais | | Parfois | | Souvent | | Toujours | |
|---|---|---|---|---|---|---|---|
| M | P | M | P | M | P | M | P |
| ☐ | ☐ | ☐ | ☐ | ☐ | ☐ | ☐ | ☐ |

- Vous arrive-t-il de jouer à des jeux vidéo avec votre enfant ?

|  | M | P |
|---|---|---|
| Oui | ☐ | ☐ |
| Non | ☐ | ☐ |

- En discutez-vous par la suite ?

| Jamais | | Parfois | | Souvent | | Toujours | |
|---|---|---|---|---|---|---|---|
| M | P | M | P | M | P | M | P |
| ☐ | ☐ | ☐ | ☐ | ☐ | ☐ | ☐ | ☐ |

- Vous est-il possible de contrôler le nombre d'heures d'utilisation de la télé-vision et des jeux vidéo ?

|  | M | P |
|---|---|---|
| Oui | ☐ | ☐ |
| Non | ☐ | ☐ |

Si oui, comment y arrivez-vous ?

_____

Sinon, comment pourriez-vous y arriver ?

_____

# Devenir « raisonnable » : l'apprentissage de la discipline familiale et sociale

## Dominer ou influencer ?

Depuis quelques années, la question de la discipline est redevenue un sujet à la mode. On en discute un peu partout, particulièrement à l'école et dans la famille. La discipline est, de nos jours, une préoccupation constante pour nombre de parents et d'enseignants.

La nécessité de pratiquer la discipline provoque fréquemment chez les parents et les enseignants une ambiguïté réelle qui se caractérise souvent par des attitudes contradictoires; celles-ci tiennent soit de la «sévérité coercitive», soit du «marchandage» affectif et matériel ou de la «permissivité excessive».

De façon générale, les parents et les enseignants désirent réellement être chaleureux et tolérants envers les enfants. Cependant, lorsqu'ils doivent affronter des problèmes de violence, d'irrespect ou d'irresponsabilité, ils se trouvent dans l'obligation d'imposer «la loi et l'ordre». Ils jouent alors un rôle d'autorité et ils commencent à utiliser un pouvoir de coercition dans leurs relations avec les enfants.

Ils sont nombreux les parents et les enseignants qui semblent vouloir revenir à une forme de discipline qui consiste à contraindre, à corriger, à réprimander, à blâmer, à punir ou, simplement, à soumettre. Or, différentes recherches récentes révèlent, une fois de plus, que la mise en place d'une discipline basée essentiellement sur la punition rend les enfants plus agressifs et plus violents. En effet, ceux qui manifestent le plus de comportements agressifs à l'égard de leurs pairs et des adultes qui les entourent sont ceux qui sont les plus punis. Ils résistent fortement à ce type de relation basée sur la contrainte en s'opposant, en se révoltant, en se vengeant, en mentant ou en manipulant constamment l'entourage. Ils en viennent à estimer que tous les moyens sont bons pour ne pas être sanctionné, désapprouvé, blâmé ou puni.

À peu près tous les adultes souhaitent que les enfants deviennent des êtres ordonnés et attentifs sans toutefois s'entendre sur la façon de les guider dans cette voie. Les parents qui vivent des difficultés de relation et de communication avec leur enfant estiment encore trop souvent que la correction, la punition et la domination sont les seules façons de venir à bout des comportements déviants. En agissant de la sorte, ils croient fermement qu'ils peuvent influencer l'enfant et le rendre conforme aux attentes familiales et sociales. Rien n'est plus faux! Il y a, en effet, une différence énorme entre «dominer» et «influencer» et l'adulte, en faisant son choix, est ramené à sa propre vision du pouvoir et à l'usage qu'il en fait dans ses rapports avec les autres.

Les attitudes par lesquelles les parents se mettent à imposer des limites excessives, à donner des ordres, à punir ou à menacer de le faire ont bien peu d'effets à long terme sur l'apprenti sorcier. En réalité, elles ne font qu'exacerber chez lui le sentiment d'être leurré par ceux qui affirment l'aimer plus que tout au monde et qui, en même temps, utilisent leur pouvoir pour le soumettre. Il y a bien des chances que l'apprenti sorcier soit obligé de se soumettre temporairement. Mais il le fait pour éviter les représailles ou les punitions; sans être «influencé», il accentue plutôt sa capacité de résister au changement.

Si les adultes veulent vraiment exercer une «relation d'influence» sur leurs enfants, ils doivent accepter de renoncer à ces attitudes qui sont basées soit sur la coercition et la contrainte, soit sur le marchandage ou le laisser-faire. Ils doivent plutôt adopter des attitudes visant à guider l'apprenti sorcier vers l'autodiscipline et la maîtrise de soi, vers l'expression de comportements pacifiques, la tolérance des différences, la compassion envers les autres et le respect des ententes réciproques.

Ce n'est qu'en étant guidé fermement et chaleureusement par un parent attentif qu'un enfant apprend peu à peu la maîtrise de soi et l'exercice de la liberté individuelle dans un cadre collectif. Le parent guide offre à l'apprenti sorcier l'occasion de faire ses propres choix et de prendre ses propres décisions. Celui-ci découvre peu à peu, à travers les événements de la vie quotidienne, les possibilités et les limites de la réalité. Il ne respecte les règles du code familial, social et scolaire et n'y adhère que s'il a réellement l'occasion de contribuer à établir toutes ces règles avec ses parents et ses professeurs. Finalement, l'apprenti sorcier apprend progressivement à transformer ses comportements qui dérangent les autres si les adultes qui l'entourent témoignent par l'exemple et acceptent d'écouter son point de vue.

Nul apprenti sorcier ne peut devenir raisonnable, c'est-à-dire réaliste, si les adultes ne lui offrent pas souvent l'occasion d'exprimer, de façon ouverte et calme, son point de vue, ses raisons ou, en d'autres mots, sa vision intérieure.

### Le pouvoir et la discipline

Au-delà des sentiments d'affection et d'amour que se portent généralement les parents et les enfants, il est important de voir que la notion de pouvoir est toujours présente dans leurs rapports quotidiens comme elle l'est dans toutes les relations interpersonnelles.

Dans la relation entre un parent et un enfant, la question du pouvoir revêt cependant une importance particulière parce que l'un et l'autre ne sont pas, au point de départ, sur un pied d'égalité. L'enfant, en effet, est en état de besoin tandis que le parent est justement celui qui peut répondre à ses besoins.

À ce titre, le parent est aisément perçu comme possédant un pouvoir immense sur son enfant. Mais le pouvoir ne suffit pas! Dans la réalité, le parent doit aussi exercer une *influence* véritable sur l'enfant au fil des événements et des situations qui surgissent de la naissance à la fin de l'adolescence.

Cette capacité d'influencer doit être la pierre angulaire des relations et des interventions du parent. Celui qui a de la difficulté à entendre le point de vue de l'autre ou, au contraire, à s'affirmer, à prendre position et à exercer une véritable influence sur l'enfant, est vite réduit à l'impuissance et se met à utiliser toute une panoplie de punitions, de menaces ou de récompenses.

Être capable de guider, c'est exercer un certain «pouvoir d'influence». Pour y arriver, il importe de bien voir et de bien comprendre les quatre attitudes différentes que peuvent adopter les parents.

### Le parent autoritaire

La première attitude, celle de la sévérité, consiste à faire en sorte que tout se passe comme le parent l'a planifié, demandé, exigé ou prévu. C'est l'exercice d'un pouvoir de coercition qui incite l'apprenti sorcier à se soumettre totalement aux différentes exigences formulées par le parent. Les méthodes éducatives utilisées par le parent autoritaire visent à dresser l'enfant, à l'effrayer, à lui faire peur et surtout à lui démontrer tous les dangers qui sont liés à ses comportements dérangeants. Par le nombre et la sévérité des punitions, on tente de persuader l'enfant de devenir obéissant et de demeurer, en tout temps, sous le contrôle des adultes en autorité.

**Exercice n° 9**
**Je me situe par rapport au parent autoritaire**

Vous reconnaissez-vous dans les affirmations suivantes?

| | M | | P | |
|---|---|---|---|---|
| Le parent autoritaire a tendance à : | Oui | Non | Oui | Non |
| - imposer ses règles et son raisonnement | ☐ | ☐ | ☐ | ☐ |
| - être rigide dans sa façon de communiquer ses demandes | ☐ | ☐ | ☐ | ☐ |
| - vivre les relations en fonction d'une lutte de pouvoir | ☐ | ☐ | ☐ | ☐ |
| - être centré davantage sur les punitions | ☐ | ☐ | ☐ | ☐ |
| - donner peu de récompenses et peu de marques d'attention positive | ☐ | ☐ | ☐ | ☐ |
| - ne laisser rien passer et désirer contrôler tous les comportements | ☐ | ☐ | ☐ | ☐ |
| - reconnaître rarement les efforts de l'enfant | ☐ | ☐ | ☐ | ☐ |
| - être intolérant et très exigeant | ☐ | ☐ | ☐ | ☐ |
| - juger, dévaloriser et dénigrer | ☐ | ☐ | ☐ | ☐ |
| - mousser la rivalité entre les enfants | ☐ | ☐ | ☐ | ☐ |
| - critiquer les autres adultes, y compris l'autre parent | ☐ | ☐ | ☐ | ☐ |
| - ne pas reconnaître les sentiments de l'enfant | ☐ | ☐ | ☐ | ☐ |
| - ne pas reconnaître les capacités de l'enfant de faire des choix et d'agir | ☐ | ☐ | ☐ | ☐ |
| - pouvoir aller jusqu'à frapper ou humilier publiquement l'enfant | ☐ | ☐ | ☐ | ☐ |
| - fonctionner selon ses humeurs | ☐ | ☐ | ☐ | ☐ |

## Le parent marchandeur

La seconde attitude, celle du marchandage, consiste à combler l'enfant d'affection et de biens matériels lorsqu'il se conforme à l'image (un ensemble prédéterminé de conduites sociales et morales) que le parent désire qu'il manifeste soit à la maison, soit à l'école ou dans la communauté.

Lorsque l'apprenti sorcier transgresse cette image qui est très souvent idéalisée, le parent marchandeur a recours au chantage affectif (le retrait systématique des marques d'affection ou d'attention positive) ou à la menace d'une perte matérielle afin de le ramener dans le droit chemin. En d'autres mots, c'est l'exercice constant d'une position de force (« bargaining power ») qui amène l'enfant à se conformer, tout au moins extérieurement, aux différents désirs de ses parents.

En général, la pratique de cette attitude de marchandage coûte très cher aux parents et n'empêche jamais les conflits relationnels d'éclater, particulièrement durant l'adolescence. La compréhension réciproque et le respect mutuel ne s'achètent pas !

Dans une relation de ce type, le comportement moral et social de l'apprenti sorcier fluctue constamment puisqu'il est lié à un gain potentiel, qu'il soit affectif ou matériel. L'intériorisation progressive de la maîtrise de soi, du partage et de la solidarité ne s'effectue pas et l'enfant tente, de plus en plus, de marchander ses responsabilités, ses efforts, ses conduites et ses attitudes. Il apprend ainsi à manipuler son entourage en exploitant les situations.

---

**Exercice n° 10**
**Je me situe par rapport au parent marchandeur**

Vous reconnaissez-vous dans les affirmations suivantes ?

| | M | | P | |
|---|---|---|---|---|
| | Oui | Non | Oui | Non |
| Le parent marchandeur a tendance à : | | | | |
| - faire plusieurs promesses pour obtenir le comportement désiré | ☐ | ☐ | ☐ | ☐ |
| - avoir des attentes très élevées face à l'enfant et à lui-même | ☐ | ☐ | ☐ | ☐ |
| - avoir un idéal de parent très élevé | ☐ | ☐ | ☐ | ☐ |
| - s'attendre à ce que l'enfant réalise de grandes performances en tout | ☐ | ☐ | ☐ | ☐ |
| - chercher à contrôler les comportements de l'enfant sur une base affective ou matérielle | ☐ | ☐ | ☐ | ☐ |
| - se sentir facilement coupable | ☐ | ☐ | ☐ | ☐ |

|  | M | | P | |
|---|---|---|---|---|
|  | Oui | Non | Oui | Non |
| - se projeter massivement dans son enfant | ☐ | ☐ | ☐ | ☐ |
| - surprotéger l'enfant | ☐ | ☐ | ☐ | ☐ |
| - faire des demandes inconsistantes | ☐ | ☐ | ☐ | ☐ |
| - manquer de fermeté | ☐ | ☐ | ☐ | ☐ |
| - contrôler les enfants par la culpabilité | ☐ | ☐ | ☐ | ☐ |
| - créer la dépendance affective et matérielle | ☐ | ☐ | ☐ | ☐ |
| - nier les conflits interpersonnels | ☐ | ☐ | ☐ | ☐ |
| - être centré sur les apparences | ☐ | ☐ | ☐ | ☐ |
| - essayer de convaincre l'enfant du bien-fondé de ses demandes | ☐ | ☐ | ☐ | ☐ |
| - se concentrer sur la récompense | ☐ | ☐ | ☐ | ☐ |
| - avoir un sens aigu du devoir et de ses responsabilités | ☐ | ☐ | ☐ | ☐ |

## Le parent permissif

La troisième attitude, celle du laisser-faire, consiste à n'imposer aucune limite et à «démissionner» très rapidement lorsque l'apprenti sorcier demande, exige, s'oppose ou séduit. Au fil des jours, l'enfant découvre que tout lui est possible, que l'exigence ou l'interdit parental peut facilement se transformer dès qu'il boude, tape du pied, lance des cris, casse des objets ou harcèle jusqu'à ce qu'il ait ce qu'il veut.

Dans une telle relation, l'apprenti sorcier expérimente quotidiennement le fait qu'il détient tout le pouvoir. C'est le règne de l'enfant roi, de celui à qui tout est dû et tout de suite! Le parent permissif est vite dépassé par les événements et il se sent complètement démuni face aux comportements et aux attitudes de son petit roi de 6, 7 ou 8 ans. Il tente, de temps à autre, de le contenir ou de le raisonner, mais il se heurte bien rapidement à sa propre impuissance. Voulant éviter à tout prix la perte de sa relation affective (ou ce qu'il en reste), il n'établit plus de frontières ou de limites.

Le parent permissif se laisse complètement envahir par les désirs irréalistes et les exigences démesurées de son enfant. Quant au «petit roi», il passe totalement à côté de l'expérience de partage, de tolérance, de participation, de respect mutuel et de compréhension réciproque. Son égocentrisme affectif et social perdure au détriment de l'acquisition du sens des responsabilités ainsi que de l'acceptation et de l'intériorisation des règles de base de la vie en commun.

L'attitude du laisser-faire ne favorise pas le passage, à la fois nécessaire et difficile, de l'égocentrisme à la socialisation. Si l'apprenti sorcier n'effectue pas ce passage entre 6 et 12 ans, il sera bien difficile, pour le parent, de l'amener, au cours de l'adolescence, à percevoir un autre point de vue que le sien et de l'inciter à véritablement négocier la vie en commun.

L'adolescent va, en effet, recevoir ces demandes de changement de ses comportements et de ses attitudes comme des attaques personnelles visant à brimer sa liberté et ses droits. Il va projeter sa colère et sa violence sur tous ceux qui sembleront vouloir entraver ou remettre en question l'état des choses, en particulier sur les figures d'autorité. Un enfant roi ne peut devenir qu'un *adolescent roi*, un être tyrannique, colérique et intransigeant.

---

**Exercice n° 11**
**Je me situe par rapport au parent permissif**

Vous reconnaissez-vous dans les affirmations suivantes ?

| | M | | P | |
|---|---|---|---|---|
| Le parent permissif a tendance à : | Oui | Non | Oui | Non |
| - remettre à l'enfant l'ensemble de ses choix | ☐ | ☐ | ☐ | ☐ |
| - n'imposer aucune limite ni restriction | ☐ | ☐ | ☐ | ☐ |
| - s'attendre à ce que l'enfant développe sa propre sécurité intérieure | ☐ | ☐ | ☐ | ☐ |
| - s'attendre à ce que l'enfant se responsabilise | ☐ | ☐ | ☐ | ☐ |
| - favoriser l'expression des émotions | ☐ | ☐ | ☐ | ☐ |
| - apprécier les initiatives de l'enfant | ☐ | ☐ | ☐ | ☐ |
| - utiliser l'enfant comme confident | ☐ | ☐ | ☐ | ☐ |
| - rechercher des relations « ami-ami » avec l'enfant | ☐ | ☐ | ☐ | ☐ |
| - demander la permission de l'enfant | ☐ | ☐ | ☐ | ☐ |
| - trop valoriser l'enfant | ☐ | ☐ | ☐ | ☐ |
| - surestimer les capacités de raisonner de l'enfant | ☐ | ☐ | ☐ | ☐ |
| - désirer que l'amour prime sur toute contrainte | ☐ | ☐ | ☐ | ☐ |
| - être bohème et libre-penseur | ☐ | ☐ | ☐ | ☐ |
| - être en réaction contre toute autorité | ☐ | ☐ | ☐ | ☐ |
| - être dépendant de son enfant | ☐ | ☐ | ☐ | ☐ |

---

## Le parent guide

La quatrième attitude parentale, contrairement aux trois premières, consiste à faire confiance et à intervenir fermement et chaleureusement mais sans brimer, ni soumettre, ni juger, ni acheter, ni tout permettre à celui ou à celle avec qui l'on veut établir une relation d'amour et de compréhension mutuelle. Cette attitude du parent guide suppose l'exercice quotidien d'un pouvoir d'influence qui cherche à rejoindre l'enfant, à se l'associer puis à lui apprendre, pas à pas, à négocier les règles et les nécessités de la vie en commun.

Cette attitude éducative se base sur la capacité du parent d'établir une relation affectueuse et d'influencer positivement l'apprenti sorcier à travers les différents événements de sa vie quotidienne. Le parent ne doit pas oublier qu'il occupe une place privilégiée dans la vie de l'enfant et qu'il est le mieux placé pour stimuler ou neutraliser les forces intérieures de l'apprenti sorcier.

---

**Exercice n° 12**
**Je me situe par rapport au parent guide**

Vous reconnaissez-vous dans les affirmations suivantes?

Le parent guide a tendance à:

| | M Oui | M Non | P Oui | P Non |
|---|---|---|---|---|
| - structurer la réalité de l'enfant en tenant compte de ses besoins | ☐ | ☐ | ☐ | ☐ |
| - proposer des alternatives | ☐ | ☐ | ☐ | ☐ |
| - être ouvert à la communication | ☐ | ☐ | ☐ | ☐ |
| - être souple dans ses décisions et dans sa façon de les appliquer | ☐ | ☐ | ☐ | ☐ |
| - être sûr de lui en ce qui concerne ses exigences | ☐ | ☐ | ☐ | ☐ |
| - être capable d'écouter comme de s'affirmer | ☐ | ☐ | ☐ | ☐ |
| - être capable d'en laisser passer | ☐ | ☐ | ☐ | ☐ |
| - favoriser la socialisation | ☐ | ☐ | ☐ | ☐ |
| - favoriser la curiosité et les initiatives | ☐ | ☐ | ☐ | ☐ |
| - favoriser l'autonomie | ☐ | ☐ | ☐ | ☐ |
| - être en mesure de faire la différence entre ses besoins personnels, ceux du couple et ceux de ses enfants | ☐ | ☐ | ☐ | ☐ |
| - proposer des activités agréables | ☐ | ☐ | ☐ | ☐ |
| - applaudir aux réussites de l'enfant | ☐ | ☐ | ☐ | ☐ |
| - lui démontrer sa confiance | ☐ | ☐ | ☐ | ☐ |
| - l'aider à agir seul | ☐ | ☐ | ☐ | ☐ |

## Exercice n° 13
## À quel type de parent appartenez-vous ?

Essayez de préciser maintenant à quel type de parent vous appartenez en vous situant par rapport aux affirmations suivantes.

| | En accord | | En désaccord | |
|---|---|---|---|---|
| | M | P | M | P |
| 1- Le parent doit imposer l'ensemble des règles de la maison | ☐ | ☐ | ☐ | ☐ |
| 2- Il est utile de promettre quelque chose aux enfants pour obtenir le comportement désiré | ☐ | ☐ | ☐ | ☐ |
| 3- Il est inutile d'imposer des limites aux enfants | ☐ | ☐ | ☐ | ☐ |
| 4- Il est important de structurer la réalité de l'enfant en tenant compte de son point de vue à lui | ☐ | ☐ | ☐ | ☐ |
| 5- Le parent a toujours raison | ☐ | ☐ | ☐ | ☐ |
| 6- Il faut avoir de grandes attentes envers les enfants | ☐ | ☐ | ☐ | ☐ |
| 7- Le parent doit laisser l'enfant totalement libre de ses choix | ☐ | ☐ | ☐ | ☐ |
| 8- Il est important d'offrir des alternatives aux enfants | ☐ | ☐ | ☐ | ☐ |
| 9- Le parent doit donner des ordres formels à son enfant | ☐ | ☐ | ☐ | ☐ |
| 10- Il est important que le parent tende vers la perfection | ☐ | ☐ | ☐ | ☐ |
| 11- Le parent n'a pas à intervenir dans les expériences personnelles de son enfant | ☐ | ☐ | ☐ | ☐ |
| 12- Le parent doit favoriser la communication interpersonnelle | ☐ | ☐ | ☐ | ☐ |
| 13- Il est important que l'enfant se soumette à l'autorité parentale | ☐ | ☐ | ☐ | ☐ |
| 14- Il est légitime de s'attendre à ce que son enfant « performe » dans tous les domaines | ☐ | ☐ | ☐ | ☐ |
| 15- L'enfant est pleinement en mesure d'acquérir par lui-même sa propre sécurité intérieure | ☐ | ☐ | ☐ | ☐ |
| 16- Le parent peut être souple et nuancé dans l'application des règles familiales | ☐ | ☐ | ☐ | ☐ |
| 17- La discipline doit d'abord passer par la punition | ☐ | ☐ | ☐ | ☐ |
| 18- Exprimer peine et déception à l'enfant l'aide à changer son comportement | ☐ | ☐ | ☐ | ☐ |
| 19- L'enfant est en mesure de se discipliner lui-même | ☐ | ☐ | ☐ | ☐ |
| 20- On peut formuler certaines exigences de base à son enfant | ☐ | ☐ | ☐ | ☐ |
| 21- Il n'est pas très important d'accorder une attention positive à son enfant | ☐ | ☐ | ☐ | ☐ |

*(suite)*

| | En accord | | En désaccord | |
|---|:---:|:---:|:---:|:---:|
| | M | P | M | P |
| 22- Le parent est le principal responsable des comportements de son enfant | ☐ | ☐ | ☐ | ☐ |
| 23- L'enfant doit d'abord et avant tout exprimer son univers émotif | ☐ | ☐ | ☐ | ☐ |
| 24- Le parent favorise à la fois la capacité d'écoute et d'affirmation | ☐ | ☐ | ☐ | ☐ |
| 25- On doit surveiller tous les comportements de son enfant | ☐ | ☐ | ☐ | ☐ |
| 26- Les enfants sont le reflet de leurs parents | ☐ | ☐ | ☐ | ☐ |
| 27- Enfants et parents sont des confidents et amis | ☐ | ☐ | ☐ | ☐ |
| 28- On doit laisser une marge de liberté à l'enfant | ☐ | ☐ | ☐ | ☐ |
| 29- On doit souligner davantage les faiblesses que les forces de son enfant | ☐ | ☐ | ☐ | ☐ |
| 30- Il est important de chercher les motifs qui expliquent les comportements de l'enfant | ☐ | ☐ | ☐ | ☐ |
| 31- Il faut toujours tenir compte de l'avis des enfants avant de faire un choix personnel | ☐ | ☐ | ☐ | ☐ |
| 32- Les enfants doivent être encouragés à avoir des relations avec d'autres enfants et adultes | ☐ | ☐ | ☐ | ☐ |
| 33- Il est important de remettre les enfants à leur place | ☐ | ☐ | ☐ | ☐ |
| 34- Les demandes faites aux enfants peuvent varier selon les circonstances | ☐ | ☐ | ☐ | ☐ |
| 35- Les besoins de l'enfant priment sur ceux du parent | ☐ | ☐ | ☐ | ☐ |
| 36- Le parent favorise les occasions qui permettent à l'enfant de faire preuve de curiosité et d'initiative | ☐ | ☐ | ☐ | ☐ |
| 37- On doit porter un jugement sur les comportements de son enfant | ☐ | ☐ | ☐ | ☐ |
| 38- Il est important que les enfants dépendent de leurs parents tant sur le plan affectif que matériel | ☐ | ☐ | ☐ | ☐ |
| 39- L'enfant est en mesure de comprendre et de se guider lui-même | ☐ | ☐ | ☐ | ☐ |
| 40- Le parent peut faire la part des choses entre ses besoins, ceux de son couple et ceux de l'enfant | ☐ | ☐ | ☐ | ☐ |
| 41- Le parent compare les enfants entre eux | ☐ | ☐ | ☐ | ☐ |
| 42- Le parent doit à tout prix clarifier les conflits familiaux | ☐ | ☐ | ☐ | ☐ |
| 43- L'amour doit primer sur toute contrainte | ☐ | ☐ | ☐ | ☐ |
| 44- Le parent doit proposer des activités familiales qui sont agréables | ☐ | ☐ | ☐ | ☐ |

*(suite)*

| | En accord | | En désaccord | |
|---|---|---|---|---|
| | M | P | M | P |
| 45- Les autres adultes n'ont pas à se mêler de l'éducation de mon enfant | ☐ | ☐ | ☐ | ☐ |
| 46- L'image que projette mon enfant est très importante pour moi | ☐ | ☐ | ☐ | ☐ |
| 47- Le parent qui minimise les contraintes favorise l'émergence de la créativité | ☐ | ☐ | ☐ | ☐ |
| 48- Le parent doit remarquer, reconnaître et souligner les réussites de son enfant | ☐ | ☐ | ☐ | ☐ |
| 49- Le parent peut aller jusqu'à corriger physiquement son enfant pour lui faire entendre raison | ☐ | ☐ | ☐ | ☐ |
| 50- Il est important que l'enfant centre d'abord son attention sur les tâches et les responsabilités | ☐ | ☐ | ☐ | ☐ |
| 51- L'enfant doit apprendre à remettre en question les figures d'autorité afin d'acquérir son autonomie | ☐ | ☐ | ☐ | ☐ |
| 52- En lui faisant confiance, le parent aide l'enfant à agir seul | ☐ | ☐ | ☐ | ☐ |
| 53- À la maison, il faut faire en sorte que l'enfant se tienne sur ses gardes | ☐ | ☐ | ☐ | ☐ |
| 54- À la maison, l'enfant doit tenir compte des circonstances et des humeurs des membres de la famille | ☐ | ☐ | ☐ | ☐ |
| 55- À la maison, l'enfant ne sait pas toujours ce qu'on attend de lui | ☐ | ☐ | ☐ | ☐ |
| 56- À la maison, l'enfant se sent en sécurité physique et affective | ☐ | ☐ | ☐ | ☐ |

Les affirmations 1-5-9-13-17-21-25-29-33-37-41-45-49-53
définissent le parent autoritaire.

Les affirmations 2-6-10-14-18-22-26-30-34-38-42-46-50-54
définissent le parent marchandeur.

Les affirmations 3-7-11-15-19-23-27-31-35-39-43-47-51-55
définissent le parent permissif.

Les affirmations 4-8-12-16-20-24-28-32-36-40-44-48-52-56
définissent le parent guide.

En voulant trouver quel type de parent vous êtes, vous allez probablement découvrir que vous appartenez à plusieurs types à la fois. Cela est normal et démontre que vous ne faites pas exception à la règle.

Répondez maintenant aux questions suivantes de façon individuelle puis échangez avec votre partenaire.

- À quel type de parent ressemblez-vous le plus ?

  M _____

  P _____

- Comment allez-vous vous y prendre pour devenir davantage un parent guide ?

  M _____

  P _____

## *Vie familiale et discipline*

La question de la discipline familiale prend une importance particulière au moment de l'entrée à l'école.

En effet, les parents désirent que leur enfant intériorise des règles personnelles de conduite et qu'il effectue, progressivement, le passage du contrôle externe (le contrôle des parents) au contrôle interne (l'autodiscipline). Or, cette capacité de devenir « raisonnable » ne peut pas être le fruit d'une attitude sévère ou stricte de la part des adultes. De fait, elle ne peut être que le résultat d'un sentiment d'appartenance et de participation de l'enfant au milieu familial et scolaire. L'expérience de la discipline doit s'accompagner d'efforts soutenus de la part des parents pour s'associer l'enfant et le faire activement participer à l'élaboration des décisions et des règles de vie qui le concernent; sinon, elle entraîne à la longue une dégradation de ses conduites morales et sociales. Une expérience négative de la discipline risque d'ancrer l'enfant soit dans une attitude de conformité extérieure totalement improductive, soit dans une attitude permanente de revendication, de refus et d'opposition systématique ou dans une attitude de marchandage et de manipulation des personnes et des règles.

---

**Matière à réflexion**

La vie familiale doit se caractériser :

- par **la collaboration** et **l'entraide** entre parents et enfants ;
- par l'animation d'un **processus décisionnel** qui soit ouvert et démocratique ;
- par l'emploi d'une méthode éducative visant à faire intérioriser à l'enfant un **sentiment d'autonomie, d'appartenance, de responsabilité** et de propriété commune ;
- par la présence de **règles réalistes** et personnalisées qui sont destinées à promouvoir **l'autocontrôle** (l'autodiscipline) plutôt que la dépendance, la soumission ou la rébellion face au code des adultes ;
- par la réalisation d'**activités familiales** stimulantes, intéressantes et agréables ;
- par l'utilisation de moyens pertinents et concrets en vue de **solutionner**, au fur et à mesure qu'ils surgissent, les inévitables conflits entre parents et enfants de même que ceux qui surviennent entre enfants ;
- par l'organisation de lieux ou d'**espaces «intimes»** où chacun peut trouver le calme et la sérénité qui sont si nécessaires à la poursuite de la vie en commun.

---

# Appartenance, solidarité et partage

Il est possible de substituer peu à peu une vision ouverte et structurée de la vie familiale soit à un système disciplinaire coercitif, soit à une attitude de marchandage affectif et matériel ou à une attitude de laisser-faire. Seule cette transformation peut amener l'apprenti sorcier à se sentir en sécurité et à devenir responsable.

Cependant, cette transformation n'est possible que si le parent a confiance en lui-même et que s'il étend cette confiance à sa relation avec l'enfant qu'il croit apte à penser et à apprendre par lui-même. Le rôle de l'adulte est alors celui d'un parent guide.

---

## Exercice n° 14
## La confiance en soi

Dans un premier temps, faites l'exercice individuellement, puis échangez avec votre partenaire.

Remplissez le tableau suivant :

| | Jamais (1pt) | | Parfois (5 pts) | | Souvent (10 pts) | | Toujours (15 pts) | |
|---|---|---|---|---|---|---|---|---|
| | M | P | M | P | M | P | M | P |
| Lorsque je prends une décision, je crois fermement que c'est la bonne | ☐ | ☐ | ☐ | ☐ | ☐ | ☐ | ☐ | ☐ |
| D'habitude, j'aime essayer des choses nouvelles | ☐ | ☐ | ☐ | ☐ | ☐ | ☐ | ☐ | ☐ |
| Je suis de bonne humeur la plupart du temps | ☐ | ☐ | ☐ | ☐ | ☐ | ☐ | ☐ | ☐ |
| Je suis satisfait(e) de mon apparence physique | ☐ | ☐ | ☐ | ☐ | ☐ | ☐ | ☐ | ☐ |
| Je sais que mes amis m'apprécient | ☐ | ☐ | ☐ | ☐ | ☐ | ☐ | ☐ | ☐ |
| Je comprends rapidement les besoins de mon enfant | ☐ | ☐ | ☐ | ☐ | ☐ | ☐ | ☐ | ☐ |
| Je sais ce que je dois faire pour encourager mon enfant et je le fais | ☐ | ☐ | ☐ | ☐ | ☐ | ☐ | ☐ | ☐ |
| Je sais reconnaître mes torts même devant mes enfants | ☐ | ☐ | ☐ | ☐ | ☐ | ☐ | ☐ | ☐ |
| Je suis actif(ve) | ☐ | ☐ | ☐ | ☐ | ☐ | ☐ | ☐ | ☐ |
| J'identifie les valeurs éducatives que je veux transmettre à mon enfant | ☐ | ☐ | ☐ | ☐ | ☐ | ☐ | ☐ | ☐ |

Total des points

De 100 à 150 points :    Vous avez une grande confiance en vous !
De plus, vous avez probablement confiance
spontanément en votre enfant.

De 75 à 100 points :    Vous avez souvent confiance en vous mais il vous
arrive de douter ! Vous avez probablement
tendance à vous inquiéter au sujet de votre
enfant et vous cherchez à le contrôler pour le
protéger.

Moins de 75 points :    Vous manquez de confiance en vous et vous
pouvez devenir soit très rigide, soit très
permissif(ve) dans votre façon de faire
respecter la discipline familiale. Vous avez peu
confiance en la capacité de votre enfant de
s'autodiscipliner.

## Matière à réflexion

### Le parent guide

- Partage avec son conjoint ou sa conjointe ainsi qu'avec les enfants la responsabilité du climat familial, des tâches communes, des activités et de la résolution pacifique des conflits quotidiens.

- Propose fermement et chaleureusement des règles, des façons de faire, des alternatives, des moyens, des pistes de solution de même que des activités qui visent à associer tous les membres de la famille à une tradition positive de plaisir, d'écoute mutuelle et de compréhension réciproque.

### L'enfant du parent guide

- Se sent davantage engagé dans l'élaboration de sa propre existence et de l'ensemble des règles qui la sous-tendent.

- Ressent plus de sécurité et devient plus responsable puisqu'il participe aux décisions ; il sent qu'il est un interlocuteur valable pour ses parents et il expérimente plus de liberté dans sa vie quotidienne.

Pour l'apprenti sorcier comme pour ses parents, l'apprentissage de la solidarité, de l'appartenance et de la responsabilité commune s'effectue dans le cadre de la vie quotidienne. Cela se fait lorsqu'on doit affronter des problèmes, lorsqu'on recherche des solutions adéquates et lorsqu'on vit les conséquences naturelles qui découlent des actes de chacun.

Une vie familiale harmonieuse et stable permet au parent guide d'amener l'enfant à réfléchir, à identifier et à transformer ses comportements dérangeants pour les autres sans avoir à utiliser la menace, le marchandage ou la domination. La possibilité de proposer des alternatives aux conflits et à la mésentente familiale ainsi que celle d'élaborer des ententes réciproques basées sur le consentement mutuel deviennent bien réelles. *L'enfant, soutenu par la présence du parent guide, peut maintenant travailler à devenir «raisonnable», c'est-à-dire à être en mesure d'assumer davantage ses propres responsabilités et de résoudre ses propres conflits.*

# 2

# De la pensée magique
# à la pensée logique

Le développement d'un enfant se fait à la fois de façon
continue et en dents de scie. En effet, l'enfance est carac-
térisée par des hauts et des bas, des progressions qui sont
parfois rapides et des régressions temporaires. Le développement concerne toutes les facettes de l'être, qu'il
s'agisse du système musculo-squelettique, de l'intelligence,
du système nerveux central, de l'affectivité, de la perception, de la vie morale et sociale, etc. Comme c'est le cas
chez tous les êtres vivants, ces différentes facettes ne se
développent pas de façon égale et simultanée. Ainsi, un
enfant de 6 ans d'âge peut avoir un niveau psychomoteur
qui se situe à 5 ans, un fonctionnement intellectuel qui

correspond à son âge réel et un développement affectif qui le place à 7 ans.

On peut donc parler de dysharmonie entre les diverses composantes de l'être humain. Mais cela est tout à fait normal et on observe que même le fonctionnement global de l'adulte comporte de pareils écarts. On note, enfin, qu'il y a, en plus des forces et des habiletés de chacun, des limites personnelles auxquelles il faut s'adapter.

## Un style personnel d'apprentissage

Les enfants ne se développent pas tous selon le même rythme et ils n'ont pas tous les mêmes habiletés. De plus, ils n'apprennent pas tous de la même façon ; en effet, chaque enfant, comme chaque adulte, a son style personnel d'apprentissage. Ainsi, un enfant peut apprendre plus facilement à partir de tableaux visuels et spatiaux alors qu'un autre maîtrise plus facilement les habiletés et les connaissances si elles lui sont présentées de façon verbale et auditive. Un dernier, enfin, fait de meilleurs apprentissages en manipulant le matériel qui lui est offert.

Il est important que l'adulte puisse discerner le style d'apprentissage de chaque enfant afin de pouvoir mieux l'aider à acquérir de nouvelles connaissances et de nouvelles habiletés.

**Exercice n° 15**
**J'observe mon style personnel d'apprentissage**

Dans un premier temps, faites l'exercice individuellement, puis échangez avec votre partenaire.

Cet exercice a pour but de vous aider à découvrir, du moins partiellement, votre style personnel d'apprentissage.

Identifiez de quelle façon vous procédez habituellement à l'assemblage d'un objet ou d'un appareil.

| | Jamais | | Parfois | | Souvent | | Toujours | |
|---|:---:|:---:|:---:|:---:|:---:|:---:|:---:|:---:|
| | M | P | M | P | M | P | M | P |
| - J'étudie le plan ou le croquis de l'objet ou de l'appareil | ☐ | ☐ | ☐ | ☐ | ☐ | ☐ | ☐ | ☐ |
| - Je lis une à une les instructions écrites | ☐ | ☐ | ☐ | ☐ | ☐ | ☐ | ☐ | ☐ |
| - Je mets de côté le plan ou les instructions écrites et je manipule les pièces en essayant de réussir l'assemblage (par essais et erreurs) | ☐ | ☐ | ☐ | ☐ | ☐ | ☐ | ☐ | ☐ |

Cette auto-évaluation, sans être scientifique, peut tout de même vous indiquer de quelle façon vous apprenez le mieux : est-ce à partir d'un support visuel (étudier le plan ou le croquis), est-ce en vous basant sur un contenu auditif et verbal (en répétant dans votre tête chaque étape à suivre), ou est-ce en manipulant les pièces pour découvrir progressivement la logique de l'assemblage (style plutôt kinesthésique) ?

De la même façon, il vous est possible de découvrir le style d'apprentissage de votre enfant lorsqu'il mémorise des mots de vocabulaire, par exemple.

---

**Exercice n° 16**
**J'observe le style d'apprentissage de mon enfant**

Faites cet exercice ensemble et discutez-en.

Comment votre apprenti sorcier apprend-il le mieux ses mots de vocabulaire ?

|  | Jamais | Parfois | Souvent | Toujours |
|---|---|---|---|---|
| - En « photographiant » chaque mot et en prêtant attention à ses caractères visuels | ☐ | ☐ | ☐ | ☐ |
| - En épelant chaque mot dans sa tête | ☐ | ☐ | ☐ | ☐ |
| - En assemblant le mot avec des lettres mobiles, en le dactylographiant ou en l'écrivant | ☐ | ☐ | ☐ | ☐ |

Il est possible que vous vous rendiez compte que votre enfant a adopté un style d'apprentissage qui diffère du vôtre. Il est important de le reconnaître et, surtout, de respecter le style de votre enfant.

---

L'enfant est différent de ses parents même s'il a adopté certains de leurs intérêts et de leurs habitudes. Il a également un rythme d'apprentissage et des motivations qui lui sont propres. La connaissance et le respect des caractéristiques personnelles de l'enfant sont très importants si on veut l'initier aux apprentissages scolaires. Il ne faut pas oublier que les contenus des programmes et les stratégies didactiques ne respectent pas toujours les motivations de même que le rythme et le style d'apprentissage de chacun des apprentis sorciers.

# L'accès à une logique concrète

Entre 6 et 8 ans, l'enfant accède à la pensée logique en acquérant une nouvelle habileté intellectuelle. En effet, il devient capable d'une pensée réversible, ce qui lui permet de se représenter mentalement le renversement d'une action.

---

**Exercice n° 17**
**J'observe le raisonnement logique de mon enfant**

Faites cette expérience ensemble et discutez-en.

- Faites deux boules de la même grosseur avec de la pâte à modeler ou de la pâte à tarte ;

- assurez-vous que l'enfant constate que les deux boules sont de même grosseur ;

- étirez devant lui l'une des boules en lui donnant la forme d'un saucisson ;

- posez-lui ensuite cette question : « Y a-t-il plus de pâte dans la boule ou dans le saucisson, ou bien y a-t-il la même quantité de pâte dans les deux ? »

---

Il est possible que la réponse de l'enfant soit hésitante. Il peut affirmer qu'il semble y avoir plus de pâte dans le saucisson parce qu'il est plus long ou qu'il semble y en avoir plus dans la boule parce qu'elle est plus haute. S'il hésite et ne parvient pas à donner une seule réponse franche, il fait preuve d'une souplesse de la pensée mais il démontre en même temps qu'il n'est pas encore parvenu à un raisonnement logique dans cette situation.

Entre 6 et 8 ans, l'enfant ne se laisse plus influencer par les apparences ou par les données perceptives immédiates. Il est capable de renverser mentalement l'opération de transformation de la boule pour revenir en pensée au point de départ. C'est ce qu'on appelle une pensée réversible. Tout se passe rapidement dans sa tête, comme s'il s'agissait d'un film muet qu'on déroule à rebours. Il affirmera d'emblée qu'il y a la même quantité de pâte parce qu'il y en avait la même quantité au début. Il est certain de sa réponse parce qu'il est capable, dorénavant, de faire des liens logiques entre les transformations, les déplacements et l'état actuel des choses. En d'autres mots, l'apparence des choses n'affecte plus son raisonnement.

Il faut se rappeler, à ce sujet, que même un adulte inattentif peut se laisser influencer par l'apparence des choses et se demander tout à coup si un kilo de plomb est plus pesant qu'un kilo de plumes. De la même façon, il peut nous arriver de porter un jugement sur une personne ou une situation à partir de l'apparence immédiate et sans considérer toutes les facettes de cette personne ou de la situation.

La pensée réversible est un instrument indispensable qui amène à faire plusieurs apprentissages. Elle permet à l'enfant de raisonner logiquement et de façon concrète dans plusieurs domaines. Ainsi, elle lui permet de classer son environnement de façon logique et hiérarchique.

---

**Exercice n° 18**
**J'observe la pensée réversible de mon enfant**

Faites cette expérience ensemble et discutez-en.

- Mettez devant l'enfant un ensemble de blocs (10 rouges et 2 bleus) et faites-lui constater que ce sont tous des blocs ;

- posez-lui ensuite cette question : « Est-ce qu'il y a plus de blocs ou est-ce qu'il y a plus de blocs rouges ? »

---

L'enfant, vers 7 ou 8 ans, répondra qu'il y a plus de blocs car il peut faire mentalement une opération directe : les *rouges* additionnés aux *bleus* donnent l'ensemble des *blocs*. En même temps, il est capable de renverser mentalement cette opération directe par des opérations inverses : les *blocs* moins les *rouges* donnent les *bleus* et les *blocs* moins les *bleus* donnent les *rouges*. Cette pensée réversible qui permet d'effectuer des opérations dans les deux sens est l'instrument qui est à la base de la compréhension des quatre opérations mathématiques fondamentales : l'addition, la soustraction, la multiplication et la division.

En étant capable d'opérer logiquement sur des sous-classes et des classes d'objets, l'apprenti sorcier en arrive à comprendre leur inclusion. Ainsi, il prend conscience que les blocs font partie des objets qui eux-mêmes font partie du monde non vivant. Il comprend que les roses et les tulipes sont des fleurs, que les fleurs font partie du monde végétal qui lui-même appartient au monde des vivants. La généralisation de cette nouvelle capacité mentale lui permet également de comprendre que les unités s'intègrent dans les dizaines, que celles-ci s'insèrent dans les centaines qui, elles, forment des milliers, etc.

L'enfant peut ainsi comprendre logiquement le monde environnant et, par extension, l'univers. Ainsi, il prend conscience que sa maison est située dans une rue qui fait partie d'une ville qui, à son tour, est incluse dans une province qui est située dans un pays, etc. Cette nouvelle capacité de classification hiérarchique lui permet de réaliser plusieurs collections, parfois au grand désespoir des parents.

**Exercice n° 19**
**J'observe la capacité de mon enfant de classifier**
**et de sérier logiquement**

Faites l'exercice ensemble et discutez-en.

Posez ce petit problème à votre enfant :
- Si Bruno est plus grand qu'Anne et Anne plus grande que Danielle, Bruno est-il plus petit que, plus grand que, ou de la même grandeur que Danielle ?

Avec du matériel concret ou graphique, l'enfant de 7 ou 8 ans est capable de déduire la bonne réponse parce qu'il saisit le principe de la réciprocité :

Bruno          Anne          Danielle

Si Bruno est plus grand qu'Anne et Anne plus grande que Danielle, Anne est réciproquement plus petite que Bruno qui est nécessairement plus grand que Danielle. L'enfant peut établir des relations quantitatives et qualitatives entre les objets et les personnes et il prend graduellement conscience que ces relations sont relatives aux divers points de vue. Ainsi, il est dorénavant capable d'établir des relations quantitatives entre les nombres : si 15 est plus petit que 16, donc réciproquement 16 est plus grand que 15. Ces nouvelles capacités de classification et de sériation logiques sont à la base d'une réelle compréhension du nombre.

La pensée réversible permet à l'enfant de sérier logiquement divers objets dans son environnement.

Entre 6 et 8 ans, l'enfant est plus logique dans ses jugements et son raisonnement se rapproche de plus en plus de la logique des adultes. Mais la situation de chaque enfant par rapport à la logique et à la réflexivité est particulière. Il arrive, en effet, que des émotions et un monde imaginaire encore trop envahissant ne soient pas isolés durant les activités de raisonnement et qu'ils obstruent la réflexivité. Dans ces conditions, il s'avère très important de respecter le rythme et les motivations de chaque enfant au lieu d'imposer des lois uniformes ou une façon de raisonner. Il est plus profitable d'inciter l'apprenti sorcier à avoir du plaisir dans les classifications et les sériations dont il découvrira lui-même, et graduellement, la logique.

# Le déclin de l'égocentrisme

L'enfant, avant 7 ou 8 ans, ne comprend pas que les autres peuvent avoir des points de vue différents des siens. En effet, il est centré sur ses besoins et ses opinions ont force de loi. Égocentrique, il lui est très difficile de collaborer avec les autres.

---

**Exercice n° 20**
**J'observe la capacité de collaborer de mon enfant**

Faites l'expérience suivante avec deux enfants.

- Prenez une feuille de 30 cm sur 60 cm et séparez-la en deux par une ligne ;

- installez deux enfants âgés de 6 ou 7 ans devant la feuille en leur disant que chacun a une partie égale de la feuille, soit une surface de 30 cm sur 30 cm ;

- donnez à chacun un crayon (au préalable, les deux crayons ont été reliés entre eux par une ficelle d'une longueur de 30 cm) ;

- déposez devant les enfants un dessin tout fait et demandez-leur de le reproduire en même temps.

Pour réaliser en même temps le dessin, les enfants doivent négocier et s'entendre sur une stratégie. Cela suppose que chaque partenaire tient compte du point de vue de l'autre aussi bien que de ses propres désirs et opinions. Chacun doit s'ajuster à l'autre et collaborer en fonction d'un objectif commun, soit la réalisation du dessin. Si chaque partenaire demeure centré uniquement sur ses intentions et sur ses gestes et ne considère pas l'autre, la ficelle risque fort de se briser.

Le déclin de l'égocentrisme se fait graduellement. Cela peut même durer le temps de toute une vie car il n'est pas rare de constater des conduites égocentriques chez les adultes.

---

**Matière à réflexion**

Les principales caractéristiques de l'égocentrisme

- Être centré sur son propre point de vue ou sur ses perceptions immédiates.
- Avoir de la difficulté à percevoir et à considérer les besoins et les points de vue des autres.
- Attribuer la responsabilité de ses erreurs aux autres et aux circonstances.
- Avoir une pensée rigide, c'est-à-dire avoir de la difficulté à nuancer ses propos et à remettre en question ses jugements.
- Être insensible à ses propres contradictions.
- Avoir tendance à porter des jugements en ne tenant compte que d'un seul aspect de la réalité.
- Généraliser facilement à partir d'un seul élément ou d'une seule perception.
- Avoir des comportements sociaux stéréotypés.
- Utiliser une seule stratégie devant une difficulté.
- Faire peu d'auto-évaluation et, conséquemment, avoir peine à corriger ses réponses et ses actes.

---

Il arrive à chacun d'adopter à l'occasion un comportement égocentrique. Chez l'enfant, c'est encore plus naturel. L'égocentrisme diminue beaucoup avec l'avènement de la pensée logique. Grâce à la capacité de réciprocité, l'enfant peut se décentrer de son moi ; il est alors en mesure de percevoir et de considérer les points de vue des autres. C'est à cette condition qu'il peut s'associer et collaborer avec autrui.

La compréhension des différents points de vue permet à l'apprenti sorcier de comprendre la relativité des rôles. Ainsi, il en vient à comprendre que son père est simultanément un frère (point de vue de son oncle), un oncle (point de vue de son cousin), un menuisier (point de vue de son travail), etc. Il en arrive à voir les personnes et les objets de son environnement non plus comme des entités isolées mais comme des éléments qui sont en rapport avec d'autres éléments. Il peut ainsi commencer à établir des systèmes de relations.

## La perception de la réalité

Avant l'âge scolaire, la plupart des enfants confondent vie et mouvement. Pour eux, tout ce qui bouge est vivant. Ainsi, les nuages sont vivants parce qu'ils bougent. Ils attribuent la vie et des intentions à des objets inanimés. Ce raisonnement prélogique (ou pensée magique) est appelé « animisme » et fait partie de l'égocentrisme enfantin ; il ne disparaît qu'entre 6 et 8 ans avec l'avènement de la pensée logique et causale.

La pensée animiste peut resurgir chez les adultes lorsqu'ils sont anxieux ou en situation de frustration. Par exemple, un homme se fracture le gros orteil en donnant un coup de pied sur son auto qui refuse de démarrer alors qu'il est pressé. Il se comporte avec son automobile comme si elle avait des intentions malveillantes à son égard.

L'accès à la pensée logique et causale amène l'enfant à comprendre la provenance des rêves. En effet, les petits, vers 4 ou 5 ans, croient que leurs rêves proviennent de l'extérieur, qu'ils se déroulent réellement dans leur chambre et que les cauchemars sont une punition « parce qu'ils n'ont pas été gentils ». Ils se considèrent comme des victimes passives des rêves qu'ils font. Entre 5 et 7 ans, ils réalisent que les rêves prennent naissance dans leur tête mais ils continuent à croire qu'ils se déroulent tout de même devant eux dans la chambre. Ce n'est que vers 7 ou 8 ans que les enfants prennent conscience que les rêves sont uniquement le produit de leur pensée ou de leur imaginaire.

Entre 6 et 8 ans, l'apprenti sorcier perçoit mieux les relations logiques entre causes et effets. Prenons l'exemple de l'ombre. Les petits, entre 4 et 7 ans, savent ce qu'est l'ombre mais ils ne peuvent expliquer logiquement sa provenance ni trouver où elle apparaîtra. En fait, ils pensent que l'ombre provient d'un endroit quelconque, au même titre que la pluie vient des nuages. Avec l'avènement de la pensée logique, l'enfant de 6 à 8 ans comprend les relations causales entre l'ombre, l'objet et la lumière. Il en vient à prendre conscience que l'ombre apparaît toujours à l'opposé de la source de lumière.

---

### Matière à réflexion

« Un jour que nous étions en présence d'un voisin qui avait la même taille que moi, ma fille, qui était âgée de 5 ans, affirma avec conviction que nous avions tous les deux le même âge. Je me sentis très vexé car ce voisin, qui arbora aussitôt un large sourire de contentement, était mon aîné d'une bonne douzaine d'années. Ma fille bien-aimée a toujours pris plaisir à me vieillir prématurément et l'adolescence n'a fait qu'accentuer cette tendance malicieuse. » (G.D.)

---

L'enfant qui accède à la pensée logique parvient à une perception plus réaliste du temps. Mais avant 6 ans, la plupart des petits confondent l'âge d'une personne avec sa taille. Ils croient que les gens continuent de vieillir tant qu'ils grandissent et que, par la suite, tout le monde a le même âge. Ce n'est que vers 7 ou 8 ans qu'ils comprennent la différence entre la croissance et l'âge chronologique. Ils en viennent à comprendre la constance de la durée en saisissant que le nombre d'années qui séparent deux personnes demeure toujours le même, peu importe leur âge.

Dans certaines circonstances, les adultes vivent également la durée sur un mode subjectif comme le font les enfants de 4 ou 5 ans. Par exemple, un adulte qui a attendu l'autobus durant quinze minutes sous une pluie froide est convaincu que son attente a duré trente minutes. Celui qui a fait une activité agréable durant une heure a certainement tendance à croire que cela n'a duré qu'une demi-heure.

---

**Exercice n° 21**
**J'observe l'appréciation du temps chez mon enfant**

Faites cette expérience avec votre enfant.

- Donnez-lui un modèle simple qu'il est capable, à votre avis, de reproduire en dessin;

- faites-le dessiner durant cinq minutes en insistant souvent pour qu'il le fasse le plus rapidement possible;

- offrez-lui, ensuite, un autre modèle simple qu'il peut également reproduire en dessin;

- faites-le encore dessiner durant cinq minutes en lui disant à quelques reprises de prendre son temps;

- à la fin de cette deuxième activité, demandez-lui si l'une des deux activités de dessin a duré plus longtemps que l'autre ou si elles étaient d'égale durée.

---

Avant l'âge scolaire, les petits croient que l'horloge qui est devant eux avance plus rapidement quand on leur demande de travailler plus fort et plus vite. Après 6 ans, l'apprenti sorcier en vient à réaliser que la durée peut être constante et surtout qu'elle est indépendante de l'activité. Il en arrive aussi à comprendre la constance de l'espace.

---

**Exercice n° 22**
**J'observe l'appréciation de l'espace chez mon enfant**

Faites cette expérience avec votre enfant.

- Placez deux figurines à environ 25 cm l'une de l'autre ;

- placez un livre assez épais entre les deux ;

- laissez s'écouler quelques secondes pour que l'enfant ait suffisamment de temps pour apprécier la distance entre les deux figurines, puis enlevez le livre ;

- après quelques secondes, demandez-lui si l'espace entre les deux figurines est plus petit, plus grand ou le même en l'absence du livre.

Avant 6 ans, l'enfant est convaincu que l'espace entre les deux figurines est plus petit quand il y a un livre. Le livre, en remplissant un espace, le réduit. Selon ce raisonnement prélogique, un espace plein et un espace vide n'ont pas la même valeur. Entre 6 et 8 ans, l'apprenti sorcier comprend la constance de l'espace, c'est-à-dire qu'un espace demeure toujours le même, qu'il soit plein ou vide.

---

# L'entrée à la grande école

L'enfant, autour de 6 ans, vit une transition difficile. Il s'agit du passage de la classe maternelle à la première année. Cette étape dont la durée varie est souvent source de stress et d'insécurité. Certains enfants éprouvent de la difficulté à s'endormir et d'autres ont des maux de ventre lorsqu'ils doivent partir pour l'école. Les difficultés de séparation qui se manifestent le matin ou les pleurs au retour à la maison après l'école sont très fréquents.

Pourquoi bon nombre d'enfants vivent-ils si difficilement l'entrée à la grande école? Il faut d'abord admettre
que l'écart est grand, tant sur le plan académique que sur
le plan social, entre la classe maternelle et la première
année, et que nombreux sont les facteurs qui rendent
cette transition difficile.

## Beaucoup de défis

Le début de la première année scolaire plonge rapidement l'enfant dans le vaste monde des apprentissages
conventionnels qui sont prédéterminés et dictés par les
adultes. L'apprenti sorcier constate rapidement qu'il entre
dans un monde plus sérieux et surtout plus organisé et il
ne s'y sent pas en sécurité.

Cette période marque aussi le passage de la petite
enfance à l'enfance comme telle. Certains enfants ne sont
pas prêts à faire le deuil de la petite enfance. Ils résistent
plus ou moins consciemment à des apprentissages didactiques qu'ils n'ont pas choisis. Pour eux, « apprendre »
veut dire « grandir » et ils ressentent encore le besoin de
rester petits, par peur de perdre l'amour de ceux qu'ils
aiment, par angoisse de la séparation ou par refus de perdre une sorte de paradis. On dit souvent de ces enfants
qu'ils n'ont pas de maturité sans préciser ce qu'on entend
par maturité. Or, ce sont plutôt des enfants qui ne sont
pas prêts psychologiquement à assimiler des connaissances
et à intégrer des habiletés didactiques, bien que leur âge
chronologique les oblige à fréquenter l'école primaire.
Enfin, on note que le risque de difficulté d'adaptation et
d'apprentissage est plus grand chez les plus jeunes d'entre
eux. En effet, environ 70 % des élèves de première année
qui vivent des difficultés scolaires son nés entre le 1$^{er}$ avril
et le 30 septembre.

En entrant en première année, les enfants doublent brusquement le nombre d'heures qu'ils passent à l'école et cela ne peut que les affecter. Durant les premières semaines et même les premiers mois, les fins d'avant-midi et d'après-midi ne sont pas propices aux apprentissages à cause du surcroît de fatigue qu'ils ressentent. De plus, les enfants se rendent vite compte qu'il ne peuvent plus improviser des activités et que c'est dorénavant le programme des activités qui doit prévaloir.

La plus grande structuration de l'espace qui les entoure provoque aussi un choc en début d'année. En classe maternelle, l'enfant peut aller d'une extrémité à l'autre du local selon ses besoins et ses intérêts. Il peut même se retirer dans un coin plus tranquille quand il en ressent le besoin. En première année, on lui assigne une place où il doit demeurer presque tout le temps. L'espace est beaucoup plus limité et l'enfant doit apprendre rapidement à maîtriser sa propension motrice ; cette imposition de l'autocontrôle n'est pas sans stresser plusieurs enfants !

Les espaces plus limités entraînent parfois des interactions agressives entre les élèves. Des recherches ont démontré que les tensions augmentent beaucoup si les enfants sont confinés à un petit espace (moins de 1,65 m² pour chacun). Dans la majorité des écoles primaires, les classes maternelles occupent un espace à part avec des entrées particulières et une cour de récréation qui leur est réservée. Ainsi, les enfants sont peu en contact avec les autres élèves de l'école. En première année, ils doivent s'habituer aux grands espaces de l'école et ils sont en contact avec un grand nombre d'élèves. Durant les premières journées, ils sont impressionnés, ils manquent de sécurité et certains d'entre eux se trompent de local ou s'égarent dans l'école.

La vie de groupe joue un rôle important dans les difficultés d'adaptation des enfants. En classe maternelle, les enfants sont habitués à travailler en groupe tandis que les interactions sociales, en première année, sont plus réduites car, de façon générale, les travaux scolaires se font individuellement. Les enfants se sentent réprimés dans leur désir de bavarder librement avec leurs copains.

De nombreux enfants éprouvent de la difficulté à s'adapter au régime pédagogique de la première année qui est beaucoup plus exigeant que celui de la maternelle. Alors qu'en classe maternelle on s'adapte aux rythmes d'apprentissage et aux intérêts des enfants, on se voit dans l'obligation, en première année, de s'adapter au programme. De plus, la majorité des enfants doivent fournir un rendement qui sera mesuré, jugé et transmis à leurs parents pour la première fois. Ces derniers appréhendent souvent la première remise de bulletin car elle représente un premier jugement social sur les compétences de leur enfant et sur leurs propres compétences parentales. L'enfant ressent l'anxiété de ses parents et il comprend rapidement qu'il doit s'adapter aux attentes de l'enseignant, de ses parents et de la société en général.

L'encadrement imposé par les programmes laisse peu de place à l'autonomie et à la créativité chez les élèves de première année. Ils ont pu exercer librement leurs aptitudes en classe maternelle mais ils doivent maintenant se faire à des contenus académiques plus abstraits et à des consignes strictes et obligatoires. De plus, ils se voient contraints de suivre le rythme de la classe; leurs rythmes individuels et leurs motivations doivent laisser la place aux exigences du programme et à la bonne marche de l'ensemble du groupe. Les différences individuelles sont moins prises en considération.

Plusieurs enfants éprouvent de la difficulté à comprendre et à s'adapter aux règlements de la classe. On sait que les enfants de cet âge sont plutôt verbo-moteurs ; ils parlent quand ils bougent et ils bougent quand ils parlent. Essayons d'imaginer le choc qu'ils ressentent quand on les oblige, dès le début de l'année, à prendre leur rang en silence, à lever la main pour avoir le droit de parler, à aller aux toilettes à la fin de la classe seulement ou durant les récréations. Ils doivent rapidement adopter une attitude conformiste sans réellement comprendre ces exigences. Il est normal que des enfants transgressent sans vergogne ces règlements dans les premiers temps et que certains aient de la difficulté à s'adapter pendant les premiers mois.

La transition de la classe maternelle à la première année est difficile, à des degrés divers, pour tous les enfants et il y en a pour qui le choc est même brutal. Mais les enfants s'adaptent à ce nouveau système car ils puisent dans certaines motivations profondes afin de mieux vivre ce grand passage.

### Les enfants relèvent ces défis

La majorité des enfants sont désireux de faire des apprentissages scolaires et surtout d'apprendre à lire. C'est la curiosité qui sous-tend cette motivation. Entre 3 et 5 ans, les enfants manifestent une curiosité sexuelle qui est graduellement sublimée et transformée en curiosité intellectuelle. C'est l'âge des pourquoi : « Pourquoi fait-il noir la nuit ? », « Pourquoi l'herbe est-elle verte ? », etc. Ils veulent comprendre, aller au fond des choses et surtout avoir accès aux secrets des adultes. Les enfants de cet âge sont très intrigués quand ils voient leurs parents passer du temps avec un livre ou un journal. Étant des verbo-moteurs, ils se demandent où est l'intérêt de passer tant de temps devant un livre ou un journal sans bouger. Ils sont perplexes et surtout très curieux car, pour eux, la lecture devient un monde mystérieux qui est source de secrets et de découvertes. Ainsi, au début de la première année scolaire, la plupart des enfants veulent apprendre à lire par curiosité intellectuelle et par identification aux adultes. Cette motivation les aide à supporter les frustrations engendrées par le système scolaire.

Il est normal que les enfants qui entrent à la grande école vivent le choc du changement et qu'ils s'ennuient du milieu familial et de la maternelle. Durant la période de transition, les adultes constatent avec tristesse que les enfants qui étaient si enjoués et spontanés deviennent moins expressifs et qu'ils s'éteignent en quelque sorte. Le deuil de la petite enfance est enclenché et il n'y a pas de deuil sans nostalgie.

C'est surtout grâce aux relations qu'ils tissent avec leur enseignante que les enfants parviennent à supporter l'absence du milieu familial et à moins s'ennuyer de la classe maternelle pour investir dans leur nouveau milieu scolaire. En effet, après deux ou trois semaines de classe, chaque enfant est convaincu dans son imaginaire d'être le chouchou de l'enseignante. Cela lui donne un sentiment de sécurité ; cela permet de supporter l'absence du milieu familial et de faire le deuil de la classe maternelle pour investir dans des apprentissages qui se vivent à travers une relation de complicité avec l'enseignante. À cet égard, on constate que l'enfant vit un rapport de complicité avec son enseignante quand il se met à la mythifier : « Ginette a dit de faire ça de cette façon ! », « Nous allons faire une sortie avec Ginette », « Ginette nous a montré des photos de ses enfants », etc. Les parents entendent beaucoup parler de cette « fameuse » Ginette et cela peut même éveiller de petits sentiments de jalousie chez eux. Les qualités relationnelles de l'enseignante (chaleur, souplesse, fermeté) sont fondamentales pour que l'enfant puisse vivre avec elle une relation de complicité. L'enseignante devient un substitut parental adéquat.

---

### Matière à réflexion

Le rythme d'apprentissage

- L'activité qui invite l'enfant à apprendre quelque chose doit être limitée dans le temps et correspondre à ses capacités d'attention ou à ses intérêts.

- La capacité d'attention, chez un enfant de 6 à 8 ans, se limite à environ 10 minutes lorsqu'il s'agit d'une activité intellectuelle. Elle s'élève à 20 minutes quand il s'agit d'une activité de jeu (physique ou sociale).

- La capacité d'intérêt et d'attention se maintient si les adultes font varier la nature des activités (physique, sociale, intellectuelle), leur forme (individuelle, de groupe) et leur objectif (pour le plaisir, pour l'exploration, pour produire des résultats prédéterminés).

- Quand on veut faire répéter un apprentissage ou un exercice, il est préférable d'accorder à l'enfant un temps de repos suffisant pour qu'il retrouve le goût de s'engager de nouveau dans cette activité.

---

3

# Le point de vue des apprentis sorciers

## De grands besoins

Entre 6 et 8 ans, les enfants sont à cheval sur deux mondes : le monde imaginaire et le monde de la raison. Ils sont parfois très « bébés » comme il leur arrive de se montrer très « raisonnables ». Ils adorent les dessins animés, les contes, les histoires courtes. On peut illustrer l'ambivalence que vit l'enfant de cet âge en notant, par exemple, qu'il commence à dire que « Passe-Partout » est une émission « bébé-la-la » mais qu'il la regarde quand même.

Les enfants de cet âge sont fiers d'aller à la « vraie » école mais ils se doivent de dire qu'ils n'aiment pas ça. Ils sont en adoration devant leur enseignante et les parents sont surpris de la virulence avec laquelle ils la défendent :

«Ginette l'a dit!» De même, ils idéalisent leurs parents mais ils jouent parfois aux indifférents et les repoussent. Ils vivent de façon moins intense les conflits de la période œdipienne mais, au fond de leur cœur, ils n'ont pas encore vraiment renoncé à courtiser maman ou papa. Dans le meilleur des cas, ils décident de rivaliser avec le parent du même sexe en devenant d'abord sa copie conforme. Ils ont un grand besoin d'admiration et ils sont prêts à beaucoup pour le satisfaire.

## Admirer

Les enfants de cet âge sont impressionnés par les gens qui sortent de l'ordinaire et ils veulent être associés à leurs exploits. Ils ont besoin d'admirer pour aimer: «Mon papa est le plus fort du monde!» ou «Ma maman court plus vite que la tienne!». Ils sont à la recherche de modèles à imiter.

---

**Exercice n° 23**
**Le besoin d'admiration**

Demandez à votre enfant de compléter les phrases suivantes et notez ses réponses.

- Mes parents me trouvent bon (bonne) quand je

  _____

- Je suis le meilleur (la meilleure) du monde dans

  _____

- Mon émission de télévision préférée, c'est

  _____

- C'est _____ que mon enseignante préfère.

- Mon jeu préféré, c'est

_____

- Je trouve que _____ , c'est « bébé-la-la ».
- Je suis grand(e) parce que

_____

- Mon meilleur ami (ma meilleure amie), c'est _____

  parce qu'il (elle) _____

## *Nommer ses sentiments*

De 6 à 8 ans, les enfants commencent à pouvoir nommer
leurs sentiments et à faire des distinctions entre plusieurs
états d'âme. Mais il faut les aider à le faire ! Ils peuvent
être très tristes pendant cinq minutes puis, tout à coup,
être de très bonne humeur sans pouvoir dire pourquoi.
En fait, ils sont d'humeur changeante parce qu'ils sont
très concrets et très centrés sur le présent. Il est donc souvent impossible de savoir ce qui cause leurs changements
d'humeur. Par contre, on ne manque jamais de s'apercevoir qu'ils sont fatigués !

## Exercice n° 24
## La façon d'être de mon enfant

Observez votre enfant tout au long d'une journée et identifiez sa façon d'être. Dans certains cas, demandez à la personne qui le garde ou qui s'en occupe de compléter vos observations.

| | Joyeux | | Triste | | Maussade | | Colérique | | Calme | |
|---|---|---|---|---|---|---|---|---|---|---|
| | M | P | M | P | M | P | M | P | M | P |
| Au lever | ☐ | ☐ | ☐ | ☐ | ☐ | ☐ | ☐ | ☐ | ☐ | ☐ |
| Au déjeuner | ☐ | ☐ | ☐ | ☐ | ☐ | ☐ | ☐ | ☐ | ☐ | ☐ |
| En partant pour l'école | ☐ | ☐ | ☐ | ☐ | ☐ | ☐ | ☐ | ☐ | ☐ | ☐ |
| Le midi, à son retour | ☐ | ☐ | ☐ | ☐ | ☐ | ☐ | ☐ | ☐ | ☐ | ☐ |
| Après la classe | ☐ | ☐ | ☐ | ☐ | ☐ | ☐ | ☐ | ☐ | ☐ | ☐ |
| Avant le souper | ☐ | ☐ | ☐ | ☐ | ☐ | ☐ | ☐ | ☐ | ☐ | ☐ |
| Au souper | ☐ | ☐ | ☐ | ☐ | ☐ | ☐ | ☐ | ☐ | ☐ | ☐ |
| À l'heure des devoirs | ☐ | ☐ | ☐ | ☐ | ☐ | ☐ | ☐ | ☐ | ☐ | ☐ |
| À l'heure de la télé | ☐ | ☐ | ☐ | ☐ | ☐ | ☐ | ☐ | ☐ | ☐ | ☐ |
| À l'heure du coucher | ☐ | ☐ | ☐ | ☐ | ☐ | ☐ | ☐ | ☐ | ☐ | ☐ |

- À votre avis, votre enfant vit-il une gamme étendue de sentiments ?

M _____

P _____
- Pouvez-vous dégager une constance dans son humeur ?

M _____

P _____
- Pensez-vous qu'il est conscient de son humeur ?

M _____

P _____
- Comment réagit-il lorsque vous lui soulignez son humeur (qu'elle soit positive ou négative) ?

M _____

P _____

- À quoi reliez-vous ses humeurs ?

  M _____

  P _____

- Posez-lui les questions suivantes et notez ses réponses :
  *Qu'est-ce qui te rend le plus joyeux(se)?*

  _____

  *Qu'est-ce qui te fait le plus de peine?*

  _____

  *Qu'est-ce qui te fâche le plus?*

  _____

  *Comment sais-tu que tu es joyeux(se)?*

  _____

  *Comment sais-tu que tu as de la peine?*

  _____

  *Comment sais-tu que tu es fâché(e)?*

  _____

  _____

## Exercice n° 25
## Le climat familial

Dans un premier temps, faites l'exercice individuellement, puis échangez avec votre partenaire.

- Que fait votre enfant lorsque vous vous disputez avec votre conjoint(e) ?

| | M | P |
|---|---|---|
| Il s'éloigne et il quitte la pièce ou la maison | ☐ | ☐ |
| Il pleure | ☐ | ☐ |
| Il rit | ☐ | ☐ |
| Il s'amuse tranquillement | ☐ | ☐ |
| Il vous dit d'arrêter | ☐ | ☐ |
| Il s'approche de vous | ☐ | ☐ |
| Il cherche à attirer l'attention sur quelque chose d'extérieur | ☐ | ☐ |
| Il attire l'attention sur lui en devenant agité ou en faisant des bêtises | ☐ | ☐ |

- Que fait votre enfant lorsque vous êtes particulièrement en forme ou de bonne humeur ?

|  | M | P |
|---|---|---|
| Il s'éloigne et il quitte la pièce ou la maison | ☐ | ☐ |
| Il pleure | ☐ | ☐ |
| Il rit | ☐ | ☐ |
| Il s'amuse tranquillement | ☐ | ☐ |
| Il vous dit d'arrêter | ☐ | ☐ |
| Il s'approche de vous | ☐ | ☐ |
| Il cherche à attirer l'attention sur quelque chose d'extérieur | ☐ | ☐ |
| Il attire l'attention sur lui en devenant agité ou en faisant des bêtises | ☐ | ☐ |

De 6 à 8 ans, les enfants ne sont pas très logiques mais ils sont intuitifs. Ils réagissent au climat familial.

Les enfants sont sensibles à l'atmosphère qui les entoure. En fait, ils apprennent la gamme des émotions humaines en observant les différentes humeurs de leurs parents. Et ils découvrent des moyens d'adaptation adéquats si on les y aide !

Des parents qui ont une humeur plutôt constante aident leur enfant à développer un sentiment de confiance. Par contre, ceux qui ont un tempérament vif doivent protéger leur enfant de leurs réactions excessives et lui éviter le plus possible les «scènes». Ces parents ont intérêt à chercher auprès de leurs propres amis une oreille attentive.

Il est important, dans tous les cas où quelque chose d'inhabituel se passe, de prendre un moment d'intimité avec son enfant et de revoir avec lui les événements. Les émotions vives, une fois qu'elles sont décantées, peuvent être dites et expliquées brièvement. Si on agit de cette façon, l'enfant ne reste pas avec un sentiment de malaise et il apprend à nuancer les choses !

## *S'amuser*

Les enfants de cet âge ont besoin de jouer et de s'amuser. Ils ont besoin de dépenser de l'énergie, de rire et d'inventer de même que de partager ces moments de plaisir avec des amis.

---

**Exercice n° 26**
**Qu'est-ce qui l'amuse ?**

Dans un premier temps, faites l'exercice individuellement, puis échangez avec votre partenaire.

Observez votre enfant durant la fin de semaine.

- Quelle est l'activité qu'il préfère ?

    M _____

    P _____
- Que fait-il lorsqu'il est seul ?

    M _____

    P _____
- Que fait-il lorsqu'il est en présence de sa fratrie (frères et sœurs) ?

    M _____

    P _____
- Que fait-il en présence de ses amis ?

    M _____

    P _____
- Est-ce que votre enfant s'ennuie ?

|                      | M | P |
|----------------------|---|---|
| la plupart du temps  | ☐ | ☐ |
| rarement             | ☐ | ☐ |
| jamais               | ☐ | ☐ |

Selon vous, pourquoi ?

**M** _____

**P** _____
- Jouez-vous souvent avec votre enfant ?

**M** _____

**P** _____
- Avez-vous l'impression de remplacer des amis ?

**M** _____

**P** _____

Remplissez ensemble le tableau suivant :

| Inscrire les activités de l'enfant | Seul | Avec des amis | Avec un parent |
|---|---|---|---|
| **Samedi (avant-midi)** | | | |
| _____ | ☐ | ☐ | ☐ |
| _____ | ☐ | ☐ | ☐ |
| _____ | ☐ | ☐ | ☐ |
| **Samedi (après-midi)** | | | |
| _____ | ☐ | ☐ | ☐ |
| _____ | ☐ | ☐ | ☐ |
| _____ | ☐ | ☐ | ☐ |
| **Dimanche (avant-midi)** | | | |
| _____ | ☐ | ☐ | ☐ |
| _____ | ☐ | ☐ | ☐ |
| _____ | ☐ | ☐ | ☐ |
| **Dimanche (après-midi)** | | | |
| _____ | ☐ | ☐ | ☐ |
| _____ | ☐ | ☐ | ☐ |
| _____ | ☐ | ☐ | ☐ |

Certains enfants aiment bien jouer seuls de temps à autre. D'autres ont toujours besoin d'amis et s'ennuient lorsqu'ils sont seuls. Il y en a d'autres, enfin, qui réclament constamment la présence d'un adulte auprès d'eux et qui ne savent pas quoi faire lorsqu'ils se retrouvent seuls.

Les parents doivent encourager l'enfant de cet âge à jouer seul parfois car cela favorise sa créativité et son imaginaire. Mais ils doivent aussi l'encourager à rechercher la présence d'amis de son âge. Il est également très important que les parents consacrent un temps de qualité à leur enfant et qu'ils jouent avec lui de façon régulière. Il leur faut éviter, toutefois, d'être les seuls compagnons de jeux de l'enfant.

---

**Exercice n° 27**
**S'amuser ensemble**

Dans un premier temps, faites l'exercice individuellement, puis échangez avec votre partenaire.

- Combien de fois avez-vous joué avec votre enfant la semaine dernière?

M _____

P _____

- Quels sont les jeux ou les activités que vous aimez faire avec votre enfant?

M _____

P _____

- Attendez-vous que votre enfant vous demande de jouer avec lui ou lui proposez-vous parfois une activité que vous aimez?

M _____

P _____

Il nous arrive de rencontrer en clinique des parents qui aimeraient jouer avec leur enfant mais qui ne savent pas comment s'y prendre. Ces adultes ont souvent de la difficulté à jouer, soit parce qu'ils sont des personnes sérieuses, soit parce que, dans leur enfance, ils ne l'ont jamais vraiment fait avec leurs propres parents.

Il est important pour les parents de faire avec leur enfant des choses qu'ils aiment et de ne pas se «forcer» à s'adonner à des activités qui leur déplaisent. Dans un tel cas, l'enfant ressent le malaise ou l'inconfort de l'adulte et pense que c'est lui qui est peu intéressant. Jouer doit toujours être agréable et donner du plaisir.

**Exercice n° 28**
**Le plaisir de jouer ensemble**

Dans un premier temps, faites l'exercice individuellement, puis échangez avec votre partenaire.

- Quelles sont les activités que vous aimez faire avec votre enfant ?

    M _____

    P _____

- Quelles sont les activités que vous faites avec lui mais que vous n'aimez pas faire ?

    M _____

    P _____

- **Lorsque votre enfant vous demande de jouer à** _____ **et que vous n'aimez pas ce jeu, que lui dites-vous?**

|  | M | P |
|---|---|---|
| Je n'ai pas le temps, on verra demain ! | ☐ | ☐ |
| Tu vois bien que je suis occupé(e) ! | ☐ | ☐ |
| Ça ne me tente pas beaucoup ! | ☐ | ☐ |
| Ce jeu ne me tente pas, trouves-en un autre ! | ☐ | ☐ |
| Demande à ton père (ou à ta mère) ! | ☐ | ☐ |
| Trouve-toi donc un ami (ou une amie) ! | ☐ | ☐ |
| À la place, on va jouer à _____ | ☐ | ☐ |
| Autre | ☐ | ☐ |

## Être aimé et encouragé

Le besoin d'amour est présent à tous les âges de la vie. Plus l'enfant est jeune, plus il a besoin de preuves concrètes de cet amour. De 6 à 8 ans, les enfants ne comprennent pas bien les explications logiques. Ils ont plutôt besoin d'être encouragés concrètement dans leurs efforts d'autocontrôle, que ce soit lorsqu'ils se chamaillent avec le petit frère ou la petite sœur ou lorsqu'ils tentent d'apprendre leurs mots de vocabulaire.

## Exercice n° 29
## Susciter l'intérêt de l'enfant

Dans un premier temps, faites l'exercice individuellement, puis échangez avec votre partenaire.

- Nommez quatre moyens que vous prenez pour encourager votre enfant à suivre les règles de la maison ?

              Mère                        Père

1- _____   1- _____

2- _____   2- _____

3- _____   3- _____

4- _____   4- _____

Certains parents cajolent beaucoup leur enfant et lui donnent des marques d'affection qui sont surtout physiques. D'autres sont très généreux et expriment leur amour en donnant des objets, de l'argent et des cadeaux. D'autres, enfin, sont actifs et soulignent leur amour en jouant avec l'enfant, en l'accompagnant à des activités sportives ou culturelles, en bricolant avec lui, etc.

Il n'y a pas une seule « bonne » façon de dire à un enfant qu'on l'aime. Il est toutefois essentiel de le lui dire d'une façon ou d'une autre.

## Exercice n° 30
## Encourager l'enfant dans ses efforts

Dans un premier temps, faites l'exercice individuellement, puis échangez avec votre partenaire.

De quelle façon encouragez-vous votre enfant dans les situations suivantes ?

- Votre enfant gagne une médaille au judo

    M _____  P _____
- Votre enfant obtient un « A » en français

    M _____  P _____

- Votre enfant amuse votre plus jeune pendant que vous préparez le souper

M _____ P _____

- Votre enfant essaie pour la dixième fois de monter seul sa bicyclette

M _____ P _____

- Votre enfant est toujours de bonne humeur

M _____ P _____

- Votre enfant vous fait une surprise

M _____ P _____

## Connaître des limites

Les enfants de 6 à 8 ans doivent commencer à apprendre à contrôler eux-mêmes leurs comportements. Ils en seront toutefois incapables si les parents ne font pas connaître très clairement leurs attentes et les limites qu'ils déterminent.

Des études démontrent que les enfants de l'âge du primaire peuvent respecter cinq consignes à la fois. Or, il y en a bien plus dans une famille ! Les parents doivent donc choisir les valeurs qui leur importent et qu'ils veulent inculquer à leurs enfants. Ces valeurs varient nécessairement d'une famille à l'autre. Dans un cas, la valeur la plus importante sera l'ordre et la propreté ; une autre famille mettra l'accent sur l'honnêteté et une troisième sur le respect de soi et des autres.

**Exercice n° 31**
**Choisir des valeurs à transmettre**

Faites cet exercice ensemble.

- Entendez-vous sur trois valeurs fondamentales que vous voulez transmettre à votre enfant.

1- _____

2- _____

3- _____

Lorsque les conjoints ont réfléchi aux valeurs importantes qu'ils veulent transmettre, il leur est possible de déterminer les cinq règles qui leur permettront d'aller dans le sens de ces valeurs. Dans le cas d'un enfant âgé de 6 à 8 ans, ces règles doivent être extrêmement précises, claires et factuelles. Plus elles le seront, plus il sera facile de l'encourager à les respecter. De plus, ces règles doivent être formulées de façon positive ; par exemple, on dira « J'attends mon tour pour parler » plutôt que « Je ne parle pas en même temps que les autres ».

**Exercice n° 32**
**Établir des règles claires et précises**

Faites cet exercice ensemble.

- Entendez-vous sur cinq règles de vie précises qui découlent des trois valeurs fondamentales que vous voulez transmettre.

(Reprendre, pour « valeurs », les réponses de l'exercice précédent)

| Valeurs | Règles |
|---|---|
| 1- _____ | 1- _____ |
| | 2- _____ |
| 2- _____ | 3- _____ |
| | 4- _____ |
| 3- _____ | 5- _____ |

Lorsque les règles sont déterminées, il faut les communiquer à l'enfant. Il faut être certain que ces règles sont claires et que l'enfant connaît l'importance que vous leur attachez. Il est toujours préférable de les écrire et de les afficher sur le réfrigérateur par exemple.

L'enfant sait maintenant que, parmi toutes les règles de la maison, il y en a précisément cinq qui sont incontournables. Les parents doivent maintenant l'encourager à les respecter !

L'enfant doit apprendre à assumer les conséquences de ses actes. Lorsque les parents sont fiers de lui, il le sait la plupart du temps parce qu'il est embrassé, cajolé ou récompensé. Lorsqu'il déroge aux cinq règles, il ne sert à rien de crier ou de le punir sévèrement. Mieux vaut lui laisser vivre les conséquences naturelles et logiques de ses actes. Cela est parfois très simple : ainsi, celui qui fait un dégât doit le nettoyer. Mais la situation est parfois plus complexe et demande un temps de réflexion. Prenons l'exemple d'un enfant qui oublie son livre de français à l'école ; le coucher plus tôt ou l'empêcher de prendre sa collation ne servent généralement qu'à le « braquer » davantage. Alors, que faire ? Si l'enfant demeure près de l'école, il est préférable de l'envoyer chercher son cahier et, s'il demeure trop loin, on peut envisager de faire un arrangement avec l'enseignante puisque les devoirs sont un contrat entre l'enseignante et l'enfant et non entre les parents et l'enfant !

---

**Exercice n° 33**
**Appliquer des conséquences logiques**

Faites cet exercice ensemble.

- Entendez-vous et énoncez les conséquences logiques qui découlent des manquements aux règles.

(Reprendre, pour « valeurs » et « règles », les réponses de l'exercice précédent)

| Valeurs | Règles | Conséquences logiques (en cas de manquement) |
|---------|--------|----------------------------------------------|
| 1- _____ | 1- _____ | 1- _____ |
|  | 2- _____ | 2- _____ |
| 2- _____ | 3- _____ | 3- _____ |
|  | 4- _____ | 4- _____ |
| 3- _____ | 5- _____ | 5- _____ |

Il est parfois difficile de trouver une conséquence logique à un manquement à une règle. Mais l'expérience nous enseigne que les parents, lorsqu'ils prennent la peine de chercher cette conséquence, aident leur enfant à comprendre concrètement le sens de la règle et lui permettent de « grandir ».

---

Les longs discours ne servent à rien avec les enfants de cet âge qui peuvent toutefois comprendre des explications simples et concrètes. Celles-ci sont cependant rarement suffisantes pour modifier des comportements indésirables.

Enfin, les parents ne doivent pas oublier qu'il est toujours préférable d'encourager, d'une façon ou d'une autre, les bons comportements plutôt que de souligner les écarts de conduite.

## Utiliser son imaginaire

Les enfants de cet âge sont encore très près de leur imaginaire et il est possible de les aider à résoudre leurs difficultés en faisant appel à leur imagination. Les contes, dans cette optique, s'avèrent un excellent moyen. En effet, nos apprentis sorciers comprendront, à l'aide de ces histoires magiques, qu'il est possible, même lorsqu'on est petit et démuni, de trouver des solutions aux problèmes.

---

**Exercice n° 34**
**Raconter des histoires inventées**

Choisissez, parmi les contes suivants, celui ou ceux qui correspondent le mieux à ce que vit présentement votre enfant et faites-lui-en la lecture en évitant de faire vos propres commentaires. Vous pouvez également demander à votre enfant de dessiner ce qui l'a intéressé dans le conte. Enfin, prenez le temps d'écouter ses réflexions sans porter de jugement.

Il ne faut pas avoir peur de favoriser l'imagination de l'enfant. Contrairement aux apparences, sa capacité de raisonner en sera favorisée.

### Le petit oiseau qui n'avait que de petites ailes
### parce qu'il ne s'en servait jamais

« Il était une fois un petit oiseau orange qui avait un bec et le bout de la queue vert fluorescent. Papa oiseau et maman oiseau étaient grands et forts et n'avaient qu'un seul enfant. Ils s'occupaient très bien de leur petit, le nourrissant de vers juteux, le protégeant du froid avec leurs grandes ailes et lui apprenant tous les jours tout ce qu'un bon petit oiseau doit savoir. "Mon cœur, mon amour, disait maman oiseau, veux-tu monter sur mon dos et visiter la plaine tout autour ?" "Fiston, disait papa oiseau, que dirais-tu d'aiguilles de sapin pour t'amuser, ou préférerais-tu ces petites pierres dorées si jolies ?"

« Plume douce, c'était le nom du petit oiseau, était très heureux. Parfois ses deux parents partaient à la chasse ensemble ; alors, ils le faisaient garder par une oiselle gentille ou ils le laissaient dans le grand nid du plus beau sapin de la forêt qui servait de garderie aux parents oiseaux de la région.

« Un jour, Plume douce sut qu'il devrait quitter bientôt tous ces nids douillets pour suivre ses amis à l'école des oiseaux. Même s'il avait un peu peur, il avait hâte d'entrer dans cet endroit mystérieux qui était niché au creux d'un érable géant. Il s'imaginait que les oiseaux adultes de l'école seraient comme tous les autres et qu'il pourrait continuer de demander tout ce qu'il voulait. Il s'imaginait qu'on ferait pour lui tout ce qu'il ne savait pas faire.

« En arrivant à l'école des oiseaux, Plume douce, malgré des gargouillis dans le ventre, était confiant. Mais il s'aperçut bien vite que, pour faire ce qu'on lui demandait, il avait besoin de voler, donc d'utiliser ses belles ailes soyeuses. La première fois que Plume douce essaya de remuer ses ailes, de les ouvrir et de s'envoler, il fut pris de panique. Ses ailes étaient toutes petites et n'arrivaient pas à le soulever de terre. Pourtant, papa oiseau et maman oiseau lui avaient dit tant de fois qu'il avait les plus belles petites ailes du monde ! D'autres oiselets avaient le même problème mais il y en avait certains dont les ailes étaient grandes et fortes. "Comment ça se fait que tu peux voler et pas moi ?" demandait Plume douce à la ronde.

« Le Professeur oiseau eut connaissance du désarroi de Plume douce et se mit à réfléchir (c'est une des grandes forces des professeurs oiseaux) afin de l'aider : "Est-ce que tu utilises souvent tes ailes, petit oiseau, lorsque tu es à la maison ?" "Est-ce que tu exerces souvent les muscles de tes ailes à la garderie ou chez ta grand-maman ?" "Est-ce que les oiseaux adultes font beaucoup de choses à ta place ?"

« Et, tout à coup, Plume douce sut pourquoi ses ailes étaient restées toutes petites ; il comprit qu'à force de ne pas les exercer, il les avait empêchées de devenir grandes et fortes. Plume douce, ce soir-là, lorsque sa maman voulut laver ses plumes et les lisser, lui dit : "Maman, je sais que tu m'aimes beaucoup et je t'aime moi aussi ; mais, maintenant, je voudrais exercer mes ailes en faisant plus de choses tout seul. Tu sais, je veux devenir un oiseau aussi habile que beau !" Maman oiseau en parla à papa oiseau et tous les deux se montrèrent très fiers de leur oiselet. Ils l'encouragèrent à exercer ses ailes. Si bien qu'un jour Plume douce put voler facilement... de ses propres ailes, tout en continuant à aimer ses parents et à leur demander leur aide de temps à autre. »

### *La petite belette qui voulait connaître*
### *tous les secrets de l'univers*

« Il était une fois une petite belette à qui on avait donné le surnom de Fouineuse tellement elle aimait mettre son nez partout. C'était une charmante enfant belette qui était aimable et généreuse mais tellement curieuse ! Elle vivait seule avec sa maman parce que son papa était parti s'installer avec une autre madame belette ; mais elle le voyait quand même souvent. "Maman, pourquoi les carottes poussent en rangées serrées ?" "Papa, pourquoi le soleil est chaud l'été et froid l'hiver ?" "Pourquoi la pluie ruisselle dans notre terrier ? Pourquoi ? Pourquoi ? Pourquoi ?"

« Fouineuse regardait avec admiration ses parents lire le journal des animaux, *Le Presse-papiers*, et elle se demandait ce qui pouvait bien faire sourire maman ou révolter papa dans ce petit journal. Parfois elle demandait : "C'est quoi ces mots-là ?" Et ses parents lui disaient des lettres et des mots pour lui faire plaisir. De même, Fouineuse ne manquait jamais une occasion de regarder la télévision lorsqu'elle réussissait à s'installer sur le rebord de la fenêtre de la maison de ferme voisine. Les images, les mots et les dessins la fascinaient !

« Notre petite belette se posait aussi beaucoup de questions qu'elle n'osait pas dire à haute voix de peur de fâcher ses parents. "J'aimerais savoir ce qui se passe dans le salon entre papa et son amie lorsqu'ils m'envoient me coucher..." "Comment ça se fait que maman qui est si gentille n'aime plus papa que j'aime tant ?" "Pourquoi mon petit frère que je trouve si 'tannant' fait rire les grandes personnes ?" Bien des questions auxquelles elle ne trouvait pas de réponse car une belette de 6 ans, même si elle très curieuse, ne peut pas tout savoir !

« Fouineuse voulait découvrir tous les secrets de l'univers, ceux de la nature, ceux des grandes personnes et ceux qu'elle gardait cachés dans son petit cœur. Elle savait aussi qu'il y avait tant de mystères dans le monde que cela prendrait beaucoup, beaucoup de temps pour tout connaître ! Mais, comme c'était une petite belette qu'on aimait beaucoup et à qui on répondait du mieux qu'on pouvait, elle grandit en cherchant toujours à savoir et à comprendre plein de choses.

« Fouineuse devint une belette savante que toutes les autres belettes admiraient grandement. Fouineuse savait, parce qu'elle était aussi devenue sage, que le plus important n'est pas de tout savoir mais d'avoir du plaisir à fouiner partout ! Et c'est ce qu'elle fit toute sa vie. »

### Le lionceau qui doutait de tout et surtout de la couleur de l'herbe

« Il était une fois un lionceau très débrouillard et qui riait tout le temps. (Eh oui, les lionceaux rient souvent à gorge déployée !) Ce lionceau avait reçu à sa naissance le nom de Rex parce qu'il était pour ses parents un petit roi.

« Rex était très actif et avait plein d'amis ; pas seulement des amis lions mais également des amis zèbres et des amies girafes. Lorsqu'il eut 7 ans, c'est-à-dire l'âge de raison comme disaient ses parents, Rex s'attendit à devenir un grand et à savoir tout à coup, comme par magie, plein de choses utiles.

« Le lendemain de sa fête, Rex se leva de très bonne humeur et se mit à rugir comme il avait vu faire les grands. À sa grande surprise, le son qui sortit de sa bouche n'avait pas vraiment l'air d'un rugissement. Cela ressemblait plutôt à un miaulement bizarre, une sorte de cri rauque pas très convaincant. Rex était vexé ! Il était aussi énervé, doutant pour la première fois de ses capacités de félin. Puis, il décida d'aller déjeuner : "Qu'est-ce que je devrais manger, se demanda-t-il, de la gazelle ou du gruau ?" Incapable de se décider, il se passa de déjeuner. Ensuite, il gambada dans la prairie, de plus en plus per-plexe face à lui-même. Son meilleur ami, Brutus, vint le rejoindre pour jouer : "Rex, viens te rouler dans l'herbe verte, viens, on va s'amuser !" – "Pourquoi dis-tu dans l'herbe verte ? Regarde, l'herbe n'est pas seulement verte, elle est aussi brune et dorée, un peu rose parfois", lui répondit-il. Et Rex se mit à dou-ter de la couleur de l'herbe. Puis, pour la première fois, il se mit à douter de toutes sortes de choses. Il n'était plus sûr de rien.

« Malheureux, Rex alla trouver son père pour lui demander pourquoi, rendu à 7 ans, il n'était plus certain de rien. Son père se mit à rire et lui expli-qua que les bébés lions tiennent pour acquis tout ce qu'on leur dit mais que les grands lions de 7 ans commencent à réfléchir par eux-mêmes et à se poser des questions. Il félicita son fils d'être devenu grand.

« Rex, qui quand même était encore un petit lionceau, crut tout de suite que son père lui disait la vérité. Il décida sur-le-champ que l'herbe était sur-tout verte et il alla se rouler dedans avec son meilleur ami. »

### La fourmi et le nuage gris
### qui la suivait partout

« Il était une fois une fourmi minuscule qui habitait dans une grande famille de fourmis. Elle s'appelait Mimi la fourmi et elle adorait se cacher dans le nombril d'un petit garçon de ses amis. Mimi avait un gros problème : elle était suivie toute la journée par un nuage gris qui lui cachait le soleil et rendait sa vie triste et sombre. Mimi la fourmi pleurait parfois et ne savait trop pourquoi. Elle pensait que c'était sa faute si ce nuage gris la suivait partout et qu'elle devait bien mériter d'une manière ou d'une autre ce malheur. Elle pensait qu'elle n'était pas gentille et que personne ne pouvait l'aimer.

« Le matin, Mimi la fourmi ouvrait les yeux et voyait tout de suite le nuage au-dessus d'elle. Elle aurait aimé se rendormir aussitôt mais elle devait aller à l'école des fourmis. Là-bas, elle était incapable de lire ou de compter parce qu'elle avait peur d'être écrasée par le nuage qui planait au-dessus de sa tête. Pauvre petite fourmi !

« Un jour qu'elle s'était réfugiée dans le nombril du petit garçon, elle se mit à se gratter. Le petit garçon commença à rire, d'abord un peu, puis énor-mément. Il riait si fort qu'il souffla le nuage gris très loin de Mimi. La petite fourmi fut d'abord très surprise de ne plus retrouver son nuage gris et de voir le soleil entrer dans sa vie. Après un moment de peur, elle se mit à profiter de la chaleur de l'astre du jour et elle se sentit heureuse pour la première fois depuis longtemps.

« Ses journées devinrent plus agréables et elle put même apprendre son alphabet à l'école. Pourtant, le nuage gris n'était pas disparu pour toujours.

Certains matins, Mimi la fourmi le retrouvait au saut du lit. Mais, maintenant, elle savait ce qu'elle devait faire pour l'éloigner d'elle. Lorsqu'elle en avait la chance, elle retournait dans le nombril de son ami et se mettait à danser, à bouger et à chanter. Elle avait découvert qu'en faisant rire elle rendait les autres heureux et éloignait, pour un temps du moins, les vilains nuages gris ! Les petites fourmis sont parfois très intelligentes ! »

## *Apprendre et être autonome*

La majorité des enfants entrent à l'école avec le goût d'apprendre des choses nouvelles. Apprendre demande de la curiosité, de la volonté et des habiletés particulières. Une chose est certaine, il est impossible d'apprendre par procuration, c'est-à-dire en laissant maman ou papa le faire à sa place. Les parents sont anxieux face aux apprentissages scolaires et ils ont naturellement tendance à superviser de très près les travaux scolaires. Il est bon de contrôler le travail de l'enfant mais il ne faut jamais le faire à sa place. Cela est vrai pour le travail scolaire aussi bien que pour tous les autres apprentissages de la vie.

**Exercice n° 35**
**Aider l'enfant à apprendre**

Dans un premier temps, faites l'exercice individuellement, puis échangez avec votre partenaire.

- Lorsque votre enfant désire faire un nouvel apprentissage (bicyclette, natation, bricolage, lecture, mathématiques, jouer à la corde à danser, etc.), quelle est votre attitude habituelle ?

| | M | P |
|---|---|---|
| - Je l'encourage à essayer seul | ☐ | ☐ |
| - Je lui montre comment faire et je le fais devant lui | ☐ | ☐ |
| - Je lui montre comment faire et je lui demande de le faire devant moi | ☐ | ☐ |
| - Je le décourage si je pense qu'il est incapable de réussir | ☐ | ☐ |

*(suite)*                                                   M          P

- Je préfère ne pas être au courant de ses
  tentatives tellement cela m'énerve              ☐          ☐
- Je suis extrêmement inquiet(ète) et cela
  paraît sur mon visage                           ☐          ☐
- Je lui suggère des façons de faire              ☐          ☐

Il est nécessaire d'encourager l'enfant, de le soutenir et de l'aider. Mais il faut aussi se rappeler que la motivation est une petite fleur intérieure qui ne pousse qu'au soleil de la confiance en soi. Rien ne mine plus la confiance de l'enfant que le manque de confiance de ses parents à son endroit. Mieux vaut essayer et se tromper que de ne vouloir rien faire du tout !

**Exercice n° 36**
**Tolérer l'erreur**

Dans un premier temps, faites l'exercice individuellement, puis échangez avec votre partenaire.

Lorsque votre enfant tente de faire quelque chose de nouveau, votre réaction à l'égard des erreurs qu'il commet est d'une très grande importance pour lui.

- Quelle est votre attitude face aux erreurs de votre enfant ?

|  | M | P |
|---|---|---|
| Ignorer | ☐ | ☐ |
| Crier | ☐ | ☐ |
| Chicaner | ☐ | ☐ |
| Le faire à sa place | ☐ | ☐ |
| Lui souligner son erreur | ☐ | ☐ |
| Lui demander de recommencer | ☐ | ☐ |
| Lui demander de trouver une nouvelle façon de faire | ☐ | ☐ |
| Lui conseiller de laisser tomber pour le moment | ☐ | ☐ |
| Nier sa difficulté | ☐ | ☐ |
| Autre | ☐ | ☐ |

## *Se séparer de ses parents*

Les parents aiment beaucoup que leur enfant soit autonome. Mais il y a lieu de se demander ce qu'est précisément l'autonomie.

## Exercice n° 37
## Favoriser l'autonomie

Faites cet exercice ensemble et discutez-en.

- Parmi les situations suivantes, lesquelles démontrent, à votre avis, une bonne autonomie de l'enfant ?

   * Geneviève a 6 ans. Ses parents la laissent s'occuper de son petit frère de 4 ans lorsqu'ils font leur « marche de santé » après le souper. Geneviève l'amuse pendant la demi-heure où ses parents s'absentent et semble en éprouver du plaisir.

   * Maxime a 7 ans. Il fait son lit le matin, dessert la table et se brosse les dents souvent sans qu'on ait besoin de le lui dire. Toutefois, il traîne les pieds pour aller prendre son bain et pleurniche chaque fois qu'on ferme la télévision.

   * Suzanne a 8 ans. Elle est « traîneuse » et refuse de ranger sa chambre. Ses parents doivent constamment lui répéter de faire ce qu'elle a à faire. La période des devoirs et des leçons est très pénible et dure facilement plus d'une heure ; la mère, exaspérée, finit par donner les réponses.

   * Louis a 7 ans. On lui a donné des tâches spécifiques à la maison et il les accomplit lorsqu'on les lui rappelle. D'autre part, il adore le hockey et il s'exerce souvent avec ses amis. Il n'oublie jamais l'heure de ses parties ou de ses périodes d'entraînement et il est un véritable leader dans son équipe.

Résumez vos opinions sur l'autonomie de :

Geneviève .......................................................................................................

_____

Maxime .......................................................................................................

_____

Suzanne .......................................................................................................

_____

Louis .......................................................................................................

_____

Aucun enfant de 6 à 8 ans n'est complètement autonome et on peut penser que celui qui le serait aurait probablement un besoin exagéré de plaire et de se conformer. Toutefois, les enfants de cet âge doivent assumer de petites responsabilités qui sont à leur mesure. Cela les valorise, même s'ils «chicanent» souvent, et leur permet de consolider leur sentiment d'appartenance à leur famille. L'autonomie, ça s'apprend! Quant à l'autonomie complète, c'est un leurre, même chez l'adulte! La dépendance, quant à elle, est un fardeau lourd à porter. Même pour un adulte!

# Des besoins qu'il est nécessaire de reconnaître

## *Histoires vraies*

- Martine a 6 ans et demi. Sa mère vient en consultation parce que sa fille est en conflit ouvert avec son nouveau conjoint, Louis. Martine est une enfant sympathique qui vit une grande complicité avec son père naturel. Or, celui-ci est très en colère contre son ex-épouse et son conjoint. Martine aime ses parents et se sent tiraillée entre les deux. De plus, elle n'arrive pas à comprendre pourquoi Louis, contrairement au premier «chum» de sa mère, est constamment fâché contre elle. Malgré tout, Martine me dit: «Oui, Louis m'aime, il m'a acheté du chocolat l'autre fois!»

Cette histoire montre bien que les enfants de cet âge ressentent aussi bien l'affection que le rejet. Ils sont très concrets et peuvent changer d'idée rapidement puisqu'ils se fient d'abord et avant tout aux gestes. Un changement d'attitude des adultes concernés fait souvent toute la différence.

- Éric, pour sa part, est un garçon de 7 ans. Ses parents l'amènent en consultation parce qu'il est agressif avec les autres enfants et qu'il invente des histoires farfelues. C'est un enfant plus intelligent que la moyenne mais aussi plus impulsif. Il est jaloux de sa grande sœur de 10 ans parce qu'elle est gentille, studieuse et appréciée de ses parents. Éric est capable de réfléchir mais il se contrôle mal face aux autres enfants. Il veut se montrer fort et courageux. Sa dévalorisation se transforme en désir de toute-puissance qui prend la forme de mensonges et de batailles. Éric fabule plus qu'il ne ment. Il provoque le rejet à l'école et à la maison alors qu'il cherche au contraire à se faire aimer.

À cet âge, il est possible de désamorcer les colères de l'enfant en soulignant ses bons coups plutôt que ses mauvais et en nommant le besoin qui se cache derrière le comportement.

- Véronique, quant à elle, est une belle fillette de 7 ans et demi. Fille unique, ses deux parents l'adorent et la surpro-tègent constamment. Sa mère est une femme anxieuse tandis que son père est un homme très rigide. Malgré l'amour qu'ils portent à Véronique, ils sont exaspérés par son agitation et son refus d'apprendre à l'école. Chaque parent a un problème personnel à régler avant de pouvoir accepter la fillette comme elle est. S'ils étaient capables de cesser leurs pressions indues, Véronique n'aurait plus besoin de s'opposer passivement à ses apprentissages ni d'être agitée sans arrêt.

- Julien, enfin, est un petit bonhomme d'à peine 6 ans. Il a encore un pied dans l'âge de l'imaginaire et il préfère de beaucoup jouer à étudier. Comme il a toujours été brillant, ses parents avaient obtenu pour lui une déroga-tion et il a donc commencé l'école à 5 ans et 8 mois. Julien vit maintenant avec son père qui attend sous peu un enfant de sa conjointe actuelle. Il désirait rester petit et ses deux parents s'inquiétaient. Mais sa régression n'a été que temporaire puisque les parents ont finalement pris la décision de l'inscrire en maternelle en se disant qu'il aurait bien le temps de devenir raisonnable.

Il peut arriver à n'importe quel enfant de développer un problème émotif ou de comportement à cet âge. Les parents peuvent généralement faire face à la plupart des difficultés ; pourtant, lorsque celles-ci les touchent trop personnellement ou les ramènent à des conflits qu'ils ont vécus dans leur passé et qui ne sont pas résolus, ils se sentent impuissants et dépassés. Il faut alors chercher à en parler pour clarifier les besoins de l'enfant et ceux des parents ; cela permet de mettre au jour la source du problème et de trouver des pistes de solution.

# 4

# Pistes de réflexion

## Retour aux exercices

Vous avez observé votre enfant, rempli des questionnaires et fait certains exercices relatifs à «l'âge de raison» dont la liste suit:

Complétez maintenant votre auto-évaluation et revenez, si nécessaire, à l'un ou l'autre des exercices proposés.

# Auto-évaluation

| | Un peu (1 pt) | | Moyennement (5 pts) | | Beaucoup (10 pts) | |
|---|---|---|---|---|---|---|
| | M | P | M | P | M | P |
| Mon enfant vit dans un environnement qui favorise sa socialisation | ☐ | ☐ | ☐ | ☐ | ☐ | ☐ |
| Il y a plusieurs modèles du même sexe que lui dans la famille | ☐ | ☐ | ☐ | ☐ | ☐ | ☐ |
| J'ai souvent l'occasion d'avoir des relations agréables avec mon enfant | ☐ | ☐ | ☐ | ☐ | ☐ | ☐ |
| J'ai une vie sociale bien remplie | ☐ | ☐ | ☐ | ☐ | ☐ | ☐ |
| Mes valeurs sont en harmonie avec celles de la société | ☐ | ☐ | ☐ | ☐ | ☐ | ☐ |
| Mon enfant a un bon réseau d'amis à l'école | ☐ | ☐ | ☐ | ☐ | ☐ | ☐ |
| Il s'intègre facilement dans des groupes | ☐ | ☐ | ☐ | ☐ | ☐ | ☐ |
| Il sent qu'il fait partie d'un groupe d'amis | ☐ | ☐ | ☐ | ☐ | ☐ | ☐ |
| J'ai un certain contrôle sur l'utilisation de la télévision et des jeux vidéo | ☐ | ☐ | ☐ | ☐ | ☐ | ☐ |
| Je discute régulièrement avec mon enfant d'une émission ou du contenu d'un jeu vidéo | ☐ | ☐ | ☐ | ☐ | ☐ | ☐ |
| Je m'efforce d'être tolérant(e) envers lui | ☐ | ☐ | ☐ | ☐ | ☐ | ☐ |
| Je lui permets de faire certains choix | ☐ | ☐ | ☐ | ☐ | ☐ | ☐ |
| J'évite de « marchander » avec lui | ☐ | ☐ | ☐ | ☐ | ☐ | ☐ |
| J'évite de le culpabiliser | ☐ | ☐ | ☐ | ☐ | ☐ | ☐ |
| Je sais mettre des limites réalistes | ☐ | ☐ | ☐ | ☐ | ☐ | ☐ |
| Je lui dis clairement ce que j'attends de lui | ☐ | ☐ | ☐ | ☐ | ☐ | ☐ |

| (suite) | Un peu (1 pt) | | Moyennement (5 pts) | | Beaucoup (10 pts) | |
|---|---|---|---|---|---|---|
| | M | P | M | P | M | P |
| Je cherche à communiquer avec lui | ☐ | ☐ | ☐ | ☐ | ☐ | ☐ |
| J'encourage ses initiatives | ☐ | ☐ | ☐ | ☐ | ☐ | ☐ |
| Je lui propose des activités agréables | ☐ | ☐ | ☐ | ☐ | ☐ | ☐ |
| Je possède plusieurs caractéristiques du parent guide | ☐ | ☐ | ☐ | ☐ | ☐ | ☐ |
| Je me fais confiance comme parent | ☐ | ☐ | ☐ | ☐ | ☐ | ☐ |
| J'ai confiance dans les capacités de mon enfant de s'autodiscipliner mais je lui fixe des balises claires | ☐ | ☐ | ☐ | ☐ | ☐ | ☐ |
| Mon enfant peut être « raisonnable » mais il est aussi capable de s'affirmer | ☐ | ☐ | ☐ | ☐ | ☐ | ☐ |
| Il a un style d'apprentissage bien identifié | ☐ | ☐ | ☐ | ☐ | ☐ | ☐ |
| Il possède un bon raisonnement logique | ☐ | ☐ | ☐ | ☐ | ☐ | ☐ |
| Mon enfant est capable de classifier et de sérier | ☐ | ☐ | ☐ | ☐ | ☐ | ☐ |
| Il est capable de collaborer | ☐ | ☐ | ☐ | ☐ | ☐ | ☐ |
| Il est de moins en moins égocentrique | ☐ | ☐ | ☐ | ☐ | ☐ | ☐ |
| Il s'est adapté facilement à la « grande école » | ☐ | ☐ | ☐ | ☐ | ☐ | ☐ |
| Il a établi une bonne relation avec son enseignante | ☐ | ☐ | ☐ | ☐ | ☐ | ☐ |
| Il aime que je le félicite | ☐ | ☐ | ☐ | ☐ | ☐ | ☐ |
| Il exprime des sentiments variés | ☐ | ☐ | ☐ | ☐ | ☐ | ☐ |
| Il s'adapte à l'atmosphère de la maison (dans les conflits et le plaisir) | ☐ | ☐ | ☐ | ☐ | ☐ | ☐ |
| J'aime jouer avec mon enfant et je choisis des activités que j'apprécie | ☐ | ☐ | ☐ | ☐ | ☐ | ☐ |

| *(suite)* | Un peu (1 pt) | | Moyennement (5 pts) | | Beaucoup (10 pts) | |
|---|---|---|---|---|---|---|
| | M | P | M | P | M | P |
| Mon enfant peut parfois jouer seul | ☐ | ☐ | ☐ | ☐ | ☐ | ☐ |
| Il recherche la compagnie des autres enfants | ☐ | ☐ | ☐ | ☐ | ☐ | ☐ |
| J'ai mis en place un système d'émulation pour l'encourager à respecter les règles de la maison | ☐ | ☐ | ☐ | ☐ | ☐ | ☐ |
| Je l'encourage à garder un comportement positif | ☐ | ☐ | ☐ | ☐ | ☐ | ☐ |
| Mes valeurs éducatives sont claires | ☐ | ☐ | ☐ | ☐ | ☐ | ☐ |
| Les règles familiales sont exprimées clairement à mon enfant | ☐ | ☐ | ☐ | ☐ | ☐ | ☐ |
| Lorsqu'une règle est transgressée, mon enfant vit les conséquences logiques de ses actes | ☐ | ☐ | ☐ | ☐ | ☐ | ☐ |
| Mon enfant a de l'imagination | ☐ | ☐ | ☐ | ☐ | ☐ | ☐ |
| Il aime les contes | ☐ | ☐ | ☐ | ☐ | ☐ | ☐ |
| J'ai des attitudes qui encouragent l'autonomie de mon enfant | ☐ | ☐ | ☐ | ☐ | ☐ | ☐ |
| Je crois que mon enfant apprend en faisant des erreurs auxquelles je réagis positivement | ☐ | ☐ | ☐ | ☐ | ☐ | ☐ |
| Mon enfant est plutôt autonome | ☐ | ☐ | ☐ | ☐ | ☐ | ☐ |

Total des points

De 350 à 460 points : Vous cherchez à être un parent guide et vous facilitez à votre enfant le passage de l'âge de l'imaginaire à celui de la logique. Vous avez mis en action des principes éducatifs qui favorisent l'autonomie et la socialisation.

De 230 à 350 points : Il vous est parfois difficile de faire confiance : d'abord, à vous comme éducateur ou éducatrice, et ensuite à votre enfant. Vous avez probablement vécu, dans votre vie sociale, à l'école primaire ou dans votre famille, des situations difficiles reliées à la discipline. Vous devriez modifier certains de vos comportements pour favoriser une vie harmonieuse avec votre enfant.

**Moins de 230 points :** Vous éprouvez de la difficulté avec le rôle d'autorité et vous ne savez plus comment discipliner votre enfant avec souplesse. Il se peut que vous ayez également de la difficulté à entretenir des amitiés. Votre enfant a besoin de sentir qu'il appartient à un groupe et il a aussi grandement besoin de vivre des moments de plaisir avec vous. Essayez ! Vous allez y prendre goût !

# III

# L'ÂGE DES RÈGLES

## de 8 à 10 ans

# 1

# De la raison à l'autodiscipline

## De la discipline parentale à l'autodiscipline

Dans une famille qui veut vivre en harmonie, chaque membre doit être un participant actif et engagé. Aussi, les parents qui désirent que leurs enfants deviennent des adultes *autonomes* et *responsables* doivent, très tôt après la naissance, consacrer leurs énergies à les guider vers l'acquisition de ces compétences.

### *Une relation fondée sur le respect des différences*

Pour créer une famille harmonieuse, les parents doivent d'abord tenter d'établir avec leurs enfants une relation qui est basée sur le respect mutuel et l'égalité. L'égalité dont il est question ici ne doit pas être confondue avec la similitude. Au contraire, car enfants et adultes sont totalement différents! Ici, le terme égalité signifie plutôt que parents et enfants sont égaux en matière de valeur et de dignité humaine. Dans une société démocratique par exemple, chaque membre de la communauté a le droit fondamental d'être traité avec respect par les autres et de s'autodéterminer en s'inspirant des règles, des possibilités et des limites qui sont définies par cette société. Il n'en va pas autrement dans une famille qui cherche à établir l'harmonie entre ses membres.

Une famille qui veut vivre dans l'harmonie encourage les choix individuels et ne juge pas négativement les différences de chacun. Celles-ci sont tolérées et progressivement appréciées puisqu'elles représentent la source d'originalité et de créativité de chacun des membres de cette famille.

Le parent guide est celui qui utilise toutes les occasions de la vie quotidienne pour favoriser l'expression de soi et la prise de décision personnelle chez l'enfant qui, de cette façon, devient de plus en plus autonome et responsable. Ce type d'accompagnement parental est plus avantageux que l'approche éducative qui n'est basée que sur les récompenses et les punitions. En d'autres mots, plus l'enfant a la possibilité réelle, très tôt dans sa vie, d'effectuer des choix et de prendre des décisions, plus il acquiert rapidement l'autodiscipline.

Ce type d'accompagnement parental, mieux que l'usage du pouvoir ou du marchandage, incite les enfants à transformer eux-mêmes leurs comportements sans que les parents aient à faire usage de menaces ou de promesses de toutes sortes.

Plutôt que d'utiliser la sévérité, le marchandage ou le contrôle excessif, le parent guide propose donc l'encouragement, le respect mutuel, la compréhension, l'influence et la persuasion. Autrement dit, il manifeste son empathie à l'égard des émotions vécues par l'enfant et il s'efforce aussi de comprendre le sens de ses comportements quotidiens.

Pour créer un milieu familial harmonieux qui suscite l'expression de soi, la créativité et la saine résolution des conflits quotidiens, il est essentiel de pratiquer une relation où « l'écoute attentive » et l'absence de jugement jouent un rôle déterminant. Ce type d'accompagnement repose sur le fait que celui qui « écoute attentivement » est tout simplement désengagé de la relation de pouvoir.

L'enfant qui sent qu'on l'écoute attentivement et que l'on se fie à lui développe une confiance en lui et dans l'adulte. Il effectue ses choix et prend ses décisions en acceptant davantage de se laisser guider et orienter par le point de vue de ses parents.

### Une vraie « marge de liberté »

Pour passer en douceur de la discipline parentale à l'auto-discipline et pour devenir de plus en plus autonome et responsable, l'apprenti sorcier doit jouir d'une véritable « marge de liberté ». Cela va lui permettre d'apprendre à choisir et à décider tout en bénéficiant, au cours de ses nombreuses tentatives d'affirmation et d'actualisation, de la confiance de ses parents et des autres membres de sa famille. Se sentant appuyé dans ses initiatives, il va prendre un certain nombre de risques et assumer les conséquences logiques et naturelles de ses actes.

Certains enfants sont portés quelquefois à aller rapidement aux limites de cette « marge de liberté ». En effet, ils ont tendance à exagérer, à prendre des risques démesurés ou, simplement, à être impulsifs. Dans ces conditions, le parent doit *faire preuve de patience, faire état de ce qu'il estime être «raisonnable», évaluer avec l'enfant les limites de la réalité et, finalement, proposer des alternatives.* Cela doit se dérouler dans le calme et permettre autant à l'enfant qu'au parent d'élaborer des compromis acceptables pour les deux. À la longue, l'enfant va développer ainsi sa capacité de négocier la vie en commun ; cela lui sera très utile pour traverser sans trop de heurts la période de l'adolescence.

Cette approche éducative qui insiste sur l'importance de la liberté de l'enfant ne signifie pas que ce dernier peut exprimer toutes ses pulsions en tout temps sans qu'aucune règle familiale ou sociale ne vienne l'encadrer. Ce serait bien mal comprendre ce dont il s'agit ici ! La liberté dont il est question consiste plutôt à encourager l'apprenti sorcier à reconnaître et à exprimer ses sentiments et désirs personnels comme il l'entend. En d'autres mots, l'éducation à la liberté suppose avant tout que l'enfant ne se sent pas obligé de nier ou de réprimer complètement ses émotions, ses désirs et ses points de vue afin de garder l'affection de ses parents.

Cette expérience de liberté existe vraiment quand l'enfant se rend compte qu'il lui est permis d'exprimer ouvertement son expérience personnelle de même que ses pensées, ses émotions et ses désirs tels qu'il les éprouve, et cela indépendamment de leur conformité aux règles sociales et morales qui régissent la famille, l'école ou la communauté.

Lorsque l'apprenti sorcier peut s'actualiser dans un cadre de vie favorable et réaliste, c'est-à-dire sans entraves psychologiques graves, il évolue dans le sens de l'unité intérieure et de l'harmonie avec les autres. Sa vision intérieure se construit alors autour de l'acquisition d'une plus grande autonomie et d'un plus grand sens des responsabilités.

À mesure que l'enfant se développe, la somme de ses expériences s'accroît et il acquiert les habiletés suffisantes pour satisfaire adéquatement ses propres besoins. En même temps, son identité se modifie, se transforme et se consolide. Tous ces changements se font dans le sens d'une appréhension plus réaliste des données de la vie quotidienne. Chaque expérience nouvelle est mieux évaluée et sert de façon plus concrète l'ensemble de ses besoins personnels.

L'apprenti sorcier se rend compte progressivement que la meilleure façon de s'assurer l'affection et l'amour des autres est de se comporter de façon raisonnable et socialisée. C'est cette prise de conscience de l'expérience vécue qui permet à l'enfant de s'auto-évaluer, de s'autocritiquer et de s'autodiscipliner. À leur tour, ces capacités intérieures orientent ses comportements et ses conduites dans le sens de la maturité personnelle, relationnelle et sociale. Les trois éléments fondamentaux qui favorisent et assurent le passage de la discipline parentale à l'autodiscipline sont ainsi exprimés : *il s'agit de la capacité de prise de conscience, de l'habileté à s'auto-évaluer et du désir d'ajuster ses conduites en fonction d'un code moral et social de plus en plus compris et accepté.*

---

**Exercice n° 1**
**Trouver une solution à un désaccord**

Faites cet exercice ensemble.

Inspirez-vous de l'exemple suivant pour tenter, à votre tour, de trouver une solution à des désaccords.

Martin, 9 ans, et son ami Simon ont loué un film d'horreur particulièrement violent et ont profité de votre absence pour venir le regarder à la maison. Vous arrivez au beau milieu du film. Vous n'êtes absolument pas d'accord avec ce genre de film ! Que pouvez-vous faire ?

*Vous informer*
- Vous avez choisi ce genre de film?
- Est-ce que vous aimez ça?
- Comment vous est venue l'idée de louer ce film?
- Pourquoi avoir profité de mon absence?
- Je pense que vous savez que je ne suis pas d'accord avec ce choix!
- Pourquoi pensez-vous que je ne suis pas d'accord?
- Etc.

*Écouter*
- Dites-moi ce que vous aimez dans ce genre de film car je ne comprends pas!
- Comme ça, vous aimez avoir peur?
- Oui, je sais bien que tous vos amis l'ont vu et que vous vous sentez à part!
- Etc.

*Déterminer clairement vos limites*
- Je suis contre la violence et ça me dérange que vous aimiez ce genre de film même si je comprends vos raisons.
- Je voudrais que, dorénavant, nous déterminions ensemble le genre de film que vous pouvez louer. Lorsque je suis absent(e) et lorsque je suis présent(e)!
- Il faut trouver une solution. Je ne peux pas accepter un film aussi violent mais je sais aussi que vous ne pouvez pas regarder que des films « bébé »!
- Etc.

*Proposer un choix*
- Désirez-vous vraiment regarder ce film jusqu'au bout?
- Choisissez! On finit de le regarder ensemble et on en parle après. Ou, ce film n'étant vraiment pas pour vous, on le rapporte et vous pouvez choisir le film que vous voulez mais parmi ceux qui ont la mention G.

*Faire confiance*
- Je vous fais confiance, allez choisir un autre film!
- Vous avez voulu voir un film pour les ados, je comprends ça! Je m'aperçois que vous vieillissez plus vite que je l'aurais voulu! Dites-moi quels sont les films à la mode dans votre groupe actuellement et expliquez-moi pourquoi!

## Un besoin de règles cohérentes et réalistes

Toute famille, quel que soit son type ou sa taille, a besoin de règles bien définies et personnalisées dont l'absence est susceptible de provoquer des conflits incessants. Les règles, en effet, jouent un rôle essentiel ; elles permettent, d'une part, de prévenir les ambiguïtés, les malentendus et nombre de conflits interpersonnels et, d'autre part, elles aident à préciser les droits et les privilèges de chacun. Enfin, elles identifient les comportements souhaités, favorisent de saines relations au sein de la famille et renseignent chacun des membres sur les limites à respecter.

Comment amener l'apprenti sorcier à participer à l'élaboration de ces règles et à prendre l'engagement de les respecter ? Telle est, somme toute, la question qui préoccupe beaucoup de parents.

Quel adulte n'a pas, un jour ou l'autre, refusé de se conformer ou de se soumettre à une règle qui lui apparaissait déraisonnable et qu'il n'avait pas contribué à établir ? Il n'en va pas autrement dans le cas des apprentis sorciers. En fait, il s'agit ici d'un principe appelé « participation-consentement-engagement » dont l'efficacité a souvent été démontrée par nombre de psychologues et d'éducateurs. Ce principe signifie simplement que les humains s'engagent plus facilement à respecter une décision ou une règle de vie s'ils ont vraiment participé à son élaboration et à son application. Conscients de ce principe éducatif, les parents devraient faire participer leur enfant à l'établissement des règles qui le concernent plutôt que les établir de façon unilatérale.

**Exercice n° 2**
**Mes attitudes face aux règles**

Dans un premier temps, faites cet exercice individuellement, puis discutez-en avec votre partenaire.

A) Déterminez trois règles de vie que vous vous êtes imposées vous-même pour être mieux dans votre peau (ex.: faire de l'exercice tous les matins, ne pas manger de dessert durant la semaine, sortir tous les jours avec le bébé).

|  M |  P |
|---|---|
| 1- _____ | 1- _____ |
| 2- _____ | 2- _____ |
| 3- _____ | 3- _____ |

Trouvez-vous *facile, moyennement facile* ou *difficile* de suivre ces règles ?

M _____

P _____

B) Déterminez trois règles que votre employeur vous impose et avec lesquel-les vous êtes en accord (ex.: arriver à l'heure le matin, ne pas fumer dans le bureau, envoyer des mémos pour informer).

|  M |  P |
|---|---|
| 1- _____ | 1- _____ |
| 2- _____ | 2- _____ |
| 3- _____ | 3- _____ |

Trouvez-vous *facile, moyennement facile* ou *difficile* de suivre ces règles ?

M _____

P _____

C) Déterminez trois règles que votre employeur ou votre conjoint(e) vous impose et avec lesquelles vous êtes en désaccord (ex.: demander la permis-sion pour chaque initiative, ranger systématiquement vos effets person-nels, vous plier à une routine particulière).

|  M |  P |
|---|---|
| 1- _____ | 1- _____ |
| 2- _____ | 2- _____ |
| 3- _____ | 3- _____ |

Trouvez-vous *facile, moyennement facile* ou *difficile* de suivre ces règles ?

M _____

P _____

Quelles sont les règles auxquelles vous avez le plus de facilité à vous conformer ? (Il y a fort à parier que ce sont celles qui viennent de l'extérieur et avec lesquelles vous êtes en accord ou celles que vous avez déterminées vous-même, seul(e) ou avec les autres.)

|  | M |  | P |
|---|---|---|---|
| 1- | _____ | 1- | _____ |
| 2- | _____ | 2- | _____ |
| 3- | _____ | 3- | _____ |

Sur ce point, les enfants ne sont pas différents des adultes. Ils aiment bien être encadrés car cela leur facilite la vie, les rassure et les sécurise, mais ils ont aussi besoin de se sentir partie prenante de certaines décisions qui les concernent. Les chances sont alors plus grandes qu'ils adhèrent personnellement aux règles.

## Exercice n° 3
## Les attitudes de mon enfant face aux règles

Faites l'exercice ensemble.

A) Déterminez trois règles qui sont facilement suivies par votre enfant (ex.: desservir la table, faire son lit le matin, rentrer à l'heure pour le souper).

1- _____

2- _____

3- _____

Pourquoi pensez-vous que votre enfant se conforme à ces règles ?

_____

B) Déterminez trois règles qui sont sources de tension à l'occasion (ex.: se brosser les dents, prendre sa douche, appeler lorsqu'on est chez un ami).

1- _____

2- _____

3- _____

Qui a déterminé ces règles ?

_____

En avez-vous déjà discuté avec l'enfant ?

_____

Sait-il pourquoi vous avez institué ces règles ?

_____

Selon vous, pourquoi ces règles sont-elles sources de tension ?

_____

C) Déterminez trois règles qui sont habituellement des sources de conflit (ex.: faire ses devoirs, se coucher à l'heure prévue, ne pas frapper son frère ou sa sœur, ne pas dire de gros mots).

1- _____

2- _____

3- _____

- En avez-vous discuté avec l'enfant ?

_____

- Sait-il pourquoi vous avez fixé ces règles ?

_____

- Selon vous, pourquoi ces règles sont-elles sources de conflit ?

_____

Les enfants de cet âge sont encore guidés par le principe du plaisir. Il est donc normal qu'ils dérogent souvent aux règles. Toutefois, une bonne façon de leur apprendre le bien-fondé des règles consiste à les expliquer de même qu'à faire participer les apprentis sorciers à l'élaboration de certaines d'entre elles.

## Exercice n° 4
## Régler une situation conflictuelle

Faites cet exercice ensemble.

Inspirez-vous de l'exemple suivant pour tenter, à votre tour, de régler une situation conflictuelle.

Sophie ne veut jamais faire ses devoirs et ses leçons. Cela finit toujours dans les larmes et les grincements de dents. Comment régler ce problème?

*Exposer le problème en présence des deux parents* (cela se fait dans le calme, la fin de semaine de préférence, et dans un climat de recherche active de solution): «Sophie, tu sais que ton enseignante te demande de faire des devoirs et des leçons. Nous savons que tu n'aimes pas ça parce que cela t'enlève du temps pour jouer. Nous n'aimons pas te disputer tous les soirs et tu n'aimes pas que nous soyons toujours fâchés contre toi. Qu'allons-nous faire?»

*Écouter:* - Tu trouves ça inutile les devoirs et les leçons! - Tu n'as pas assez de temps pour jouer? - C'est trop difficile? - Etc.

*Proposer des choix:* - Tu ne fais pas tes devoirs et tes leçons et tu t'arranges avec ton enseignante! - Tu choisis de les faire soit en entrant de l'école, soit après le souper. Dans le premier cas, tu peux aller jouer tout de suite après tes devoirs et tu es libre après le souper; dans le deuxième cas, tu peux jouer et te détendre en entrant à la maison. Qu'est-ce que tu préfères? Pourquoi?

- As-tu une autre idée? - Qu'est-ce que tu attends de nous pour t'aider et t'encourager? - Comment pouvons-nous t'aider sans «chicaner»? - Etc.

*La mise en place de la décision:* - Tu as choisi _____ . - Tu t'engages à _____ . - Nous nous engageons à _____ . - Pour nous aider mutuellement, nous reparlerons dimanche prochain de la façon dont cela se sera passé durant la semaine qui vient.

Lorsque les parents ont cette attitude d'ouverture, l'apprenti sorcier se sent mieux dans sa peau et s'estime davantage. Plus confiant en lui-même, il acquiert également plus de compétence relationnelle et se sent plus maître de sa destinée. Il fait peu à peu l'expérience d'une relation qui comporte plus d'égalité et qui est beaucoup moins frustrante que celle qui consiste à être un «petit» dans un univers de «tout-puissants».

Les parents qui privilégient la participation, le consentement et l'engagement dans leurs relations avec les enfants stimulent chez eux des interactions plus affectueuses, plus égalitaires et plus intimes que celles qui naissent des rapports quotidiens conflictuels avec des figures d'autorité rigides et contraignantes. De plus, ils obtiennent souvent des solutions beaucoup plus créatrices aux conflits et aux problèmes rencontrés. Enfin, les décisions prises en commun ouvrent la voie aux sentiments d'appartenance et de solidarité.

Décider conjointement, consentir réciproquement et s'engager mutuellement: cela a des avantages évidents, tant sur le plan de la qualité des relations interpersonnelles que de la possibilité d'organiser la vie quotidienne de façon harmonieuse. En voici quelques-uns:

• la relation entre les parents et l'apprenti sorcier est plus chaleureuse, plus égalitaire et plus intime;

• l'apprenti sorcier a une plus grande estime de lui-même, plus de confiance en lui et le sentiment qu'il peut maîtriser sa destinée;

• il développe le sens de l'engagement (sens des responsabilités) et la capacité de s'autodiscipliner;

• il est porté à respecter davantage les règles, les décisions et les ententes mutuelles;

• les parents et l'apprenti sorcier ont vraiment le sentiment commun de prendre des décisions plus judicieuses, plus éclairées et plus respectueuses de chacun.

Le parent qui veut faire participer l'enfant à l'organisation de sa vie et l'orienter vers le réalisme et la concrétisation de ses choix personnels a besoin de développer les capacités suivantes:

- *établir conjointement des règles* et des normes consistantes et personnalisées;

- *exprimer clairement ses limites personnelles* par des «oui» et par des «non» réalistes;

- *promouvoir l'affirmation positive* plutôt que l'opposition, la soumission, le marchandage ou le conformisme;

- *discuter affectueusement* avec l'enfant afin de protéger la relation affective;

- *être ferme et tolérant* plutôt que rigide ou permissif;

- *témoigner par l'exemple* et établir une cohérence entre le message et l'action;

- *agir en consultant* ou comme personne-ressource auprès de l'enfant;

- *exprimer clairement ses valeurs personnelles* et l'ensemble de ses règles de vie (règles morales et sociales);

- *accepter que certaines choses ne puissent changer;*

- *apprendre à tolérer les différences* (plutôt qu'à les juger négativement) pour en arriver, ensuite, à les apprécier.

On peut conclure en affirmant que les attitudes de persuasion et d'influence réussissent beaucoup mieux que le contrôle et la domination lorsqu'il s'agit de guider l'apprenti sorcier. Il importe également que le parent prenne le temps de comprendre le sens des conduites de l'apprenti sorcier, les motifs de ses comportements et la nature fluctuante de son univers émotif.

# Comprendre les comportements
# et les conduites de l'apprenti sorcier

## *Croyances populaires et réalité*

Les croyances populaires contiennent les différents points de vue du monde adulte sur les conduites et les comportements des enfants. En premier lieu, il y a celles qui affirment que les comportements des enfants sont principalement le résultat de leur hérédité. D'autres expriment la conviction que l'enfant acquiert ses conduites au fur et à mesure qu'il subit les influences de son environnement social et relationnel. Finalement, il y a celles qui soutiennent que chaque âge du développement provoque l'arrivée de comportements spécifiques (négatifs ou positifs) qui sont prévisibles et inexorables. Examinons rapidement chacune de ces affirmations.

S'il est vrai que de nombreuses études en psychologie et en éducation confirment le fait que l'enfant naît avec des traits de caractère bien à lui, aucune de ces recherches n'a réussi à établir un lien direct entre l'hérédité, les traits de personnalité et les comportements d'un enfant. D'ailleurs, s'il en était ainsi, comment pourrait-on expliquer que, dans une même famille, les enfants aient des personnalités si différentes ?

D'autre part, la théorie qui prétend que les comportements humains sont uniquement le fruit des influences sociales et relationnelles (l'école, la rue, les amis, la télévision, etc.) n'est pas sans soulever également quelques points d'interrogation. Comment, en effet, interpréter le fait que le même enfant puisse avoir des comportements très différents dans des situations sociales similaires ?

En fait, tous ceux qui croient que les conduites de l'apprenti sorcier sont issues soit de facteurs internes (l'hérédité), soit de facteurs externes (l'environnement social et physique) semblent généralement peu enclins à reconnaître que l'enfant a des capacités créatrices qui lui font prendre des décisions, qui lui permettent de s'auto-discipliner et d'effectuer des choix personnels. Pour eux, les enfants ne font que répondre à des données héréditaires ou à des conditions environnementales particulières.

Finalement, ceux qui croient que des comportements spécifiques sont reliés à des âges précis ou à des niveaux d'évolution particuliers se doivent d'être prudents. Ils risquent, en effet, de considérer comme normales et acceptables des conduites qui sont déviantes. Ainsi, la période du «non» qui se situe vers l'âge de 2 ans ne doit pas nécessairement être vue comme un moment de conflits perpétuels; de même, il ne faut pas faire de l'adolescence une crise longue et inévitable qui exige du parent une énergie presque surhumaine. De fait, mieux vaut penser que toute conduite inacceptable le demeure quels que soient l'âge, le sexe ou le stade de développement de l'enfant ou de l'adolescent. Ainsi, le refus de participer, l'égocentrisme, la rébellion et toutes les autres conduites négatives doivent toujours être perçues comme des comportements déviants indépendamment de l'hérédité, des influences sociales et de l'âge de l'enfant.

## Exercice n° 5
## D'où proviennent les comportements des enfants?

Dans un premier temps, faites cet exercice individuellement, puis discutez-en avec votre partenaire.

Comment réagissez-vous aux affirmations suivantes?

| | Tout à fait en accord (10 pts) | | Moyennement en accord (5 pts) | | Peu en accord (1 pt) | | Tout à fait en désaccord (0 pt) | |
|---|---|---|---|---|---|---|---|---|
| | M | P | M | P | M | P | M | P |
| - La délinquance est un trait héréditaire | ☐ | ☐ | ☐ | ☐ | ☐ | ☐ | ☐ | ☐ |
| - Les enfants sont principalement influencés par leur milieu social | ☐ | ☐ | ☐ | ☐ | ☐ | ☐ | ☐ | ☐ |
| - Tous les enfants passent par les mêmes stades de développement | ☐ | ☐ | ☐ | ☐ | ☐ | ☐ | ☐ | ☐ |
| - On ne peut rien faire contre l'hérédité | ☐ | ☐ | ☐ | ☐ | ☐ | ☐ | ☐ | ☐ |
| - Les enfants de milieu défavorisé deviennent inévitablement des chômeurs | ☐ | ☐ | ☐ | ☐ | ☐ | ☐ | ☐ | ☐ |
| - L'adolescence est forcément une période de crise et de révolte | ☐ | ☐ | ☐ | ☐ | ☐ | ☐ | ☐ | ☐ |
| - Tout le monde naît avec une personnalité prédéterminée | ☐ | ☐ | ☐ | ☐ | ☐ | ☐ | ☐ | ☐ |
| - Naître en milieu favorisé est une garantie de bonheur | ☐ | ☐ | ☐ | ☐ | ☐ | ☐ | ☐ | ☐ |
| - Quand l'enfant a deux ans, mieux vaut attendre que le temps passe plutôt que de mettre des interdits | ☐ | ☐ | ☐ | ☐ | ☐ | ☐ | ☐ | ☐ |
| - Un enfant dont le parent souffre d'un problème psychologique est forcément un enfant problème | ☐ | ☐ | ☐ | ☐ | ☐ | ☐ | ☐ | ☐ |

| *(suite)* | Tout à fait en accord (10 pts) | | Moyennement en accord (5 pts) | | Peu en accord (1 pt) | | Tout à fait en désaccord (0 pt) | |
|---|---|---|---|---|---|---|---|---|
| | M | P | M | P | M | P | M | P |
| - Les influences néfastes affectent nécessairement l'enfant | ☐ | ☐ | ☐ | ☐ | ☐ | ☐ | ☐ | ☐ |
| - Quoi que les parents fassent, l'enfant aura des périodes difficiles | ☐ | ☐ | ☐ | ☐ | ☐ | ☐ | ☐ | ☐ |

Total des points

| | |
|---|---|
| De 90 à 120 points : | Vous croyez fermement que l'enfant est esclave de son hérédité, de son milieu social ou de son niveau de développement. Il ne lui reste plus aucune marge de liberté... et à vous non plus ! |
| De 40 à 90 points : | Vous croyez que l'avenir de l'enfant est en partie déterminé par son hérédité, son milieu social et son développement. Vous lui accordez une certaine marge de liberté et vous vous en accordez aussi suffisamment pour le guider ! |
| Moins de 40 points : | Vous croyez que l'enfant est un être entièrement libre de son destin. Vous minimisez les influences qu'il subit et vous devez avoir beaucoup de difficulté à le guider. |

Les parents doivent comprendre que les conduites négatives de l'enfant ne sont pas seulement le résultat d'un âge précis ou d'un stade spécifique d'évolution. Ces conduites, qui peuvent être typiques, ne doivent pas être perçues comme normales et acceptables. Si tel était le cas, les parents pourraient facilement se croire incompétents et incapables de guider leurs enfants vers la coopération, le partage, le consentement, le respect mutuel et l'harmonie. Lorsque les parents comprennent bien les motifs qui sous-tendent les comportements négatifs de leurs enfants, ils se placent en bonne position pour les influencer et les guider.

## *Le sens caché des comportements négatifs de l'apprenti sorcier*

Une autre croyance populaire est très répandue chez les parents. Il s'agit de celle qui voudrait que les enfants acquièrent leurs comportements négatifs au contact de la télévision et des pairs ou que ces conduites proviennent du manque de valeurs morales de la société actuelle.

Or, les comportements négatifs sont plutôt la façon qu'ont les enfants de refléter leurs malaises et leurs conflits intérieurs. Ils expriment ainsi leurs insatisfactions, leur besoin d'être reconnus et acceptés par les autres ou leur désir de se sentir importants pour quelqu'un. Autrement dit, ce sont différents moyens que les enfants utilisent pour attirer l'attention de l'entourage, affronter le pouvoir des adultes, se venger d'injustices commises à leur égard ou exprimer, finalement, le peu d'estime qu'ils ont d'eux-mêmes.

---

**Exercice n° 6**
**Découvrir le sens des comportements des enfants**

Faites cet exercice ensemble et discutez-en.

- Vous arrivez à la maison après votre journée de travail et vous trouvez votre garçon maussade, de mauvaise humeur. Il regarde la télévision et ne vous salue même pas. Lorsque vous lui faites la remarque que son sac traîne dans l'entrée, il vous lance des paroles désagréables. Selon vous, qu'est-ce qui peut se cacher derrière cette agressivité ?

Il a de la peine parce que

---

Il est en colère contre

---

À l'école, il a vécu

Avec ses amis, il a vécu

Il n'a pas accepté ce que vous lui avez dit ce matin, il a réagi en

Il n'a pas compris vos reproches d'hier, il a vécu

Il est fatigué parce que

Il s'est senti rejeté par

Il se sent seul, il a réagi en

Il est jaloux de son frère ou de sa soeur, il se comporte

Etc.

- Il est l'heure d'aller au cours de piano et votre fille se met à pleurer. Pourquoi, croyez-vous ?

Elle se sent obligée d'y aller parce que

Elle est fâchée contre

Elle est stressée par

Elle est inquiète de

La semaine dernière, son professeur lui a dit

Ses amies la traitent de

_____

Elle a peur de

_____

Elle est excitée à l'idée de

_____

_____

Derrière un comportement difficile ou désagréable se cachent souvent des sentiments négatifs qui ne sont pas exprimés comme tels ou qui restent inconscients. Ça vaut la peine d'essayer de les trouver avant de réagir au comportement. Il ne faut pas oublier non plus que les parents ont aussi leur lot d'émotions négatives et qu'ils ne sont pas toujours disponibles et ouverts. Enfin, l'enfant doit apprendre que ses comportements suscitent des réactions!

Il importe donc que les parents observent, d'une part, la conduite inadéquate et, d'autre part, qu'ils s'interrogent sur l'intention, le motif ou le but de l'enfant. Une fois qu'on a fait la part des choses entre la conduite et le sens qu'elle a, on est en mesure d'agir sous le rapport de la signification de la conduite et de ne pas réagir trop fortement sur le seul plan du comportement extérieur.

Interrogeons-nous maintenant sur les différents motifs qui peuvent expliquer l'apparition de comportements inadéquats chez les enfants. En d'autres mots, demandons-nous quel est le but qui se cache derrière les conduites négatives et quel est le sens qu'on doit donner à tel ou tel comportement d'un enfant.

---

## Exercice n° 7
## Qu'est-ce qui se cache derrière les comportements difficiles?

Dans un premier temps, faites l'exercice individuellement, puis échangez avec votre partenaire.

Selon vous, quels sont les besoins de votre apprenti sorcier (fille ou garçon) lorsqu'il manifeste les comportements suivants?

| | Besoin d'attention | | Besoin de pouvoir | | Besoin de vengeance | | Autre | |
|---|---|---|---|---|---|---|---|---|
| | M | P | M | P | M | P | M | P |
| - Il refuse de manger certains plats | ☐ | ☐ | ☐ | ☐ | ☐ | ☐ | ☐ | ☐ |
| - Il s'occupe de son chien | ☐ | ☐ | ☐ | ☐ | ☐ | ☐ | ☐ | ☐ |
| - Il frappe son frère ou sa sœur | ☐ | ☐ | ☐ | ☐ | ☐ | ☐ | ☐ | ☐ |
| - Il met lui-même de l'ordre dans sa chambre | ☐ | ☐ | ☐ | ☐ | ☐ | ☐ | ☐ | ☐ |
| - Il crie pour obtenir quelque chose | ☐ | ☐ | ☐ | ☐ | ☐ | ☐ | ☐ | ☐ |
| - Il propose de repeindre sa chambre | ☐ | ☐ | ☐ | ☐ | ☐ | ☐ | ☐ | ☐ |
| - Il se rebelle à l'heure du coucher | ☐ | ☐ | ☐ | ☐ | ☐ | ☐ | ☐ | ☐ |
| - Il demande à rentrer seul de l'école | ☐ | ☐ | ☐ | ☐ | ☐ | ☐ | ☐ | ☐ |
| - Il prolonge l'heure des devoirs | ☐ | ☐ | ☐ | ☐ | ☐ | ☐ | ☐ | ☐ |
| - Il s'offre pour tondre le gazon | ☐ | ☐ | ☐ | ☐ | ☐ | ☐ | ☐ | ☐ |
| - Il boude | ☐ | ☐ | ☐ | ☐ | ☐ | ☐ | ☐ | ☐ |
| - Il console un ami | ☐ | ☐ | ☐ | ☐ | ☐ | ☐ | ☐ | ☐ |
| - Il s'éloigne de la maison sans permission | ☐ | ☐ | ☐ | ☐ | ☐ | ☐ | ☐ | ☐ |
| - Il bouge sans arrêt | ☐ | ☐ | ☐ | ☐ | ☐ | ☐ | ☐ | ☐ |

Il est normal de vouloir attirer l'attention, de rechercher du pouvoir et d'exprimer sa colère. Le parent doit être un guide et proposer des façons appropriées de le faire.

---

## La recherche incessante d'attention

L'enfant est toujours à la recherche d'attention. Il tente généralement de l'obtenir en faisant preuve de gentillesse ou en recourant à d'autres comportements positifs.

Toutefois, si cette façon de faire ne lui apporte pas ce qu'il désire, il a alors recours à des attitudes beaucoup plus négatives. En fait, un enfant qui est persuadé que la seule façon d'attirer l'attention de ses parents est de faire des «mauvais coups» ne s'en privera pas. De cette façon, il obtient finalement ce qu'il recherche le plus, soit l'attention de son père ou de sa mère. En intervenant constamment pour éliminer ces conduites inadéquates, les parents renforcent plutôt le lien entre «comportements déviants» et «recherche d'attention».

La façon appropriée d'accorder de l'attention à un enfant est de le faire lorsqu'il ne s'y attend pas vraiment. Celui-ci doit apprendre à «recevoir» de l'attention plutôt qu'à la «rechercher» constamment. Toutefois, cela implique que le parent est «présent» dans la vie de l'enfant et qu'il lui fait connaître son désir et son plaisir d'être en contact avec lui.

Les marques d'attention doivent être chaleureuses et gratuites tout en n'étant pas uniquement liées à des comportements positifs ou négatifs. Cela vise à séparer «attention» et «comportement» et à ne pas provoquer chez l'enfant une sorte de conditionnement ou de dépendance dont il aura beaucoup de difficultés à se détacher, y compris à l'âge adulte.

## La quête du pouvoir

L'enfant qui recherche constamment le pouvoir a la conviction qu'il ne peut exister réellement que s'il domine ou écrase les autres. Il ne veut faire que ce qu'il veut et quand il le veut. Il ne supporte surtout pas que des adultes le limitent, le commandent ou lui indiquent comment il devrait se comporter et agir. Lorsque les parents parviennent à le soumettre, la victoire n'est généralement que temporaire; de plus, ils risquent, à travers ces confrontations pénibles, de perdre définitivement la relation affective avec lui.

Lorsqu'un enfant est en quête incessante de pouvoir, les parents se sentent provoqués et vivent, de leur côté, d'importants sentiments de colère. Toutes leurs tentatives pour amener l'enfant à accepter des limites, à se maîtriser ou à s'autodiscipliner se soldent la plupart du temps par des échecs. Celui-ci continue de défier ses parents, accentue ses comportements négatifs, les diminue temporairement, puis les reprend de plus belle.

Les parents qui ont à guider un enfant qui est constamment en quête de pouvoir doivent éviter à tout prix de se laisser envahir par les sentiments de colère qui montent en eux. Ils doivent plutôt *se désengager consciemment et volontairement de la lutte pour le pouvoir* dans laquelle l'enfant veut les entraîner chaque fois qu'ils interviennent auprès de lui.

### Le désir de vengeance

L'enfant qui ressent fréquemment le désir de se venger est généralement convaincu qu'il ne peut être aimé et estimé. Sa faible estime de lui-même l'amène régulièrement à vouloir blesser les autres sur le plan affectif ou physique. Étant très sensible sur le plan émotif, il croit que l'entourage prend un malin plaisir à l'écorcher, à le heurter ou à le faire souffrir.

C'est à partir de cette perception biaisée que le désir de vengeance émerge et tend à s'actualiser à travers de multiples attitudes ou gestes négatifs. Toutes ces conduites déviantes renforcent alors chez les autres l'image négative qu'ils ont de l'enfant qui leur apparaît cruel et indigne d'être aimé. Leur tendance naturelle à se protéger les pousse à le mettre à l'écart ou à le rejeter. Plus l'enfant vit ce rejet, plus son désir de se venger s'accroît. Plus il agit négativement, plus il est rejeté. L'enfant et les parents sont alors prisonniers d'un cycle infernal dans lequel les agressions mutuelles deviennent monnaie courante.

Les parents d'un « enfant vengeur » ressentent généralement une blessure émotive profonde. En réaction à cette souffrance intérieure, ils tentent souvent d'user de représailles. En réponse aux réprimandes de ses parents, l'enfant cherche une nouvelle façon de se venger ; soit qu'il invente de nouvelles armes, soit qu'il intensifie ses conduites négatives.

Les parents doivent comprendre que toutes les conduites négatives ne sont pas réellement dirigées contre eux. Elles sont plutôt le fruit d'une faible estime de soi et du sentiment profond qu'a l'enfant d'avoir peu de valeur et de ne pas être important pour les autres.

Pour vraiment aider « l'enfant vengeur », les parents doivent abandonner l'idée d'user de représailles à son égard. Si difficile que cela puisse paraître, ils doivent demeurer calmes lorsqu'ils sont victimes d'une vengeance. Leur attention et leur énergie doivent être orientées vers l'établissement d'une relation affective basée sur la confiance réciproque, l'estime mutuelle et le respect.

### Le sentiment d'impuissance

L'enfant qui manifeste de façon continue des attitudes personnelles inadéquates et qui a des comportements négatifs à répétition est généralement très malheureux, dépressif ou complètement découragé. Il s'efforce continuellement de démontrer aux autres qu'il n'attend absolument rien d'eux. Cette situation peut être permanente ou ne surgir qu'en relation avec certains enjeux en face desquels l'enfant se sent impuissant; l'école par exemple. Il abandonne ou renonce tout simplement aux désirs de s'engager, d'apprendre et de réussir.

Les parents doivent alors comprendre que leur apprenti sorcier est d'abord et avant tout malheureux et qu'il n'a plus du tout le goût d'essayer quoi que ce soit puisque chaque tentative s'est soldée jusqu'ici par un échec retentissant. À chaque nouvelle demande des parents ou des enseignants, l'enfant répond soit par la passivité totale, soit par des attitudes ou des stratégies qui le conduisent de nouveau à l'insuccès. Ces échecs répétés le confirment de plus en plus dans une attitude intérieure d'impuissance et d'incapacité relationnelle. L'enfant abandonne du même coup l'idée de faire des efforts et de s'améliorer.

Pour vraiment guider un enfant qui a intériorisé un sentiment permanent d'impuissance, les parents doivent consciemment et volontairement éliminer toute critique, tout jugement, toute comparaison avec les autres et toute exigence indue lorsqu'ils sont en relation avec lui. Ils doivent plutôt fixer entièrement leur attention sur les forces et les possibilités de l'enfant. Les souligner, les mettre en évidence, les faire ressortir jusqu'à ce que ce dernier puisse lui-même les percevoir et les apprécier. Les parents doivent encourager chaque effort que l'enfant fait pour s'améliorer, s'engager et réussir.

Dans cette situation, il importe beaucoup que les parents découvrent le sens caché des attitudes et des comportements négatifs de l'enfant. Ils ne peuvent y arriver que par une observation continue et quotidienne. Dès que le sens caché leur apparaît, ils sont dans une bien meilleure position pour transformer leurs propres attitudes parentales et guider plus adéquatement leur apprenti sorcier. En transformant leurs propres attitudes, ils encouragent leur enfant à faire de même.

Plutôt que de «juger» l'enfant qui est la plupart du temps inconscient des motifs de ses comportements, les parents doivent s'appliquer à lui communiquer de l'affection, à lui témoigner du respect, à l'encourager dans ses efforts pour réussir et à partager avec lui du temps et des activités agréables.

## Qui sont les apprentis sorciers?

La personnalité de l'enfant est le fruit d'une croissance progressive et continue. En effet, l'enfant se développe par stades ou par âges successifs. Il rampe avant de se tenir debout et se tient debout avant de courir. Il babille avant de parler et dit «non» avant de dire «oui». Il utilise l'imaginaire et la pensée magique bien avant de devenir plus réaliste et il est égocentrique avant d'être altruiste. Il dépend des autres avant de devenir autonome et responsable de lui-même. Toutes ses capacités, ses habiletés et ses acquisitions sont soumises aux lois de l'évolution et de la croissance. Guider un enfant ne consiste donc pas à exiger de lui un comportement et une conduite selon un modèle préconçu; il s'agit plutôt de l'aider et de l'accompagner pas à pas dans sa transformation, dans son évolution et dans sa croissance personnelle.

Si l'on admet que chaque enfant est différent, que son rythme d'évolution et de développement est unique et original, il faut aussi reconnaître que chacun peut manifester des attitudes et des comportements fort différents. Selon la personnalité de chaque enfant, le parent est témoin de diverses conduites qui lui révèlent qui est son apprenti sorcier, quel type de relation il entretient avec l'entourage, quelles sont ses forces et ses limites, quel est son niveau de maturité affective et sociale et quels sont les enjeux importants dans la poursuite de son éducation.

Nous avons pu observer, au cours de nos nombreuses années de pratique professionnelle, différents types d'apprentis sorciers. Sans vouloir nécessairement en élaborer une typologie, il nous semble tout de même utile d'en montrer les principales caractéristiques (attitudes, comportements et conduites). Aucun enfant ne correspond entièrement à chacun de ces types puisque chacun est unique au monde.

---

**Exercice n° 8**
**Je situe mon enfant par rapport à l'enfant rebelle**

Cochez les affirmations qui correspondent à votre enfant.

| | M | | P | |
|---|---|---|---|---|
| | Oui | Non | Oui | Non |
| L'enfant rebelle : | | | | |
| - défie, résiste ou adopte des attitudes négatives vis-à-vis des adultes | ☐ | ☐ | ☐ | ☐ |
| - désobéit, se révolte et fait montre d'insubordination et d'insolence vis-à-vis de figures d'autorité | ☐ | ☐ | ☐ | ☐ |
| - agresse, se venge, contre-attaque, vole ou se livre au vandalisme | ☐ | ☐ | ☐ | ☐ |
| - frappe, combat et fait montre d'agressivité | ☐ | ☐ | ☐ | ☐ |
| - transgresse les règles, les normes et les différentes ententes intervenues avec les adultes | ☐ | ☐ | ☐ | ☐ |
| - se met en colère et casse des objets | ☐ | ☐ | ☐ | ☐ |
| - tyrannise quelquefois les autres | ☐ | ☐ | ☐ | ☐ |
| - s'associe facilement à des bandes, fomente des alliances négatives et s'organise contre l'adulte | ☐ | ☐ | ☐ | ☐ |
| - veut constamment gagner, rivalise et dénigre les autres | ☐ | ☐ | ☐ | ☐ |
| - projette tous les torts sur les autres, fait l'école buissonnière et fait des fugues | ☐ | ☐ | ☐ | ☐ |
| - plagie ou triche à l'école lorsque l'occasion se présente | ☐ | ☐ | ☐ | ☐ |
| - peut quelquefois abuser des drogues et de l'alcool | ☐ | ☐ | ☐ | ☐ |

**Exercice n° 9**
**Je situe mon enfant par rapport à l'enfant soumis**

Cochez les affirmations qui correspondent à votre enfant.

L'enfant soumis :

|  | M | | P | |
|---|---|---|---|---|
|  | Oui | Non | Oui | Non |
| - cherche à gagner la faveur de l'adulte et à le flatter ; adopte une attitude quelquefois servile à son égard | ☐ | ☐ | ☐ | ☐ |
| - utilise la délation, le « commérage » et blâme souvent les autres | ☐ | ☐ | ☐ | ☐ |
| - craint, par-dessus tout, le rejet et l'abandon | ☐ | ☐ | ☐ | ☐ |
| - se sent rapidement vaincu, renonce au moindre obstacle ou bâcle son travail | ☐ | ☐ | ☐ | ☐ |
| - vit dans un univers de fantaisie, se replie rapidement sur lui et rêvasse | ☐ | ☐ | ☐ | ☐ |
| - ignore souvent les autres, se tait, s'enferme dans le silence et prend ses distances | ☐ | ☐ | ☐ | ☐ |
| - pleure, s'apitoie sur son sort, gémit ou se sent impuissant et dépressif | ☐ | ☐ | ☐ | ☐ |
| - est timide, gêné, craintif, peu expressif et peu enclin à s'affirmer et à risquer | ☐ | ☐ | ☐ | ☐ |
| - recherche beaucoup l'approbation de l'entourage, souffre d'insécurité et sollicite régulièrement le réconfort extérieur | ☐ | ☐ | ☐ | ☐ |
| - manifeste quelquefois des symptômes de maladies psychosomatiques | ☐ | ☐ | ☐ | ☐ |
| - est porté à trop manger ou, au contraire, à s'imposer des diètes trop sévères | ☐ | ☐ | ☐ | ☐ |
| - se montre exagérément docile et obéissant | ☐ | ☐ | ☐ | ☐ |
| - veut à tout prix devenir le chouchou de l'un de ses parents ou de son professeur | ☐ | ☐ | ☐ | ☐ |

## Exercice n° 10
## Je situe mon enfant par rapport à l'enfant manipulateur

Cochez les affirmations qui correspondent à votre enfant.

|  | M | | P | |
|---|---|---|---|---|
|  | Oui | Non | Oui | Non |

L'enfant manipulateur :

- cherche à séduire, avec plus ou moins de finesse, les autres afin d'obtenir tout ce qu'il désire ☐ ☐ ☐ ☐
- fait constamment des promesses, mais ne les remplit que très rarement ☐ ☐ ☐ ☐
- minimise tous les effets négatifs des conflits avec les adultes ou cherche à les éviter ☐ ☐ ☐ ☐
- culpabilise les personnes de son entourage en jouant sur leurs émotions ☐ ☐ ☐ ☐
- exprime souvent ses besoins et ses désirs de façon détournée afin de ne pas perdre la face ☐ ☐ ☐ ☐
- s'excuse rapidement pour éviter de se faire reprocher son peu d'engagement ☐ ☐ ☐ ☐
- se met fréquemment à distance de son univers émotif : rationalise, explique, justifie, calcule et projette ☐ ☐ ☐ ☐
- utilise la logique comme seule base de ses relations aux autres ☐ ☐ ☐ ☐
- se rapproche des autres ou s'en éloigne selon ce qu'il espère obtenir ☐ ☐ ☐ ☐
- transforme, interprète à sa guise ou oublie, tout simplement, le sens des règles familiales et sociales ☐ ☐ ☐ ☐
- agit à partir du principe « pas vu, pas pris, pas coupable » ☐ ☐ ☐ ☐
- stimule le doute, la méfiance ou la suspicion dans son entourage ☐ ☐ ☐ ☐
- est éloquent (beau parleur) lorsqu'il s'agit de négocier une entente réciproque qui lui rapportera un gain ☐ ☐ ☐ ☐
- s'engage peu dans une réelle relation affective avec les autres ☐ ☐ ☐ ☐

## Exercice n° 11
## Je situe mon enfant par rapport à l'enfant dépendant

Cochez les affirmations qui correspondent à votre enfant.

| | M | | P | |
|---|---|---|---|---|
| | Oui | Non | Oui | Non |

L'enfant dépendant:

| | M Oui | M Non | P Oui | P Non |
|---|---|---|---|---|
| - poursuit difficilement seul jusqu'à la fin un projet ou une activité | ☐ | ☐ | ☐ | ☐ |
| - tend à se refermer sur lui-même lorsqu'il est insatisfait plutôt que de se donner l'occasion d'inventorier de nouveaux choix | ☐ | ☐ | ☐ | ☐ |
| - est loyal à l'autre jusqu'à l'extrême même lorsque cette fidélité est inappropriée | ☐ | ☐ | ☐ | ☐ |
| - vit des difficultés et se perçoit comme malhabile dans ses relations sociales et interpersonnelles | ☐ | ☐ | ☐ | ☐ |
| - recherche constamment l'appréciation des adultes et des figures d'autorité | ☐ | ☐ | ☐ | ☐ |
| - utilise quelquefois le mensonge même dans des situations où il serait facile de dire la vérité (peur de perdre l'affection des autres) | ☐ | ☐ | ☐ | ☐ |
| - est intransigeant vis-à-vis de lui-même (faible estime de soi) | ☐ | ☐ | ☐ | ☐ |
| - cherche constamment à plaire à son entourage (veut être désiré) | ☐ | ☐ | ☐ | ☐ |
| - désire, à tout prix, éviter les conflits avec son entourage (peur d'être abandonné ou rejeté) | ☐ | ☐ | ☐ | ☐ |
| - cherche davantage la proximité affective des adultes que celle des autres enfants (peu ou pas d'amis) | ☐ | ☐ | ☐ | ☐ |
| - identifie et exprime avec difficulté ses besoins et ses désirs personnels | ☐ | ☐ | ☐ | ☐ |
| - contrôle rigidement son univers émotif (peu ou pas de crises de colère ou d'agressivité) | ☐ | ☐ | ☐ | ☐ |
| - obéit et se soumet rapidement aux règles familiales et sociales ainsi qu'aux différentes demandes formulées par l'entourage | ☐ | ☐ | ☐ | ☐ |
| - s'amuse rarement et présente une image extérieure d'enfant sérieux ou, au contraire, d'enfant plus jeune que son âge | ☐ | ☐ | ☐ | ☐ |
| - s'interroge souvent et questionne régulièrement son entourage sur tout ce qui est permis ou interdit; est très préoccupé par les règles de toute nature | ☐ | ☐ | ☐ | ☐ |
| - stimule généralement la surprotection dans son entourage relationnel | ☐ | ☐ | ☐ | ☐ |

## Exercice n° 12
## Je situe mon enfant par rapport à l'enfant roi

Cochez les affirmations qui correspondent à votre enfant.

| | M | | P | |
|---|---|---|---|---|
| | Oui | Non | Oui | Non |
| L'enfant roi : | | | | |
| - manifeste un égocentrisme affectif et social généralisé | ☐ | ☐ | ☐ | ☐ |
| - fait montre d'une carence plus ou moins grave du sens du partage et des responsabilités | ☐ | ☐ | ☐ | ☐ |
| - pratique la loi du moindre effort (peu porté sur l'effort) | ☐ | ☐ | ☐ | ☐ |
| - est centré sur l'image extérieure, le paraître et la consommation de biens de toutes sortes | ☐ | ☐ | ☐ | ☐ |
| - manifeste une acuité de perception sociale très développée : capable de tester et de transgresser les limites de l'autre | ☐ | ☐ | ☐ | ☐ |
| - fait montre d'une vision peu réaliste de l'avenir ; est centré sur le besoin ou le désir immédiat | ☐ | ☐ | ☐ | ☐ |
| - fonctionne généralement sur la seule base du principe du plaisir immédiat | ☐ | ☐ | ☐ | ☐ |
| - réagit fortement à toutes les règles familiales et sociales qui sont perçues comme des entraves à sa liberté | ☐ | ☐ | ☐ | ☐ |
| - manifeste une fausse maturité psychologique, affective et sociale | ☐ | ☐ | ☐ | ☐ |
| - est incapable de partager, d'être solidaire, de s'associer ou de coopérer avec les autres | ☐ | ☐ | ☐ | ☐ |
| - argumente violemment, s'enfuit, fait ce qu'il veut et quand il le veut | ☐ | ☐ | ☐ | ☐ |
| - ressent peu de culpabilité de son irresponsabilité et de son manque de respect envers les autres | ☐ | ☐ | ☐ | ☐ |
| - est intolérant face à la frustration, à l'insatisfaction et à la privation | ☐ | ☐ | ☐ | ☐ |
| - est intolérant face aux délais et aux attentes de toute nature | ☐ | ☐ | ☐ | ☐ |
| - fait montre d'un jugement moral peu développé | ☐ | ☐ | ☐ | ☐ |
| - engendre habituellement dans son entourage soit de l'impuissance, soit de l'hostilité | ☐ | ☐ | ☐ | ☐ |

**Exercice n° 13**
**Je situe mon enfant par rapport à l'enfant impuissant**

Cochez les affirmations qui correspondent à votre enfant.

| | M Oui | M Non | P Oui | P Non |
|---|---|---|---|---|
| L'enfant impuissant : | | | | |
| - dépend totalement des autres | ☐ | ☐ | ☐ | ☐ |
| - manifeste une carence du sens des responsabilités même vitales (hygiène physique, alimentation, sommeil) | ☐ | ☐ | ☐ | ☐ |
| - fait montre de passivité ou d'agressivité selon les situations, les événements et les personnes | ☐ | ☐ | ☐ | ☐ |
| - perçoit strictement les autres comme des pourvoyeurs qui sont généralement identifiés comme inadéquats | ☐ | ☐ | ☐ | ☐ |
| - se considère comme victime d'un ou de plusieurs persécuteurs ou abuseurs qui sont méchants et injustes | ☐ | ☐ | ☐ | ☐ |
| - manifeste une « pensée magique » qui l'amène à croire que ses multiples demandes seront exaucées dans les plus brefs délais | ☐ | ☐ | ☐ | ☐ |
| - tend à s'inventer une sorte de paradis artificiel dans lequel tout lui serait fourni sans trop d'efforts personnels | ☐ | ☐ | ☐ | ☐ |
| - s'exprime et communique verbalement de façon plus ou moins cohérente | ☐ | ☐ | ☐ | ☐ |
| - manifeste une constante inadéquation entre la réalité objective et la réalité subjective | ☐ | ☐ | ☐ | ☐ |
| - manifeste peu d'enracinement par rapport au temps, à l'espace et aux actions à faire dans un temps défini et dans un espace défini (est désorganisé dans ses horaires, dans ses espaces individuels et dans ses gestes) | ☐ | ☐ | ☐ | ☐ |
| - garde difficilement en soi les moments heureux et les relations affectives chaleureuses | ☐ | ☐ | ☐ | ☐ |
| - est incapable de contrôle intérieur, d'autodiscipline et de maîtrise de soi | ☐ | ☐ | ☐ | ☐ |
| - agit de façon impulsive et stéréotypée ; la transgression des règles est presque automatique | ☐ | ☐ | ☐ | ☐ |
| - cherche, au-delà des règles, la satisfaction rapide de ses désirs (n'accorde aucune considération aux conséquences qui pourront découler de ses gestes) | ☐ | ☐ | ☐ | ☐ |
| - perçoit les événements, les conflits et les difficultés comme des fruits du hasard | ☐ | ☐ | ☐ | ☐ |

*(suite)*

|  | M | | P | |
|---|---|---|---|---|
|  | Oui | Non | Oui | Non |
| - est incapable d'effectuer un retour sur ses actions et de s'auto-évaluer de façon objective | ☐ | ☐ | ☐ | ☐ |
| - est possessif, exigeant et jaloux de ses pairs | ☐ | ☐ | ☐ | ☐ |
| - provoque rapidement le rejet chez les autres (pairs et adultes) | ☐ | ☐ | ☐ | ☐ |
| - tente d'impressionner les autres avec ses menaces, soit dans le but de satisfaire ses exigences de toute sorte, soit pour contrer ses peurs infantiles auxquelles il ne peut faire face de façon plus adaptée | ☐ | ☐ | ☐ | ☐ |
| - tend à se plaindre, à larmoyer, à gémir et à se replier sur lui ou, au contraire, à déployer une hyperactivité qui s'avère infructueuse puisqu'il ne parvient jamais à réaliser ce qu'il souhaite | ☐ | ☐ | ☐ | ☐ |
| - exprime des demandes irréalistes l'amenant souvent à vivre des refus et des frustrations douloureuses qui stimulent soit sa passivité, soit son hostilité | ☐ | ☐ | ☐ | ☐ |
| - engendre habituellement chez les autres la mise à distance émotive, la pitié, l'intolérance ou l'agressivité | ☐ | ☐ | ☐ | ☐ |

## Exercice n° 14
## Je situe mon enfant par rapport à l'enfant créateur

Cochez les affirmations qui correspondent à votre enfant.

|  | M | | P | |
|---|---|---|---|---|
|  | Oui | Non | Oui | Non |
| L'enfant créateur : | | | | |
| - cherche la relation d'égalité avec l'adulte et les figures d'autorité | ☐ | ☐ | ☐ | ☐ |
| - est tolérant et capable d'accepter les différences individuelles (physiques, sexuelles, sociales) | ☐ | ☐ | ☐ | ☐ |
| - est capable d'entendre un point de vue différent du sien et de négocier vraiment les conflits présents dans la vie quotidienne | ☐ | ☐ | ☐ | ☐ |
| - est pacifique envers les autres enfants et respectueux du bien d'autrui | ☐ | ☐ | ☐ | ☐ |
| - manifeste une grande estime de soi et respecte les autres | ☐ | ☐ | ☐ | ☐ |

*(suite)*

| | M | | P | |
|---|---|---|---|---|
| | Oui | Non | Oui | Non |
| - est positif par rapport à l'avenir; élabore des projets réalistes dans lesquels il investit de l'énergie personnelle | ☐ | ☐ | ☐ | ☐ |
| - établit des relations amicales avec ses camarades | ☐ | ☐ | ☐ | ☐ |
| - identifie et exprime clairement ses besoins personnels | ☐ | ☐ | ☐ | ☐ |
| - est sociable et ouvert au partage, à la solidarité, à l'appartenance et à la coopération | ☐ | ☐ | ☐ | ☐ |
| - communique librement autant avec les adultes qu'avec ses pairs | ☐ | ☐ | ☐ | ☐ |
| - respecte les règles négociées, les ententes mutuelles et les engagements communs | ☐ | ☐ | ☐ | ☐ |
| - est capable d'autodiscipline, de maîtrise de soi et d'un jugement adéquat | ☐ | ☐ | ☐ | ☐ |
| - est heureux dans ses relations amicales | ☐ | ☐ | ☐ | ☐ |
| - est capable de faire confiance aux autres, de s'affirmer et de prendre des initiatives relationnelles | ☐ | ☐ | ☐ | ☐ |
| - est capable d'entraide, d'actes de bénévolat et de travail communautaire | ☐ | ☐ | ☐ | ☐ |
| - est capable d'actualiser ses projets tout en étant conscient de l'environnement humain et physique dans lequel il évolue | ☐ | ☐ | ☐ | ☐ |
| - est capable d'agir et d'être responsable de ses actes et de leurs conséquences | ☐ | ☐ | ☐ | ☐ |
| - stimule la confiance, l'ouverture et l'estime chez les pairs et les adultes | ☐ | ☐ | ☐ | ☐ |

**Exercice n° 15**
**Qui est mon apprenti sorcier?**

Dans un premier temps, faites l'exercice individuellement, puis échangez avec votre partenaire.

Dressez le portrait de votre apprenti sorcier.

En regardant attentivement les affirmations que vous avez cochées dans les tableaux descriptifs des pages précédentes (les exercices 8 à 14), vous remarquez que votre apprenti sorcier:
- possède des caractéristiques qui relèvent de plusieurs types;
- appartient surtout à un type.

Vous en concluez que votre apprenti sorcier est surtout un enfant du type

**Exercice n° 16**
**Vos attitudes personnelles et celles de votre enfant**

Dans un premier temps, faites l'exercice individuellement, puis échangez avec votre partenaire.

- Reportez-vous à l'exercice n° 13 du chapitre II (page 82) et notez à quel type de parent vous ressemblez le plus.

M _____

P _____

- Revenez maintenant à l'exercice précédent (n° 15) et notez à quel type d'enfant appartient surtout votre apprenti sorcier.

_____

- En comparant votre type parental au style personnel de votre enfant, faites des liens entre ces deux façons d'être.

M _____

_____

P _____

_____

Toute l'éducation a pour but d'amener l'enfant à devenir un être créateur. Le parent doit bien se rappeler que cela ne se fait pas du jour au lendemain! De la même façon, devenir un parent guide relève davantage d'un processus continu que d'une fin en soi!

L'enfant créateur, c'est-à-dire celui qui est capable de coopérer et qui est sensible aux différences, aux besoins, aux points de vue, aux émotions et aux difficultés des autres, est généralement entouré de parents qui témoignent de ces mêmes qualités à son égard.

Au contraire, un enfant dont les parents jugent sévèrement ou négativement ses comportements sera peu enclin
à les transformer. Il s'enfermera plutôt dans la dépendance, l'opposition, la soumission, la manipulation ou
dans le marchandage relationnel.

Les parents, en comprenant que leurs propres attitudes et comportements jouent un rôle déterminant dans le
développement de l'enfant, sont plus en mesure de témoigner par l'exemple et de prévenir les attitudes et les
conduites déviantes.

Soulignons, enfin, que nombre de recherches démontrent que la capacité de satisfaire ses besoins personnels et
de résoudre ses problèmes facilite l'acquisition d'attitudes
d'ouverture à soi et aux autres, de confiance, d'autodiscipline, d'autonomie, d'affirmation, d'initiative et de responsabilité. Ces attitudes peuvent être plus facilement
intériorisées par l'enfant si ses parents l'ont aidé à trouver
des réponses à ses besoins et à résoudre ses problèmes.

## L'élaboration d'un projet familial

À l'aube du 21$^e$ siècle, les parents restent les grands responsables des attitudes et des comportements qu'adoptent les enfants à l'égard de l'environnement physique et
humain dans lequel ils évoluent et se développent.
Viennent ensuite la fratrie (frères et sœurs) et le groupe
de pairs. Puis, c'est la famille élargie (les grands-parents,
les oncles, les tantes, les cousins et cousines) et les enseignants. Enfin, les héros et héroïnes de la littérature, du
cinéma et de la télévision jouent également un rôle certain dans l'acquisition des attitudes et des conduites quotidiennes de l'enfant.

Ce processus naturel d'identification n'empêche pas pour autant que l'enfant puisse développer, dès sa plus tendre enfance, le sens de l'autonomie et de la responsabilité. Pour ce faire, il est essentiel que les parents, portés par une vision commune, imaginent très tôt un projet familial concret et réaliste. Ce projet doit proposer un type de relation basé sur la recherche constante de la mutualité ; de la même façon, il doit être un cadre cohérent d'organisation et d'animation de la vie familale qui favorise l'harmonie. Tous les efforts fournis par les parents dans ce sens ne peuvent que stimuler le développement du sens de l'autonomie et de la responsabilité.

### Une relation fondée sur la mutualité

Être autonome et responsable, c'est, avant toute chose, être garant de ses propres choix, de ses propres décisions et de ses propres actions. Cela suppose que l'apprenti sorcier a la possibilité de prendre des décisions et qu'il a été guidé en cela par l'intervention parentale et non soumis à une autorité toute-puissante.

En réponse à l'attitude d'ouverture du parent guide, l'apprenti sorcier accepte d'ajuster ses besoins et les moyens concrets d'y répondre de façon satisfaisante à un cadre réaliste et connu qui est celui que définit le projet familial.

On retrouve ici les deux éléments qui constituent les fondements de la relation d'amour et d'influence mutuelle que parents et enfants peuvent construire. D'abord, la possibilité pour l'apprenti sorcier de ressentir, de communiquer, de décider, de choisir et d'agir (autonomie et responsabilité) ; ensuite, la possibilité pour le parent de guider l'apprenti sorcier dans le processus d'identification tant de ses besoins et désirs que des

moyens concrets qui sont susceptibles de l'aider à les satisfaire à travers les « possibles » et les « limites » de la réalité
familiale et sociale.

De cette relation émergent des *ententes mutuelles* par
rapport aux situations de la vie quotidienne : les heures de
sortie et d'entrée, la fréquentation des amis, les travaux
scolaires, les allocations monétaires, les activités de toutes
sortes (pour le plaisir et le travail), les tâches familiales et
communautaires, les responsabilités, les routines, les
règles, les attitudes et les valeurs.

Lorsqu'une entente intervient, chaque partie (parent
et enfant) se perçoit comme responsable de son application. Si les échanges se sont déroulés sur une base égalitaire et sous le signe de la bonne foi, aucune des deux
parties ne se sent dominée, ignorée ou manipulée par
l'autre. Au contraire, chacune s'est donné une occasion
privilégiée de partage, de rapprochement, de compréhension et d'ouverture. Une nouvelle forme de relation qui va
au-delà des rôles traditionnels du parent et de l'enfant
s'élabore progressivement.

---

### Exercice n° 17
### Élaborer une entente mutuelle durable

Dans un premier temps, faites l'exercice individuellement, puis échangez avec
votre partenaire.

Imaginez que vous vous apercevez que votre enfant de 8 ans vous pique des
sous de temps à autre. Vous cherchez à comprendre la raison de cette
conduite en utilisant les propositions des exercices n° 6 et n° 7 du présent
chapitre qui se trouvent à la page 162 et à la page 165. Vous savez qu'il n'est
pas un voleur mais qu'il éprouve le besoin d'avoir de l'argent de poche pour
se sentir autonome et responsable. Vous désirez donc lui donner une allocation. Comment vous y prendre ?

*L'apprenti sorcier peut comprendre*
-   Vous lui expliquez que vous désirez lui donner de l'argent de poche.

- Vous lui expliquez que vous désirez aussi qu'il devienne un partenaire dans la maison et qu'il participe aux tâches domestiques.
- Vous exprimez votre désir qu'il cultive la générosité et, en conséquence, qu'il fasse des gestes gratuits. Vous lui donnez des exemples concrets de ce que vous voulez dire.

*L'apprenti sorcier ne se sent pas menacé*
- Vous ne voulez rien lui imposer.
- Vous désirez le consulter à la fois sur les tâches à faire et sur le montant d'argent que vous allez lui donner.

*L'apprenti sorcier apprend par l'expérience*
- Vous l'assurez que vous désirez une entente durable.
- Vous comprenez qu'il sera plus en mesure de décider lorsqu'il aura « essayé » certaines tâches.
- Par quoi désire-t-il commencer ?

*L'apprenti sorcier devient plus autonome et responsable*
- Il exprime ses désirs et fait ses choix. « Je vais laver la salle de bains, mettre mon linge au lavage et nettoyer l'entrée à chaque semaine. Pour cela, j'aimerais avoir 5 $ par semaine parce que tous mes amis ont à peu près ce montant. »

*L'apprenti sorcier développe sa confiance en lui*
- Il se rend compte qu'il est capable de réaliser son objectif, d'accomplir ses tâches, de gérer son argent et de continuer à être généreux de sa personne de temps à autre.

*L'apprenti sorcier apprend à apprendre*
- Au bout d'un certain temps, il trouve fastidieux de « faire son ménage ». En même temps, il découvre que 5 $ c'est bien peu ! Il délaisse ses tâches et se fâche lorsqu'on lui refuse son allocation. C'est le temps de reconsidérer l'entente, de la modifier au besoin et de l'améliorer. Il est en train d'apprendre.

La relation entre le parent guide et l'apprenti sorcier est jalonnée d'ententes mutuelles qui donnent une forme concrète au principe d'autonomie et de responsabilité. Elles permettent à l'apprenti sorcier de développer ses compétences, d'effectuer des choix éclairés, de prendre des décisions nuancées et d'anticiper les conséquences naturelles (positives et négatives) de ses choix et de ses actions quotidiennes.

Le parent lui-même bénéficie beaucoup de ces ententes mutuelles. En effet, elles viennent limiter son « désir », soit celui de s'ingérer de façon abusive dans la vie de l'apprenti sorcier ou, à l'inverse, celui de ne jamais intervenir. Grâce à ces ententes, l'enfant, pour sa part, est en mesure de ressentir profondément la possibilité qu'il a de prendre progressivement en main sa destinée. Lorsque les attentes (les «je veux») du parent et de l'apprenti sorcier sont explicitées et lorsqu'elles sont partagées et situées dans un cadre réaliste et cohérent pour les deux, la possibilité d'établir une relation fondée sur la mutualité est à toutes fins utiles assurée.

---

### Matière à réflexion

Le principe d'autonomie et de responsabilité qui sous-tend l'établissement d'une relation parent-enfant fondée sur la recherche de la mutualité repose sur les postulats suivants :

- L'apprenti sorcier possède la capacité naturelle de saisir et de comprendre. Il est avide de se développer et d'apprendre tout en vivant une certaine ambivalence face aux efforts qu'il doit consentir pour y parvenir. Ce potentiel de créativité est libéré si certaines conditions favorables sont présentes dans le projet familial et actualisées par le parent guide.

- Lorsque l'apprenti sorcier ne se sent pas menacé dans son intégrité personnelle (physique et psychologique), ses relations avec ses parents et avec d'autres figures d'autorité deviennent plus nuancées et une plus grande ouverture aux autres peut alors émerger. Il devient capable d'établir une véritable relation d'égalité.

- L'enfant apprend beaucoup dans l'action (par essais et erreurs). Il peut, à l'aide de ses nouvelles capacités de réflexion, résoudre les problèmes avec lesquels il est aux prises chaque jour.

- L'apprenti sorcier devient plus autonome et plus responsable lorsqu'il a participé aux décisions et qu'il doit assumer les conséquences de ses actions.

- L'enfant développe plus de confiance en lui, d'autonomie, d'estime personnelle et de créativité lorsque son auto-évaluation est plus importante que l'évaluation et le jugement d'autrui.

- L'apprenti sorcier doit « apprendre à apprendre » à rester toujours attentif et ouvert à sa propre expérience. Apprendre également à assimiler le processus même du changement qui devient la chose la plus importante dans sa vie et à s'adapter aux transformations permanentes.

L'enfant est capable de mener sa vie de façon constructive et il a la compétence pour le faire. Par la relation affective qui se vit au jour le jour, le parent aide son enfant à identifier ses forces et ses difficultés de même que les moyens personnels qu'il a pour les solutionner ; il lui permet de prendre conscience des enjeux de chaque situation. L'acquisition de cette capacité de prise de conscience est capitale pour l'apprenti sorcier qui, dans tout ce processus, est perçu et se perçoit comme une personne apte à conduire sa propre existence.

La relation entre parent guide et apprenti sorcier devient une forme permanente de soutien et d'entraide dans laquelle se font des changements mutuels et s'expriment des perceptions réciproques.

Pour que s'établisse cette relation qui favorise la communication, le partage et l'engagement mutuel, le parent guide doit, du moins dans un premier temps, tenter de comprendre le point de vue de son apprenti sorcier et de clarifier avec lui l'ensemble de ses aspirations. Il adopte, dans la mesure où il en est capable, les points de vue et les repères intérieurs de son enfant afin d'en arriver à voir l'univers comme lui le voit. Cela signifie qu'il met temporairement de côté son propre point de vue et sa propre perception des choses afin d'écouter attentivement ce que son enfant tente d'exprimer.

S'étant détaché volontairement de sa propre vision intérieure, de ses propres besoins, de ses propres perceptions et de ses propres normes, il reflète sa compréhension des besoins et du point de vue de son enfant. Il lui fait partager aussi la confiance inébranlable qu'il a dans sa capacité de résoudre ses tensions, ses conflits, ses problèmes et de trouver des réponses satisfaisantes à ses besoins personnels.

---

**Exercice n° 18**
**Écouter attentivement le point de vue de l'enfant**

Dans un premier temps, faites l'exercice individuellement, puis échangez avec votre partenaire.

*Pratiquer l'empathie, c'est-à-dire la capacité à se mettre à la place de l'autre.*

- Déterminez deux ou trois moments dans la journée pendant lesquels il vous serait possible d'être seul(e) et tranquille avec votre enfant.

    1- _____

    2- _____

    3- _____

- Pensez à l'avance à l'occasion la plus propice à la communication (ex.: s'asseoir à côté de lui pendant qu'il dessine, partager l'heure du repas, faire la vaisselle ensemble, faire une marche, etc.).

    _____

- Pensez à l'avance aux sujets que vous aimeriez aborder avec lui pour le connaître davantage (ex.: sa perception de l'école, sa vie de groupe, ses goûts, souhaits et désirs, les activités qu'il aimerait faire avec vous, etc.).

    _____

*Pratiquer l'écoute attentive*

- D'abord, utilisez le « Je » plutôt que le « Tu » (ex.: « J'aime beaucoup me promener avec toi », « Je trouve qu'on ne passe pas suffisamment de temps ensemble et ça me manque » plutôt que « Tu es toujours occupé », « Tu ne m'écoutes jamais »).

- Ensuite, écoutez attentivement ce que votre enfant a à vous dire sans avoir trop d'attentes car les enfants ne sont pas tous très verbaux. Encouragez-le à parler en reprenant ce qu'il vient de dire (ex.: Comme ça, tu aimerais avoir plus d'amis, Tu n'aimes vraiment pas l'école !, Oui, ça te fâche quand ton frère fait _____ ?). Ne portez pas de jugement sur ce qui est dit, ne faites pas la morale, ne cherchez pas à ce moment-ci de solution aux problèmes. Contentez-vous d'écouter attentivement !

- Essayez de vous mettre à sa place (ex.: Quel sentiment éprouve-t-il en ce moment ? Quelle est son humeur ?, etc.). Remarquez ses gestes et demandez-vous ce qu'ils peuvent exprimer.

- Finissez cette rencontre en douceur (ex.: Merci de ta présence, j'ai beaucoup aimé être avec toi (ou parler avec toi). Il faudrait qu'on fasse cela plus souvent, c'est vraiment agréable d'être seul avec toi. Cela semble difficile pour toi de me parler mais ce n'est pas grave, ce sera plus facile la prochaine fois !).

Peu à peu, l'apprenti sorcier percevra avec plus de discernement et de justesse ses propres attitudes, comportements, besoins, confusions et ambivalences; il pourra donc progresser plus facilement vers la prise de conscience et accepter plus librement que tous ces éléments font réellement partie de lui. Moins submergé par un ensemble de menaces, de promesses ou de pressions affectives provenant de ses parents, il peut finalement se percevoir comme un être humain capable d'orienter sa vie. Cette vision intérieure lui permettra de vivre sous un mode unitaire ou, en d'autres mots, de ressentir l'harmonie en lui et avec les autres.

Les préalables à l'établissement d'une telle relation de mutualité entre le parent guide et son enfant sont la confiance envers l'enfant, la reconnaissance réelle de sa capacité de choisir, de décider et de mener à bien sa vie à partir de ses motivations personnelles et l'instauration d'un climat de communication, de partage et d'engagement mutuel.

---

**Exercice n° 19**
**Témoigner de l'estime à mon enfant**

Dans un premier temps, faites l'exercice individuellement, puis échangez avec votre partenaire.

Prenez le temps de vous asseoir avec votre enfant et rappelez-vous une situation que vous avez vécue ensemble dernièrement: une fête, un conflit, une convocation à l'école ou une sortie en famille. Vous allez maintenant tenter de lui exprimer certaines choses.

- Que vous avez confiance en lui:
  « Je sais que tu as de bonnes idées ! »
  « Je suis fier(ère) de toi quand tu prends une décision ! »
  « J'aime ta façon de .......... ! »
  Etc.

- Que vous reconnaissez sa différence:
  « Il n'y a que toi pour avoir de si bonnes idées ! »
  « Tu es vraiment spécial(e) ! »
  « Je n'aurais pas pensé à ce moyen pour _____ ! »
  Etc.

- Que vous reconnaissez sa compétence:
  « Je savais que tu t'en sortirais ! »
  « Je sais que cela a été difficile, mais je sais aussi que tu peux trouver une façon de t'améliorer. Je peux t'aider si tu veux ! »
  « Bravo, tu sais t'y prendre ! »
  Etc.

- Que vous avez le désir de créer un climat d'ouverture:
  « Qu'est-ce que tu en penses ? »
  « J'aimerais que tu m'aides la prochaine fois ! »
  « La famille ne serait pas la même sans toi ! »
  Etc.

Les enfants peuvent avoir de la difficulté à rester en place pendant ce moment d'intimité. En effet, ils ne sont pas habitués à être traités de la sorte. Ne vous découragez pas, cela sera plus facile la prochaine fois !

---

**Matière à réflexion**

Pour créer un climat d'ouverture, l'adulte doit adopter les attitudes suivantes.

- Encourager l'ouverture à soi et aux autres plutôt que des attitudes défensives de méfiance, de doute, de jugement et de culpabilisation.
- Exprimer l'importance de vivre un sentiment d'appartenance familiale.
- Affirmer et témoigner que les différences individuelles sont bonnes, tolérables et appréciables.
- Encourager l'apprenti sorcier à faire confiance et à estimer sa propre vision intérieure.
- Mettre l'accent sur l'importance de *créer* sa vie plutôt que de la *réfléchir* ou de l'*agir*.
- Créer une atmosphère de bien-être familial et d'optimisme quant à l'avenir.
- Exprimer à l'enfant qu'il est unique et qu'il a quelque chose d'important à apporter à sa famille, à son école et à sa collectivité.
- Communiquer à l'apprenti sorcier qu'il peut être davantage que ce qu'il est actuellement et que cela ne tient qu'à lui.
- Clarifier les valeurs, les attitudes et les comportements de l'apprenti sorcier en les lui reflétant affectueusement.
- Vivre, comme parents, nos propres émotions telles qu'elles se présentent et les partager avec l'apprenti sorcier dans des moments appropriés.
- Comprendre et accepter son apprenti sorcier sans faire une critique négative de sa vision intérieure ni le juger.
- Créer un climat d'ouverture réciproque, d'engagement mutuel et d'intimité relationnelle.

---

## *Un cadre favorisant l'harmonie*

Les enfants ont d'abord besoin d'une relation aimante et chaleureuse avec leurs parents. De la naissance à 6 ans, c'est la relation d'attachement qui se construit entre les adultes et le tout-petit. Cette première relation est teintée de dépendance car l'enfant reçoit et les parents donnent.

De 6 à 12 ans, un nouveau type de relation doit apparaître. Il s'agit d'une relation davantage centrée sur la communication et sur l'apprentissage des règles morales, familiales et sociales. Les parents acceptent alors que l'enfant exprime ses points de vue et ils vont tenter, par la suite, de les nuancer avec lui en se basant sur une compréhension plus élaborée des réalités environnantes. La relation d'attachement perdure, mais elle doit maintenant s'exercer à l'intérieur d'un cadre de vie cohérent où prédomine la recherche de l'autonomie et du sens des responsabilités.

---

**Exercice n° 20**
**Favoriser l'autonomie et le sens des responsabilités**

Il peut être difficile de voir grandir ses enfants. Nous cherchons parfois à les garder «petits» trop longtemps alors que nous désirons, à d'autres moments, qu'ils deviennent de petits adultes avant le temps.

Dans un premier temps, faites l'exercice individuellement, puis échangez avec votre partenaire.

| | Rarement (1 pt) | | Assez souvent (5 pts) | | La plupart du temps (10 pts) | |
|---|---|---|---|---|---|---|
| | M | P | M | P | M | P |
| - J'aime que mon enfant choisisse ses vêtements | ☐ | ☐ | ☐ | ☐ | ☐ | ☐ |
| - Je pense que mon enfant est capable de faire seul ses devoirs et leçons | ☐ | ☐ | ☐ | ☐ | ☐ | ☐ |
| - J'éprouve de la fierté quand mon enfant prend des initiatives | ☐ | ☐ | ☐ | ☐ | ☐ | ☐ |
| - Chacun a ses responsabilités dans la maison | ☐ | ☐ | ☐ | ☐ | ☐ | ☐ |
| - Mon enfant est capable de régler seul ses conflits | ☐ | ☐ | ☐ | ☐ | ☐ | ☐ |
| - Je suis un parent guide | ☐ | ☐ | ☐ | ☐ | ☐ | ☐ |
| - Je lance souvent des défis à mon enfant | ☐ | ☐ | ☐ | ☐ | ☐ | ☐ |
| - En mon absence, mon enfant se débrouille bien | ☐ | ☐ | ☐ | ☐ | ☐ | ☐ |
| - Mon enfant peut rester seul à l'occasion | ☐ | ☐ | ☐ | ☐ | ☐ | ☐ |

- Mon enfant est inventif et a souvent de bonnes idées ☐ ☐    ☐ ☐    ☐ ☐
- J'incite mon enfant à trouver lui-même des moyens pour se dépanner ☐ ☐    ☐ ☐    ☐ ☐
- J'aime quand il pose des questions ☐ ☐    ☐ ☐    ☐ ☐
- Il essaie souvent de trouver une solution avant de me demander de l'aide ☐ ☐    ☐ ☐    ☐ ☐
- Mon enfant a confiance en lui ☐ ☐    ☐ ☐    ☐ ☐
- Il est très sociable ☐ ☐    ☐ ☐    ☐ ☐

Total des points

De 90 à 150 points :    Vous favorisez l'autonomie de votre enfant et vous éprouvez de la fierté à le voir grandir. N'oubliez pas qu'il a toujours besoin de votre amour, de votre attention et de votre aide.

De 60 à 90 points :    Vous aimeriez bien que votre petit ne grandisse pas trop vite, mais vous cherchez quand même à encourager ses initiatives lorsque vous maîtrisez votre anxiété.

Moins de 60 points :    Il vous est difficile de voir grandir votre enfant. Sa dépendance vous rassure et vous comble ! Faites attention ! Votre enfant doit être guidé vers l'autonomie pour devenir un adulte responsable.

## Exercice n° 21
## Mes attitudes face à l'autonomie de mon enfant

Dans un premier temps, faites l'exercice individuellement, puis échangez avec votre partenaire.

| | Rarement (1 pt) | | Assez souvent (5 pts) | | La plupart du temps (10 pts) | |
|---|---|---|---|---|---|---|
| | M | P | M | P | M | P |
| - J'ai tendance à trop protéger mon enfant | ☐ | ☐ | ☐ | ☐ | ☐ | ☐ |
| - J'aime que mon enfant se confie à moi | ☐ | ☐ | ☐ | ☐ | ☐ | ☐ |
| - Je suis toujours présent(e) à ses activités parascolaires | ☐ | ☐ | ☐ | ☐ | ☐ | ☐ |
| - Je m'inquiète lorsqu'il est loin de moi | ☐ | ☐ | ☐ | ☐ | ☐ | ☐ |
| - Je suis très sévère | ☐ | ☐ | ☐ | ☐ | ☐ | ☐ |
| - Mon enfant a peur lorsqu'il est seul | ☐ | ☐ | ☐ | ☐ | ☐ | ☐ |
| - Il a de la difficulté à faire des choix | ☐ | ☐ | ☐ | ☐ | ☐ | ☐ |

*(suite)*

| | Rarement (1 pt) M P | Assez souvent (5 pts) M P | La plupart du temps (10 pts) M P |
|---|---|---|---|
| - La période des devoirs et des leçons est une bataille | ☐ ☐ | ☐ ☐ | ☐ ☐ |
| - J'aime quand mon enfant me demande de l'aide | ☐ ☐ | ☐ ☐ | ☐ ☐ |
| - Mon enfant n'aime pas s'éloigner de moi | ☐ ☐ | ☐ ☐ | ☐ ☐ |
| - Je dois constamment lui pousser dans le dos | ☐ ☐ | ☐ ☐ | ☐ ☐ |
| - Je dois toujours passer derrière lui | ☐ ☐ | ☐ ☐ | ☐ ☐ |
| - J'exprime souvent mes inquiétudes à mon enfant | ☐ ☐ | ☐ ☐ | ☐ ☐ |
| - Il couche souvent dans mon lit | ☐ ☐ | ☐ ☐ | ☐ ☐ |
| - J'ai peur pour l'avenir | ☐ ☐ | ☐ ☐ | ☐ ☐ |

Total des points

| | |
|---|---|
| Moins de 50 points : | Vous n'êtes pas une mère-poule (ou un père-poule) ! Rappelez-vous que les enfants de cet âge ont encore besoin de limites claires et d'attentions particulières. Grandir, oui ! Mais à un rythme naturel ! |
| De 50 à 90 points : | Vous êtes préoccupé(e) parfois par les risques que prend votre enfant mais, tout de même, vous l'encouragez à « grandir ». |
| Plus de 90 points : | Vous êtes un parent anxieux. Vous préférez garder votre petit dans votre giron. Cherchez à comprendre ce qui, dans votre passé, vous porte à « paniquer ». Il est difficile de grandir si nos parents sont incapables de nous y aider. |

Vous êtes en harmonie avec vous-même si les résultats des questionnaires des exercices n° 20 et n° 21 vont dans le même sens. Sinon, votre tête et votre cœur ne disent peut-être pas la même chose ; cela pourrait signifier que vous souhaitez un changement et ce serait bon signe !

Si la relation d'attachement et la relation plus égalitaire qui a suivi ont été bien vécues entre la naissance et 12 ans, l'adolescence sera l'occasion de commencer à établir une nouvelle relation d'intimité et de complicité. En acceptant de négocier la vie en commun avec l'adolescent, les parents lui permettront d'expérimenter et de découvrir son identité propre. Plus l'adolescent saura qui il est, plus il sera en mesure de nommer lui-même ses besoins et ses aspirations et plus il aura la possibilité de choisir librement ses actions et ses gestes pour les satisfaire.

En étant engagé dans une relation d'intimité avec ses parents, l'adolescent sera de plus en plus capable de partager ses expériences personnelles avec eux. S'étant distancié physiquement et émotivement de ses modèles originaux, il se sentira plus libre d'effectuer des choix professionnels et relationnels qui seront personnalisés, satisfaisants et harmonieux.

Pour que l'apprenti sorcier puisse vivre de façon pacifique le passage de la relation d'attachement, commencée dès la naissance, à la relation d'intimité, qui ne s'actualise vraiment qu'à la fin de l'adolescence, les parents doivent établir un cadre cohérent d'organisation et d'animation de la vie familiale qui favorise l'harmonie quotidienne.

Ce cadre doit préciser de manière concrète et stable les façons de «vivre ensemble», de «faire ensemble» et d'«être ensemble». Ce projet commun de vie doit d'abord être élaboré, organisé et animé par les parents. Puis, au fur et à mesure que les enfants grandissent, se développent et évoluent, ils doivent avoir la possibilité réelle de coopérer à la définition de ce projet de vie.

*Le cadre commun de vie est constitué de valeurs, d'attitudes, de responsabilités, d'activités, de règles de vie, de routines quotidiennes et de rencontres familiales.*

Nous vous proposons maintenant une série d'exercices afin de vous aider à élaborer ce cadre commun de vie. Vous allez constater que ces exercices sont plus difficiles à faire qu'il n'y paraît de prime abord. Nous vous conseillons donc de prendre votre temps et de réfléchir à ce que vous voulez comme cadre de vie et non pas à ce qui serait acceptable ou souhaitable pour les autres. Discutez-en avec des gens en qui vous avez confiance et n'hésitez pas à recommencer et à rectifier le tir en cours de route.

---

**Exercice n° 22**
**Élaborer un cadre de vie harmonieux**

Faites cet exercice ensemble et discutez-en.

- Faites la liste de cinq **valeurs** fondamentales que vous désirez transmettre à vos enfants.

    1- _____

    2- _____

    3- _____

    4- _____

    5- _____

- Faites la liste de cinq **attitudes** de base qui vous permettraient de transmettre vos valeurs à vos enfants.

    1- _____

    2- _____

    3- _____

    4- _____

    5- _____

- En tenant compte des valeurs à transmettre, faites la liste de cinq **responsabilités** que vous avez à l'égard de vos enfants.

    1- _____

    2- _____

    3- _____

4- _____

5- _____

- Faites la liste de cinq **responsabilités** que vos enfants doivent assumer.

1- _____

2- _____

3- _____

4- _____

5- _____

- Faites la liste de cinq **activités** familiales centrées sur le plaisir de jouer ensemble.

1- _____

2- _____

3- _____

4- _____

5- _____

- Faites la liste de cinq **activités** familiales centrées sur le plaisir d'apprendre ensemble.

1- _____

2- _____

3- _____

4- _____

5- _____

Il est bon de s'arrêter parfois et de réfléchir à nos valeurs, à nos attitudes et à nos actions. Il n'est pas toujours facile d'être cohérent comme parent et, quand rien ne va plus, il faut prendre le temps de revenir à nos valeurs premières.

## *Les valeurs*

Les valeurs sont un ensemble de choix existentiels ou de visions individuelles et collectives qui apportent un sens à la vie personnelle et communautaire. Elles président à l'établissement de toutes les relations interpersonnelles et à l'organisation et à l'animation de la vie quotidienne. Le parent guide propose avant tout de vivre en harmonie. Il appuie sa proposition en pratiquant et en stimulant chez ses enfants la *tolérance des différences*, la *compréhension réciproque*, le *respect mutuel* et la *solidarité*.

---

**Exercice n° 23**
**Choisir des valeurs à transmettre**

Faites cet exercice ensemble et discutez-en.

- Choisissez, parmi vos valeurs, celle qui a le plus d'importance.

---

- Trouvez deux façons de la transmettre à vos enfants.

---

---

## *Les attitudes*

Les attitudes sont les véhicules des valeurs. Elles traduisent, sous forme d'interventions et d'actions précises, les visions intérieures des individus et des collectivités. Elles proposent des façons tangibles de vivre ensemble, de s'associer et de coopérer. Elles se manifestent aussi par des moyens concrets qui visent à créer des relations de qualité entre les humains afin d'accéder à la mutualité.

Les attitudes sont également des outils d'identification très puissants pour les enfants comme pour les adolescents. Ces derniers, en particulier, ne s'identifient pas à ce que disent les adultes mais à ce qu'ils témoignent par l'exemple. En ce sens, les attitudes quotidiennes des parents sont des «objets» permanents d'imitation et d'apprentissage pour les jeunes. Elles doivent donc favoriser l'intériorisation des capacités de communiquer, de s'exprimer, d'écouter attentivement, de recevoir, de donner, de partager et de coopérer.

---

**Exercice n° 24**
**Adopter des attitudes favorisant la communication**

Faites cet exercice ensemble et discutez-en.

- Choisissez une attitude que vous voulez améliorer (ex.: s'exprimer ouvertement, écouter attentivement, etc.).

- Trouvez deux façons de le faire.

---

## Les responsabilités

Par «responsabilités», on entend un ensemble de situations de vie d'ordre personnel, familial, scolaire ou social, dans lesquelles l'enfant expérimente sa capacité de prendre des décisions sans nécessairement en référer préalablement à une figure d'autorité. En ayant souvent l'occasion de le faire, l'enfant développe son sens de l'initiative, sa capacité de choisir, de décider et de passer à l'action. Il apprend peu à peu, devant diverses situations quotidiennes, à réfléchir avant d'agir, puis à peser ou à évaluer les conséquences de ses actions et à accepter, enfin, d'en être responsable vis-à-vis des autres.

Les parents qui proposent à leurs enfants des responsabilités, en accord avec leurs capacités et leurs niveaux de développement individuel, les aident à devenir progressivement des adultes autonomes et responsables. Ils les guident vers une plus grande prise de conscience de ce qu'ils sont, de leurs valeurs, de leurs attitudes, des rôles qu'ils jouent et des gestes qu'ils posent.

Responsabiliser un enfant signifie le rendre plus conscient de l'interdépendance qui doit exister dans la famille, à l'école ou dans la société. Le passage de l'égocentrisme à l'interdépendance ne peut s'effectuer que si l'enfant a réellement l'occasion de prendre des initiatives, de décider et de choisir. Le parent, pour sa part, doit accepter que l'on ne naît pas responsable et qu'on ne le devient que peu à peu à la suite de multiples expériences quotidiennes où succès et erreurs se côtoient. Il doit aider l'enfant à devenir responsable à l'égard de lui-même, de sa fratrie, de ses parents, de sa collectivité familiale, de sa collectivité scolaire, de sa collectivité sociale et de son environnement au sens large (animaux, plantes, arbres, objets, etc.).

---

**Exercice n° 25**
**Proposer à mon enfant des responsabilités à sa mesure**

Faites cet exercice ensemble et discutez-en.

- Choisissez une responsabilité que vous aimeriez que votre enfant assume.

- Trouvez deux façons de l'encourager à le faire.

_____

_____

## Les activités

Les activités sont des « mises en situation » ou des « prétextes planifiés » dont le but avoué est de faire ensemble et d'être ensemble. Les activités familiales permettent à l'enfant et aux parents d'agir, de manifester leur énergie créatrice et de développer diverses compétences personnelles et collectives.

L'activité permet de passer de la parole à l'acte, du potentiel à l'habileté ou, en d'autres mots, de la virtualité à la réalité. Elle permet également d'établir peu à peu le sentiment d'appartenance, d'interdépendance et de solidarité dans la famille. L'objectif de l'activité doit toujours être précis, connu et accepté par chacun des participants. Si ce n'est pas le cas, il y a risque qu'éclatent des conflits et que ce qui devait être un moment heureux et harmonieux tourne en queue de poisson.

Pour les parents et les enfants, les activités sont des occasions en or de partager des buts et des goûts communs, de s'entraider, d'agir ensemble et de se découvrir mutuellement. Elles doivent toujours susciter de l'intérêt et procurer du plaisir. Si tel n'est pas le cas, l'activité prend rapidement l'allure d'une obligation ou d'une tâche qui entraîne désintéressement et passivité.

Toutes les situations de la vie quotidienne peuvent devenir des activités qui permettent soit de *vivre ensemble* (regarder un film), soit de *faire ensemble* (ramasser les feuilles, bâtir la niche du chien, aller à bicyclette) ou d'*être ensemble* (se confier, échanger, communiquer).

Finalement, c'est par les activités familiales que se transmettent les valeurs, les attitudes et les règles de coexistence pacifique. C'est aussi par elles que se développe le sens de l'initiative et de la responsabilité individuelle et collective. L'activité est vraiment le creuset du projet familial; elle permet, en même temps, l'établissement de la relation de mutualité et l'intériorisation d'un cadre de vie cohérent qui crée l'harmonie entre les individus.

De concert avec les enfants, le parent guide organise donc différents types d'activités et précise clairement le sens des expériences qu'il propose. Ces propositions sont généralement liées aux quatre types d'activités suivants:

- activités centrées sur le jeu (faire pour le plaisir de faire, agir pour agir);

- activités centrées sur l'apprentissage (faire pour le plaisir d'apprendre, de connaître et de développer des compétences);

- activités centrées sur les résultats (faire pour le plaisir de performer, de réaliser un but, d'atteindre un objectif prédéterminé);

- activités de routine (faire pour le plaisir de ressentir un bien-être physique et social).

**Exercice n° 26**
**Identifier des activités qui sont agréables pour tout le monde**

Dans un premier temps, faites l'exercice individuellement, puis échangez avec votre partenaire.

Choisissez trois activités qui suscitent du plaisir pour vous et votre enfant tout en mettant de côté celles qui provoquent des conflits.

Une activité centrée sur le *plaisir de jouer*,

M _____

P _____
une autre centrée sur le *plaisir d'apprendre ensemble*,

M _____

P _____
et une troisième centrée sur le *plaisir de performer*.

M _____

P _____

Trouvez un moment, d'ici deux semaines, pour réaliser ces trois activités.

## *Les règles de vie*

Les règles familiales représentent un ensemble de principes qui sous-tendent les actions, les conduites, les comportements et les attitudes de chacun. Elles doivent être enracinées et découler directement des valeurs que proposent les parents dans le projet familial. Sinon, elles n'ont aucun sens et peuvent être facilement perçues par les enfants comme étant abusives, inappropriées et intolérables.

Dans les faits, les règles sont des lois ou des normes claires qui précisent toutes les possibilités et toutes les limites de la communauté familiale. Dans ses interventions quotidiennes, le parent guide aide l'enfant à fixer davantage son attention sur les « possibles » plutôt que sur les « interdits ». De cette façon, il aide l'enfant à se construire une image positive de la vie familiale.

Chaque fois que l'occasion se présente, le parent doit « éclairer » la règle en en précisant le sens caché et en expliquant la conduite attendue de même que la valeur ou le principe qui la sous-tendent. Par exemple, le parent qui choisit le respect mutuel comme valeur doit orienter toutes ses interventions dans le sens de l'acceptation des comportements respectueux et du rejet des conduites irrespectueuses. Progressivement, l'enfant sera en mesure d'intérioriser des façons adaptées et socialisées de se conduire de même que le sens moral et social qui doit guider ses comportements.

Les règles sont donc essentielles au projet familial puisqu'elles concrétisent, en tenant compte de l'âge et du niveau de développement de chaque enfant, ce qui est acceptable et ce qui est inacceptable du point de vue des attitudes, des conduites et des comportements. En d'autres mots, les règles constituent le « code de vie » de la famille et ce code doit représenter les valeurs morales et sociales véhiculées par les parents. Si ce n'est pas le cas, il se produit de multiples conflits autour des intentions et des actions de chacun. L'enfant, pour sa part, vit alors dans une sorte d'incohérence qui risque de persister, à l'âge adulte, entre ses intentions (ses valeurs) et ses actions (ses conduites et comportements).

Il importe que les interventions des parents au sujet des valeurs et des règles de vie soient stables, continues et claires. De cette façon, l'enfant a toutes les possibilités d'intérioriser un code moral et social qui lui servira de guide tout le long de sa vie. Au contraire, s'il reçoit des messages contradictoires, il aura peine à s'unifier et à trouver l'harmonie en lui et avec les autres.

Le parent guide, par ses nombreuses interventions quotidiennes, a donc pour tâche de favoriser l'intériorisation des règles inhérentes au code moral (valeurs universelles), au code familial (valeurs parentales), au code scolaire (valeurs éducatives) et au code social (valeurs culturelles).

---

**Exercice n° 27**
**Déterminer des règles de vie simples et concrètes**

Faites cet exercice ensemble et discutez-en.

Les enfants, ainsi que nous l'expliquons dans *Les grands besoins des tout-petits*, ne peuvent se conformer qu'à cinq règles à la fois. Il est aussi primordial que les parents déterminent ces règles en fonction de leurs valeurs.

Les règles doivent être simples et concrètes et l'apprenti sorcier doit en comprendre l'utilité pour le bien-être de la famille. Elles doivent être expliquées clairement (même si elles semblent aller de soi) et, si possible, elles doivent être écrites et même affichées.

Déterminez les cinq règles de vie que vous privilégiez et qui découlent des valeurs que vous voulez transmettre.

| Valeurs | Règles |
|---|---|
|  |  |
|  |  |
|  |  |
|  |  |
|  |  |

## *Les routines*

Dans le projet familial, les routines de base représentent l'ensemble des habitudes prises par chaque individu et par la collectivité. Ce sont des « façons de faire » qui se répètent chaque jour et qui constituent l'horaire individuel et familial.

La planification d'une routine familiale souple et efficace permet d'organiser la vie en commun et d'éviter de nombreux conflits relationnels. En implantant des routines précises, les parents tentent d'assurer le respect de chacun de même qu'une vie familiale de bonne qualité. Les routines ont trait à l'ensemble des besoins vitaux de chacun et définissent les éléments suivants : qui fait quoi, à quel moment, dans quel espace et de quelle façon. Plus les enfants sont jeunes, plus les routines doivent être stables, continues et répétitives. Ce n'est que lorsqu'une routine de base est intériorisée par l'enfant que l'on peut l'assouplir, la modifier ou la transformer.

Chez l'être humain, le déroulement prévisible du temps, des espaces et des activités apporte sécurité et calme intérieur quel que soit l'âge. C'est pour cette raison que la plupart des adultes possèdent un agenda dans lequel ils consignent quotidiennement leur emploi du temps, les endroits où ils doivent se rendre, les responsabilités qu'ils ont à assumer et les activités à réaliser. En l'absence de cette petite planification, la confusion risque de s'installer et d'engendrer insécurité, insatisfaction et conflits. Il n'en va pas autrement en ce qui concerne la vie familiale. Le rythme de même que les capacités, les activités, les responsabilités et les besoins de chacun doivent se greffer au mouvement quotidien de la famille ; sinon, il y a un risque de fragmentation ou d'éclatement.

Le parent guide doit donc mettre en place une routine de base qui respecte le rythme et les besoins de chacun tout en étant suffisamment organisée et prévisible pour que le système familial puisse fonctionner de façon harmonieuse. Les éléments relatifs à la mise en place de la routine de base sont les suivants : les heures du lever, du coucher et des repas, les périodes consacrées à l'hygiène personnelle, aux activités individuelles, aux activités collectives, l'entretien des espaces individuels et celui des espaces communautaires, l'utilisation des objets personnels et celle des objets communautaires, etc.

---

**Exercice n° 28**
**Instaurer une routine de base simple, stable et efficace**

Faites cet exercice ensemble et discutez-en.

Lorsqu'une règle est bien intégrée, elle devient une routine de vie. Ces routines rendent la vie de famille plus confortable et plus rassurante.

Les parents qui n'instaurent aucune routine doivent constamment négocier tous les aspects de la vie familiale et risquent d'être vite dépassés par les manipulations légitimes des enfants qui veulent vivre selon le principe du plaisir. Au contraire, ceux qui instaurent des routines trop nombreuses ou trop rigides se retrouvent avec des enfants révoltés ou passifs.

Le parent guide a pour tâche de favoriser l'acceptation de routines simples et efficaces qu'il est parfois possible de transgresser !

- Dans votre famille, quelles sont les tâches et les responsabilités que vous considérez comme des routines bien établies et qui sont assumées :

Par le père

---

Par la mère

---

Par un premier enfant

---

Par un deuxième enfant

---

Vous pouvez maintenant vous rendre compte de certaines choses : par exemple, il se peut que maman assume de très nombreuses routines familiales et qu'elle cumule un trop grand nombre de tâches ; il se peut aussi que papa croule sous les responsabilités ; enfin, il se peut que les enfants n'aient pas acquis suffisamment de routines et qu'ils n'aient pas leur part de responsabilités ! Il est possible de redéfinir autrement le contrat conjugal et familial !

---

## Les rencontres familiales

Les rencontres familiales sont des occasions privilégiées pour planifier des activités, partager les bonnes comme les mauvaises expériences et s'exprimer ouvertement. Tenues régulièrement, elles favorisent l'harmonie familiale puisqu'elles permettent à la petite communauté d'établir des règles, de prendre des décisions, de reconnaître officiellement les bonnes choses qui se vivent dans la famille et de faire ressortir les forces, les habiletés et les compétences de chacun des membres.

Il y a des parents qui n'aiment pas ce type de rencontres. Ils estiment que les membres de la famille se parlent déjà suffisamment et que, de toute façon, il y a toujours des absents à ces rencontres. Pour notre part, nous croyons profondément qu'elles favorisent une plus grande démocratie dans les relations entre parents et enfants et qu'elles permettent à chaque membre de la communauté d'être engagé davantage dans le processus décisionnel.

Le succès des rencontres familiales repose sur les conditions suivantes :

-    les tenir selon un horaire fixe (1 fois par semaine ou aux 15 jours) ;

- traiter tous les membres de la famille de façon égalitaire et laisser à chacun l'occasion de s'exprimer et d'être
écouté attentivement;

- encourager chacun à exprimer ses désirs, ses émotions
et ses doléances en employant le «je»;

- déterminer au préalable les points à discuter et éviter
le plus possible le coq-à-l'âne;

- développer l'estime de soi de chacun des membres en
soulignant les initiatives heureuses et les bons coups;

- déterminer la durée de la rencontre et respecter reli-
gieusement cette limite;

- rédiger les diverses ententes survenues durant la rencontre et les afficher dans un endroit accessible à tous;

- que chacun, s'il décide de s'absenter d'une rencontre,
accepte que les autres membres de la famille puissent
prendre des décisions qui le concerneront, sans qu'il ait la
possibilité de s'exprimer.

En résumé, la rencontre familiale régulière poursuit
les objectifs suivants:

- permettre à chacun d'apprendre à s'exprimer, à écouter attentivement les autres et à communiquer;

- permettre à chacun d'expérimenter l'appartenance, la
solidarité et la coopération familiale;

- permettre à chacun d'exprimer ses émotions, ses
doléances, ses malaises, ses satisfactions et ses désirs;

- distribuer les encouragements, les marques d'attention
positives et les félicitations;

- négocier le règlement des conflits et régler les situations difficiles mais inévitables de la vie en commun;

- préciser le sens des valeurs, des attitudes et des règles de vie sur lesquelles s'appuie le projet familial;

- planifier les responsabilités de chacun selon son âge et ses capacités personnelles;

- planifier les activités individuelles et collectives;

- réviser les règles, les routines et les responsabilités lorsque le besoin s'en fait sentir.

---

**Exercice n° 29**
**Planifier et assumer des rencontres familiales**

Faites cet exercice ensemble.

Un bon moyen de redéfinir le contrat familial consiste à instaurer des rencontres familiales ou des conseils de famille. À ce sujet, il est bon de se poser d'abord les questions suivantes:
- Quel jour de la semaine convient le mieux à une telle rencontre?
- Quelle heure peut le plus facilement convenir à tout le monde?
- Comment s'y prendre pour faire part aux enfants de notre désir d'instaurer ces rencontres familiales?

Il est important de faire cette annonce à un moment où tout le monde est calme et de bonne humeur. La rencontre, en effet, ne doit pas être perçue comme une punition ou l'occasion d'un « sermon ».

*La meilleure façon de présenter les choses consiste à parler de soi*

- « Je me rends compte que nous n'avons plus beaucoup l'occasion de parler et j'aimerais qu'on le fasse tel jour à telle heure! »
- « Ton père (ou ta mère) et moi, on parlait de vous l'autre jour et on se disait qu'on ne savait pas trop ce que vous pensez de tel ou tel sujet (les prochaines vacances, l'heure des sorties, etc.). On a donc pensé à fixer une rencontre avec vous, tel jour et à telle heure, pour écouter votre point de vue. »

*Au sujet du déroulement de la rencontre*

- « Tout le monde ici a droit de parole et l'avis de tout le monde est important. On s'écoute! »

- « Aujourd'hui, on pourrait parler de _____ . Mais est-ce que quelqu'un a un autre sujet à proposer ? De toute façon, nous aurons d'autres rencontres comme celle-ci. »
- Encourager chacun à s'exprimer en parlant à la première personne (« Je »).
  « Je suis tannée que mon frère entre dans ma chambre ! »
  « Je suis fâché chaque fois que maman crie après moi ! »
  « J'ai de la peine quand je suis seule à la maison ! »

*La rencontre comme telle*

- Lorsque quelqu'un prend la parole et commence en accusant (« Tu »), demandez-lui d'utiliser le « Je ».

| Au lieu de | Dire |
|---|---|
| « Tu me déranges tout le temps » | « J'ai besoin d'être seul(e) parfois » |
| « Tu es paresseux » | « Ça me dérange de te voir traîner » |
| « Tu ne me comprends pas » | « Je me sens incompris(e) » |
| Etc. | |

- Après un certain temps, passez aux solutions possibles.

- La rencontre ne doit pas durer trop longtemps, surtout au début. Cela ne doit pas être une corvée. Les enfants, comme les parents, doivent penser à cette rencontre comme à une occasion de régler des problèmes ou de faire des projets ensemble !

- Souligner les bonnes idées : « Vois-tu, je n'aurais pas pensé à cette solution ! Cela a beaucoup de bon sens ! »

- Fixer, au départ, une fin à la rencontre et respecter cette limite.

- S'entendre sur les solutions et se donner rendez-vous la semaine prochaine !

- Préparez un tableau des quatre prochaines rencontres

**Première rencontre**

Jour et heure      _____

Sujets abordés     _____

Participation      _____

Entente concrète   _____

**Deuxième rencontre**

Jour et heure        _____

Sujets abordés      _____

Participation         _____

Entente concrète    _____

**Troisième rencontre**

Jour et heure        _____

Sujets abordés      _____

Participation         _____

Entente concrète    _____

**Quatrième rencontre**

Jour et heure        _____

Sujets abordés      _____

Participation         _____

Entente concrète    _____

Il n'est pas toujours facile d'instaurer cette façon de fonctionner. Ce seront parfois les enfants et parfois les parents qui boycotteront la rencontre ! Il ne faut surtout pas se décourager. Le climat peut être difficile au début parce que chacun aura tendance à accuser les autres ou à laisser la parole au leader naturel. Il faut persévérer ! Après les quatre premières rencontres, la communication sera meilleure, les solutions choisies plus efficaces et les émotions exprimées plus vraies.

# Apprendre à s'associer
# et à participer activement

L'apprenti sorcier recherche l'acceptation et l'approbation des personnes qui l'entourent (parents, enseignants et pairs). Il désire connaître un sentiment d'appartenance et vivre une expérience de participation active dans les différents groupes qu'il fréquente (famille, école et groupes sociaux). Le désir de s'associer à un groupe significatif croît progressivement jusqu'à l'adolescence et devient une préoccupation majeure au cours de cette période.

La recherche d'acceptation, d'appartenance et de participation à un groupe s'exprime dès l'entrée à la maternelle. En effet, l'enfant commence, dès ce moment, à se préoccuper de sa relation avec quelques petits camarades. Au fur et à mesure qu'il se développe, son groupe de copains grandit et il cherche de plus en plus à s'associer à de nouveaux amis. Vers 9 ou 10 ans, le garçon recherche en priorité l'assentiment de ses pairs masculins tandis que la fille cherche à être acceptée par les autres filles de son âge. Ce n'est généralement qu'après 12 ans que garçons et filles commencent à vouloir être acceptés par des pairs de l'autre sexe et à s'associer à eux.

Apprendre à s'associer et à participer à la vie d'un groupe représente, pour l'apprenti sorcier, une expérience significative dans l'élaboration et l'émergence d'une vision positive de lui-même. De plus, l'image de lui qu'il trouve dans le regard des autres n'est pas sans influencer sa conduite, son apparence physique ainsi que les émotions qu'il éprouve.

Les parents peuvent stimuler ce désir d'association et de participation de l'enfant en lui faisant savoir qu'ils apprécient véritablement son caractère original et unique. Au contraire, si les parents insistent pour qu'il exprime des comportements conformistes, il se sentira jugé négativement, blâmé ou rejeté dans ses différences et dans son caractère unique.

Il est donc plus facile pour l'apprenti sorcier de se sentir accepté et de développer son sens de l'appartenance, de l'association et de la participation au groupe familial si ses parents reconnaissent qu'il est un être unique. Cela peut se faire en lui proposant des responsabilités, des activités, des règles de vie et des routines qui tiennent compte de ses différences, de ses intérêts et de ses talents personnels. L'enfant, constatant qu'on l'apprécie comme il est, sera plus enclin à respecter les différences et les droits des autres.

Il s'agira d'une expérience importante pour l'enfant puisqu'elle lui permettra de prendre conscience qu'il doit veiller à son bien-être individuel et se préoccuper également de celui de sa collectivité pour être accepté et devenir un « membre associé » au groupe familial.

Les rencontres familiales peuvent devenir des occasions rêvées de saisir les émotions vécues par les autres et de développer ainsi une attitude d'empathie mutuelle. Les activités familiales qui sollicitent les intérêts communs rapprochent également les enfants. Lorsque ceux-ci partagent les mêmes intérêts et les mêmes expériences, ils se rendent compte qu'ils ont souvent les mêmes besoins et les mêmes aspirations.

Pour développer un vrai sentiment d'appartenance, l'apprenti sorcier doit sentir qu'il vit dans un milieu familial qui est accueillant, chaleureux et cohérent et dans lequel il se sent reconnu et accepté comme il est. Il intériorisera l'expérience de l'association et de la participation active au groupe s'il est guidé quotidiennement par des parents qui sont en mesure d'avoir, de façon soutenue, les attitudes suivantes :

- établir la confiance réciproque ;

- développer le respect de soi et le sens des responsabilités ;

- établir des limites réalistes et personnalisées ;

- faire régulièrement respecter les règles de vie familiales, qu'elles soient morales ou sociales ;

- reconnaître les intérêts et les compétences de l'enfant;

- faire preuve de chaleur et d'acceptation;

- aider l'enfant à s'auto-évaluer;

- donner régulièrement de la rétroaction («feedback»);

- créer un milieu familial stimulant sur le plan des activités, des responsabilités et des relations;

- encourager la tolérance, l'acceptation et la solidarité avec les autres;

- encourager la prise de responsabilités communautaires;

- transmettre des attentes à la fois stimulantes et réalistes;

- développer l'assurance et la confiance en soi dans l'action;

- aider l'enfant à se fixer des buts et des objectifs réalistes et stimulants;

- l'aider à faire des choix et à prendre des décisions;

- donner des encouragements, des reconnaissances et des gratifications;

- aider l'enfant à devenir autonome et responsable, c'est-à-dire capable de s'autodéterminer.

L'apprenti sorcier éprouve également le désir de se sentir important et accepté par son groupe d'amis. Il apprend donc progressivement que, pour y arriver, il doit comprendre et respecter les règles, les attitudes et les valeurs proposées par ce groupe. S'il a appris dans sa famille le jeu de la démocratie, il aura d'autant plus de facilité à s'intégrer dans un groupe de pairs.

# 2

# Pensée logique
# et processus d'apprentissage

La période qui va de 6 à 12 ans correspond, de façon générale, aux années du primaire. Il s'agit de l'âge d'or des apprentissages, de celui où l'enfant maîtrise de nouvelles habiletés et s'enrichit de nouvelles connaissances. Il découvre les lois de fonctionnement des réalités concrètes en même temps qu'il s'ouvre à des réalités qui sont plus abstraites.

Bien que l'enfant de cet âge passe beaucoup de temps à l'école, ce n'est pas dans ce milieu qu'il réalise la majorité de ses apprentissages. Un grand pédagogue américain, Benjamin Bloom, estime en effet qu'environ 80 p. cent de tous les apprentissages qu'un individu fait durant toute sa vie se déroulent en dehors de l'école. Ainsi, le petit qui entre en classe maternelle a déjà dans son bagage toute une somme d'apprentissages.

Les tout-petits, au contact de leurs parents qui les guident, font des apprentissages qui sont parfois très complexes. L'acquisition du langage, par exemple, se fait grâce à la relation d'attachement que l'enfant vit avec ses parents. Cette première relation d'amour constitue la base de l'estime de soi chez le tout-petit. Celui-ci découvre qu'il est aimé réellement et, de là, qu'il est aimable et qu'il a une valeur personnelle. Se reconnaissant des forces et comptant réussir, il peut s'ouvrir au monde extérieur et intégrer de nouveaux apprentissages.

Le sentiment de confiance qu'a l'enfant lui permet notamment de développer sa curiosité. Cela se traduit, entre 12 et 16 mois, par des expérimentations qui l'amènent à découvrir les propriétés des objets. Quelques années plus tard, cette curiosité devient intellectuelle. C'est l'âge des « pourquoi », celui où l'enfant veut découvrir l'origine des phénomènes ainsi que ce qui sous-tend les habitudes sociales et les comportements.

## Du « pourquoi » au « comment »

Rendu à « l'âge des règles », l'apprenti sorcier ne se contente plus du « pourquoi ». En effet, il désire davantage découvrir « comment » fonctionnent les choses et les systèmes qui l'entourent. Il veut comprendre les règles de fonctionnement des contenus scolaires, des jeux d'équipe, des sports, des appareils électriques et électroniques, etc. Cette préoccupation pour le « comment » est renforcée par l'acquisition de l'habileté à raisonner logiquement et à établir des relations causales et concrètes entre les actions et leurs effets.

Déterminé à découvrir comment les choses fonctionnent, l'apprenti sorcier observe attentivement ses camarades et les adultes, pose des questions et se risque même à démonter des appareils. Il devient un passionné des connaissances qu'il cherche à transformer en savoir-faire. C'est l'âge de l'apprentissage et de la maîtrise des techniques sportives, manuelles, scolaires, etc.

## Qu'est-ce que l'apprentissage ?

Philosophes, psychologues et éducateurs tentent, depuis toujours, de définir avec précision la notion d'apprentissage. On s'entend d'abord pour dire que le développement de l'intelligence se réalise par une séquence d'apprentissages qui s'avèrent de plus en plus complexes et variés. Quant à l'apprentissage lui-même, on le définit comme *un processus actif et graduel d'acquisition de connaissances et d'habiletés qui vont des plus simples aux plus complexes et qui s'intègrent les unes aux autres.* Il s'agit d'un processus dynamique où les connaissances se généralisent en habiletés et en savoir-faire qui s'avèrent utiles pour la vie actuelle et future de l'individu.

Il est important de souligner que les apprentissages se construisent graduellement dans un continuum de développement qui se découpe en stades. Ainsi, on ne peut pas faire apprendre n'importe quoi à n'importe qui. En effet, tout dépend de la complexité de la tâche et du niveau de développement de l'individu. Par exemple, on ferait vivre une situation d'échec à un enfant de 8 ans si on lui demandait de faire un dessin à trois dimensions. Cette tâche serait trop complexe par rapport à son niveau de développement.

Autant le menuisier a besoin d'outils pour ériger une charpente, autant l'enfant a besoin d'instruments de connaissance pour apprendre; ce sont ses habiletés perceptives, intellectuelles, neuro-motrices, etc. Elles se construisent graduellement selon un rythme de développement qui est propre à chacun. Il est important de reconnaître ce rythme et surtout de le respecter. De plus, les apprentissages ne se déroulent pas avec régularité car tout le développement se caractérise par des évolutions subites et des périodes plus stables.

### Les «apprentis sages»

L'apprentissage est un processus dynamique qui est soustendu et activé par des essais et des erreurs de même que par l'autocorrection des actions concrètes et mentales. Même le bébé explore en faisant des tâtonnements. Par exemple, il régularise ou corrige ses actions lorsqu'il veut saisir un objet qui n'est pas à sa portée. Plus tard, avec la capacité de représentation mentale, l'enfant peut effectuer des régulations en pensée; par exemple, il réfléchit après coup aux erreurs qu'il a pu faire et il les corrige en fonction de l'objectif qu'il veut atteindre. De façon générale, les tâtonnements et les régulations qui surviennent à la suite d'erreurs sont à la source de la souplesse et de la mobilité de la pensée.

Les erreurs sont inévitables et elles sont nécessaires à l'évolution. Le sens premier du mot apprentissage nous le rappelle. En effet, au Moyen Âge, il y avait des «maîtres» qui construisaient des cathédrales et des châteaux et qui engageaient des «apprentis» pour les aider dans cette tâche. Ceux-ci désiraient développer leurs connaissances et leurs habiletés afin de devenir des maîtres à leur tour. Or, les apprentis qui voulaient réussir d'emblée une œuvre aussi parfaite que celle des maîtres étaient rapidement congédiés. Les *apprentis sages* étaient ceux qui acceptaient de faire des erreurs. Ils comprenaient que c'était de cette manière qu'ils pouvaient modifier leurs façons de faire et en acquérir de nouvelles afin de devenir, avec le temps, des maîtres.

### Prendre conscience de ses erreurs

Il importe, dans le processus d'apprentissage, que l'apprenti sorcier soit le plus conscient possible de ses erreurs afin de pouvoir éviter de les répéter. Cette prise de conscience se fait après coup, par une lecture de l'expérience qui vient d'avoir lieu ou qu'il vient de réaliser. C'est grâce à cette lecture que l'apprenti sorcier peut se rendre compte que les résultats ne sont pas magiques et qu'ils sont plutôt les conséquences logiques qui découlent des moyens utilisés. Il peut ainsi réaliser qu'un résultat négatif ne signifie pas qu'il est lui-même nul et sans valeur ; ce genre de résultat est plutôt la conséquence logique d'une stratégie inadéquate ou d'une mauvaise sélection de moyens. Il apprend donc qu'il doit modifier ses stratégies et ses moyens s'il veut obtenir de meilleurs résultats. Ce faisant, il développe en lui le sentiment qu'il peut contrôler ses apprentissages.

Nous constatons que les jeunes sont nombreux à ne pas accepter de faire des erreurs. Ils les identifient à des échecs et les considèrent comme des pertes de temps et d'énergie. Les erreurs, dans cette optique, vont à l'encontre des notions de productivité et de rentabilité à court terme. Notre société a transmis aux jeunes le message qu'il faut les éviter et produire le plus rapidement possible avec un minimum d'énergie. On a créé des enfants perfectionnistes qui ont, à l'image de nombreux adultes, un grand souci de performance avec tout le stress que cette attitude engendre. Le perfectionnisme ne favorise aucunement la souplesse de la pensée parce qu'il exclut l'erreur du processus normal d'apprentissage. De plus, il réduit la motivation de l'apprenti sorcier et la confiance qu'il a en ses capacités.

## La motivation

La motivation est faite de désir et de volonté, ce qui pousse une personne à accomplir une tâche ou à atteindre un objectif correspondant à un besoin. Autrement dit, c'est un ensemble de forces qui poussent un individu à agir.

De façon plus simple, on peut définir la motivation comme étant *l'anticipation d'un plaisir ou de l'utilité d'une tâche à accomplir*. Il est difficile, par exemple, d'être motivé quand on nous propose de faire une partie d'échecs et que l'on ne s'attend pas à vivre du plaisir au cours de cette activité. Le même phénomène se produit lorsqu'il s'agit de l'utilité d'une tâche à accomplir. En effet, la motivation sera inexistante si on ne prévoit pas, par exemple, que le fait de mettre de l'ordre dans son bureau peut être utile pour le travail ou pour son bien-être.

Cette capacité d'anticipation se développe graduellement. Cela commence chez le tout-petit avec les délais qu'on lui fait vivre entre ses désirs et leur satisfaction. Mais encore faut-il que l'on donne à l'enfant l'occasion d'anticiper! En effet, si on satisfait immédiatement son moindre désir, on ne lui donne pas la chance de se représenter mentalement l'objet du désir et d'anticiper le plaisir qu'il en retirera. Au contraire, en vivant un délai de même que la frustration qui lui est liée, l'enfant apprend que son attente est généralement couronnée de satisfaction. Il peut se permettre d'espérer, c'est-à-dire d'être motivé.

Pour cela, l'adulte doit tenir ses promesses. Il est important, par exemple, qu'il tienne sa promesse s'il a fait savoir à l'enfant qu'il aurait une collation à son retour de l'école. Par la répétition de promesses tenues après des moments d'attente qui ne sont pas longs au point d'émousser la motivation, l'enfant apprend à anticiper un plaisir à venir ; l'adulte, pour sa part, est perçu comme étant digne de confiance.

La vie comporte des attentes et des frustrations inévitables. L'apprenti sorcier doit apprendre à les supporter par une motivation intérieure qui va lui fournir l'énergie dont il a besoin pour poursuivre tous ses objectifs.

---

**Exercice n° 30**
**J'observe mon enfant lorsqu'il doit supporter un délai**

Dans un premier temps, faites l'exercice individuellement, puis échangez avec votre partenaire.

Votre enfant vous demande quelque chose. Vous ne pouvez le lui donner dans l'immédiat mais vous le lui promettez pour un peu plus tard. Comment réagit-il ?

| | Jamais | | Parfois | | Souvent | | Toujours | |
|---|---|---|---|---|---|---|---|---|
| | M | P | M | P | M | P | M | P |
| - Par de l'agressivité physique | ☐ | ☐ | ☐ | ☐ | ☐ | ☐ | ☐ | ☐ |
| - Par de l'agressivité verbale | ☐ | ☐ | ☐ | ☐ | ☐ | ☐ | ☐ | ☐ |
| - En argumentant pour obtenir satisfaction immédiatement | ☐ | ☐ | ☐ | ☐ | ☐ | ☐ | ☐ | ☐ |
| - En répétant souvent sa demande | ☐ | ☐ | ☐ | ☐ | ☐ | ☐ | ☐ | ☐ |
| - En pleurant | ☐ | ☐ | ☐ | ☐ | ☐ | ☐ | ☐ | ☐ |
| - En s'isolant | ☐ | ☐ | ☐ | ☐ | ☐ | ☐ | ☐ | ☐ |
| - En supportant calmement le délai | ☐ | ☐ | ☐ | ☐ | ☐ | ☐ | ☐ | ☐ |

Plus un enfant est jeune, plus il lui est difficile de supporter la frustration de l'attente. La capacité de tolérer un délai entre le désir et la satisfaction peut se développer à tout âge ; mais plus l'enfant est âgé, plus il lui sera difficile d'intégrer cette capacité.

La motivation scolaire commence bien avant le début de la scolarité. En effet, la motivation à faire des activités intellectuelles prend sa source d'abord dans le milieu familial. On sait qu'un enfant, avant 6 ans, a un comportement plutôt verbo-moteur. On peut dès lors imaginer qu'il est très intrigué lorsqu'il voit ses parents tenir un livre ou une revue pendant de longues minutes. Il se demande ce qu'il peut y avoir d'intéressant à tenir dans ses mains pendant tout ce temps un objet avec lequel on ne joue même pas! La curiosité qu'il développe pour les secrets et les activités des adultes est à l'origine de sa motivation pour la lecture.

### L'appétit d'apprendre

Il est important de souligner que la motivation a un caractère contagieux. En effet, l'enfant, par la relation d'attachement qu'il vit avec ses parents, s'identifie à leurs valeurs; il a aussi la motivation de partager les activités qu'ils pratiquent, d'abord par imitation, et plus tard par identification. Selon une recherche faite au Danemark, 82 p. cent des élèves de 6 à 9 ans qui éprouvent des difficultés de lecture proviennent de foyers qui possèdent moins de 10 livres. Si les parents lisent rarement, s'ils n'ont pas de vie intellectuelle et s'ils s'intéressent peu aux activités scolaires de leur enfant, il y a de fortes chances que celui-ci fasse peu de place à la vie de l'esprit. Il est normal qu'il adhère aux valeurs de son milieu.

**Exercice n° 31**
**Les activités intellectuelles des parents**

Dans un premier temps, faites l'exercice individuellement, puis échangez avec votre partenaire.

Évaluez le temps moyen consacré chaque jour à des activités intellectuelles à la maison.

| | Aucun | | 5 minutes | | 15 minutes | | 30 minutes | | 1 heure | |
|---|---|---|---|---|---|---|---|---|---|---|
| | M | P | M | P | M | P | M | P | M | P |
| - Lecture | ☐ | ☐ | ☐ | ☐ | ☐ | ☐ | ☐ | ☐ | ☐ | ☐ |
| - Écriture | ☐ | ☐ | ☐ | ☐ | ☐ | ☐ | ☐ | ☐ | ☐ | ☐ |
| - Comptabilité | ☐ | ☐ | ☐ | ☐ | ☐ | ☐ | ☐ | ☐ | ☐ | ☐ |
| - Discussion à contenu intellectuel (politique, actualité, etc.) | ☐ | ☐ | ☐ | ☐ | ☐ | ☐ | ☐ | ☐ | ☐ | ☐ |
| - Autres (mots croisés, mots cachés, etc.) | ☐ | ☐ | ☐ | ☐ | ☐ | ☐ | ☐ | ☐ | ☐ | ☐ |

De nombreux parents aimeraient insuffler de manière un peu magique une motivation scolaire à leur enfant. Ils risquent fort d'être déçus car la motivation se cultive et ne s'impose pas. Mais ils peuvent jouer un rôle incitatif dans ce domaine. Pour le comprendre, il suffit de comparer la motivation à l'appétit; on ne peut pas forcer un enfant à avoir de l'appétit mais on peut l'inciter à manger en variant son menu et en lui présentant de bons petits plats. De la même manière, on ne peut forcer un enfant à apprendre mais on peut l'y inciter.

La comparaison entre la motivation et l'appétit permet également de voir la grande influence qu'a le climat relationnel sur les activités d'apprentissage. Pensons, par exemple, à la situation suivante. Un ami vous invite à prendre un repas avec lui; vous n'avez pas très faim mais vous acceptez quand même. L'atmosphère est très détendue, vous avez du plaisir, le temps passe vite... et votre appétit augmente. À l'inverse, vous pouvez avoir très faim avant le repas et perdre cet appétit parce que des conflits éclatent pendant le repas et que votre estomac se noue.

De la même façon, la motivation de l'apprenti sorcier pour une activité ne peut qu'augmenter s'il a du plaisir avec la personne avec qui il la partage. La relation de complicité entre l'enfant et l'adulte avec qui il vit des activités influence grandement la motivation et la qualité des apprentissages.

## Des facteurs qui motivent

De nombreuses études dont celle de Jacques Tardif démontrent qu'il existe d'autres facteurs qui influencent la motivation. D'abord, la conception qu'a l'enfant de l'intelligence joue un rôle dans sa motivation. En effet, dans notre société et dans nos écoles, on considère qu'un élève qui réussit bien à l'école est très intelligent. Malheureusement, beaucoup de jeunes font l'équation inverse et associent un faible rendement scolaire à un manque d'intelligence.

Nombreux sont les élèves qui possèdent de bonnes capacités intellectuelles mais qui ne réussissent pas à fournir un rendement scolaire adéquat à cause de difficultés d'apprentissage. Certains font des efforts louables pour améliorer leur rendement; mais, n'y parvenant pas, ils se sentent dévalorisés tout en s'apercevant qu'ils déçoivent les adultes qui les entourent. Il arrive également que ceux-ci, se rendant compte des efforts fournis par l'enfant sans qu'il y ait amélioration du rendement, lui laissent entendre plus ou moins explicitement qu'il n'est pas doué intellectuellement.

Bien des jeunes, afin de ne pas recevoir ce jugement négatif qui entamerait leur estime d'eux-mêmes, cessent tout simplement de s'intéresser à leurs apprentissages. On dit alors de ces élèves qu'ils sont paresseux et qu'ils réussi-raient mieux s'ils travaillaient davantage. Il est moins bles-sant pour un enfant de se faire traiter de paresseux que d'être considéré comme étant peu doué intellectuelle-ment.

En second lieu, la conception qu'a l'enfant du but de ses apprentissages influence sa motivation. Nous vivons dans une société où la performance et le rendement sont de plus en plus valorisés et où l'efficacité et la rentabilité à court terme sont très importantes. Durant son chemine-ment scolaire, l'apprenti sorcier apprend en quelque sorte qu'il est plus important de « livrer la marchandise » que de s'occuper du processus de sa fabrication. Il constate qu'on n'encourage pas les efforts et le plaisir, mais plutôt l'effica-cité et la performance. Cette prise de conscience diminue sa motivation pour le processus d'apprentissage. En effet, il constate qu'il est jugé bon ou mauvais élève selon le rendement qu'il fournit aux examens, peu importent les énergies et le temps qu'il a consacrés à son travail durant les semaines précédentes. Il découvre aussi que les éva-luations occupent une large place au détriment de la démarche d'apprentissage. Sa motivation diminue parce qu'il se sent obligé de produire au maximum pendant un temps limité pour le bénéfice de ses parents, des ensei-gnants et des administrateurs scolaires.

Tout apprentissage doit avoir un sens. On ne peut demander à quelqu'un de faire une activité sans qu'il en perçoive le but, l'utilité ou la valeur. En procédant autre-ment, on fait injure à son intelligence et on réduit sa moti-vation. L'apprenti sorcier a donc besoin d'être conscient de l'utilité concrète de l'apprentissage qu'on lui propose. Ainsi, il va être beaucoup plus motivé à apprendre les mesures linéaires s'il se rend compte que cet apprentis-sage peut lui être utile en menuiserie ou en couture. À ce sujet, il ne faut pas s'attendre à ce que l'apprenti sorcier découvre toujours par lui-même les relations entre les apprentissages et leur utilité dans la vie courante. Il faut parfois l'informer de ces relations qui donnent souvent un sens ou une valeur aux apprentissages.

Il est très important que le parent guide joue un rôle de médiateur entre l'apprenti sorcier et les apprentissages. Cette médiation doit prendre la forme d'un soutien continu qui permet à l'enfant de comprendre les relations qu'il y a entre les contenus des apprentissages et les éléments de la réalité. Par des échanges verbaux, les adultes mettent en relation de nouvelles informations avec celles que l'enfant possède déjà; de la même façon, ils discutent avec lui d'un nouvel apprentissage qu'il vient de réaliser en établissant des liens entre ce dernier et d'autres notions ou habiletés.

L'apprenti sorcier est plus motivé s'il évalue bien les exigences des activités qu'on lui propose. Certains enfants, en surévaluant les difficultés des tâches auxquelles on les convie, diminuent leur motivation car ils ont peu confiance de pouvoir surmonter ces difficultés. D'autres sous-évaluent la complexité des activités proposées. En les jugeant trop faciles ou trop banales, ils amoindrissent leur motivation.

Avoir une bonne perception des exigences d'une activité consiste à être conscient de l'objectif visé ainsi que des attitudes, étapes et stratégies pour l'atteindre. L'apprenti sorcier doit également être convaincu qu'il peut s'appuyer sur des habiletés et des connaissances qu'il a déjà. Sa motivation est liée directement à sa perception de la faisabilité de la tâche ou de l'activité.

Soulignons, enfin, qu'il est très important que l'enfant prenne conscience que le résultat d'une activité ne relève pas de la magie ou du hasard mais qu'il est la suite logique des attitudes et stratégies qu'il a adoptées. Pour ce faire, il doit apprendre à regarder et à évaluer après coup la démarche et les moyens qu'il a utilisés au cours de l'activité. Apprenant à découvrir les liens logiques entre stratégies et résultats, l'apprenti sorcier développe le sentiment de contrôler ses apprentissages. Il sait dorénavant que c'est lui qui mène sa barque et que la qualité de ses apprentissages est déterminée par ses attitudes et ses stratégies. Cette prise de conscience favorise son autonomie et le sentiment de sa propre responsabilité dans ses apprentissages. Sa motivation augmente et, avec le temps, il se sent devenir plus efficace et plus compétent.

---

**Exercice n° 32**
**J'évalue la motivation de mon enfant face aux activités scolaires**

Dans un premier temps, faites l'exercice individuellement, puis échangez avec votre partenaire.

En général, mon enfant manifeste :

| | Jamais | | Rarement | | Parfois | | Souvent | |
|---|---|---|---|---|---|---|---|---|
| | M | P | M | P | M | P | M | P |
| - De la curiosité intellectuelle | ☐ | ☐ | ☐ | ☐ | ☐ | ☐ | ☐ | ☐ |
| - Une relation de complicité avec son enseignante | ☐ | ☐ | ☐ | ☐ | ☐ | ☐ | ☐ | ☐ |
| - Une relation de complicité avec moi au cours des activités scolaires | ☐ | ☐ | ☐ | ☐ | ☐ | ☐ | ☐ | ☐ |

En général, mon enfant estime :

| | Jamais | | Rarement | | Parfois | | Souvent | |
|---|---|---|---|---|---|---|---|---|
| | M | P | M | P | M | P | M | P |
| - Que son rendement scolaire est surtout déterminé par son intelligence | ☐ | ☐ | ☐ | ☐ | ☐ | ☐ | ☐ | ☐ |
| - Que le plaisir qu'il a durant les activités scolaires est ce qu'il y a de plus important | ☐ | ☐ | ☐ | ☐ | ☐ | ☐ | ☐ | ☐ |

*(suite)*

| | Jamais M P | Rarement M P | Parfois M P | Souvent M P |
|---|---|---|---|---|
| - Que les notes qu'il obtient aux examens sont ce qu'il y a de plus important | ☐ ☐ | ☐ ☐ | ☐ ☐ | ☐ ☐ |
| - Que les habiletés et connaissances scolaires sont utiles pour sa vie actuelle et future | ☐ ☐ | ☐ ☐ | ☐ ☐ | ☐ ☐ |
| - Que les activités scolaires sont trop difficiles | ☐ ☐ | ☐ ☐ | ☐ ☐ | ☐ ☐ |
| - Que les activités scolaires sont trop faciles | ☐ ☐ | ☐ ☐ | ☐ ☐ | ☐ ☐ |
| - Que le résultat d'une activité scolaire découle d'un effet de la magie ou du hasard | ☐ ☐ | ☐ ☐ | ☐ ☐ | ☐ ☐ |
| - Que le résultat d'une activité scolaire est la conséquence logique des attitudes et des stratégies qu'il a adoptées | ☐ ☐ | ☐ ☐ | ☐ ☐ | ☐ ☐ |

## Exercice n° 33
## J'évalue la motivation de mon enfant face aux matières scolaires

Dans un premier temps, faites l'exercice individuellement, puis échangez avec votre partenaire.

L'apprenti sorcier n'a pas la même motivation pour toutes les matières scolaires. Tentez d'évaluer son niveau de motivation pour chacune d'entre elles.

| | Pauvre motivation M P | Motivation moyenne M P | Bonne motivation M P | Très bonne motivation M P |
|---|---|---|---|---|
| - Lecture | ☐ ☐ | ☐ ☐ | ☐ ☐ | ☐ ☐ |
| - Écriture | ☐ ☐ | ☐ ☐ | ☐ ☐ | ☐ ☐ |
| - Mathématiques | ☐ ☐ | ☐ ☐ | ☐ ☐ | ☐ ☐ |
| - Anglais | ☐ ☐ | ☐ ☐ | ☐ ☐ | ☐ ☐ |
| - Éducation physique | ☐ ☐ | ☐ ☐ | ☐ ☐ | ☐ ☐ |
| - Arts plastiques | ☐ ☐ | ☐ ☐ | ☐ ☐ | ☐ ☐ |
| - Sciences humaines | ☐ ☐ | ☐ ☐ | ☐ ☐ | ☐ ☐ |
| - Sciences de la nature | ☐ ☐ | ☐ ☐ | ☐ ☐ | ☐ ☐ |
| - Éducation morale ou catéchèse | ☐ ☐ | ☐ ☐ | ☐ ☐ | ☐ ☐ |

Si votre enfant manifeste une faible motivation dans l'une ou l'autre de ces matières, tentez d'évaluer votre propre motivation quant au contenu de chacun des programmes. En effet, nous savons que la motivation est contagieuse et que votre attitude à l'égard d'une matière ou l'autre peut influencer votre enfant.

Les enfants peuvent être peu motivés pour une matière à cause de difficultés d'apprentissage qu'ils y rencontrent. Voici quelques conseils généraux pour aider votre apprenti sorcier à être plus motivé :

• Discutez calmement avec lui de la matière scolaire en question sans le culpabiliser ou lui faire des remontrances.

• Demandez-lui de trouver les raisons pour lesquelles il est peu motivé.

• Faites-lui préciser les aspects de la matière ou de l'activité qu'il n'aime pas.

• Évaluez, en écoutant ses propos, la qualité de la relation qu'il vit avec son enseignante.

• Aidez-le à trouver des moyens pour être plus motivé.

• Incitez-le, si le contexte s'y prête, à parler à son enseignante pour trouver des moyens de régler son problème.

• Élaborez avec l'enseignante, tout en ayant l'accord de l'enfant, une stratégie de motivation. Rendez-lui compte de cet échange.

Il est important de faire savoir à votre apprenti sorcier qu'il a le droit de ne pas aimer l'école ou une matière en particulier, mais que son manque de motivation risque d'avoir des conséquences néfastes sur son rendement et sur l'estime qu'il a de lui-même. Après avoir clarifié les raisons de sa faible motivation, guidez-le afin qu'il apprenne à trouver plus de plaisir à vivre ses apprentissages et qu'il puisse aussi en voir l'utilité.

## L'autonomie scolaire

La motivation est le moteur interne de l'autonomie. Cela s'observe, par exemple, au cours des périodes de devoirs et de leçons qui se déroulent à la maison. Pour accepter de prendre ses responsabilités dans ce domaine, l'apprenti sorcier doit comprendre, en effet, le sens ou l'utilité de ses travaux scolaires. Quand il rechigne, c'est souvent parce qu'il n'en perçoit ni le sens ni l'utilité et parce qu'il ne voit ses travaux que comme des exigences frustrantes qui sont imposées par des adultes.

Entre 6 et 8 ans, l'enfant accepte généralement de faire des devoirs et des leçons à la maison pour faire plaisir à ses parents et à son enseignante ou, tout simplement, par conformisme. En vieillissant, il accepte moins facilement de se plier à cette règle s'il n'en comprend pas le sens. Il a besoin de savoir ce que lui rapporteront ses efforts et il doit surtout se rendre compte que ces activités sont susceptibles de satisfaire, au moins en partie, sa curiosité et son désir d'apprendre. Il doit constater également que ce qu'il apprend lui est utile et le fait progresser. Si ces conditions sont remplies, il va trouver ses activités scolaires motivantes. Il lui sera plus facile d'être autonome et de s'engager personnellement dans des choix.

L'autonomie n'apparaît pas de façon soudaine au cours du développement mais se construit progressivement. Son acquisition est facilitée par les attitudes des parents, des intervenants scolaires, des camarades et des autres adultes avec lesquels l'enfant est en relation. Il s'agit, somme toute, d'un processus qui est long et parfois difficile. Pensons, à cet effet, à tous les apprentissages de base que le jeune enfant réalise dans sa quête de l'autonomie: la marche, le langage, l'entraînement à la propreté, l'habillement, etc. Ces apprentissages se déroulent par stades et selon un processus naturel de développement qui comprend des évolutions subites et des régressions temporaires. Notons, enfin, que chaque enfant se développe à son rythme.

L'autonomie suppose la capacité d'être seul. À chaque nouvel apprentissage, l'enfant brise un lien de dépendance envers ses parents. Dans son cheminement vers l'autonomie, il met de plus en plus de distance entre lui et eux. Cette situation est parfois source d'ambivalence, tant chez les parents que chez l'enfant. En effet, ce dernier peut s'affirmer par des gestes autonomes tout en désirant parfois rester petit, dans une sorte de dépendance confortable. Quant aux parents, ils sont généralement fiers des nouveaux apprentissages de leur enfant mais ils se rendent compte avec inquiétude et tristesse qu'il se sépare d'eux de plus en plus. Les parents aussi ont peur d'être seuls!

La capacité de faire des choix et d'en assumer les conséquences, qu'elles soient positives ou négatives, est à la base de l'autonomie. Il y a également là une source d'ambivalence. En effet, faire un choix veut dire nécessairement renoncer à quelque chose. Tout jeune, l'enfant se heurte déjà à certains dilemmes: par exemple, choisir entre la crème glacée et un morceau de gâteau. Sa tendance naturelle est de tout vouloir et le choix qu'il fait est donc difficile car il entraîne nécessairement le renoncement à l'une des gâteries. On retrouve cette difficulté chez de nombreux adultes qui ont peine eux aussi à faire des choix parce qu'ils doivent abandonner quelque chose.

L'apprenti sorcier, comme l'adulte, ne peut être autonome dans tous les domaines. En effet, son degré d'autonomie varie d'une activité à l'autre, d'une matière scolaire à l'autre. Par exemple, il peut être très autonome en mathématiques et dans les sciences de la nature et l'être

moins en français et en éducation physique. Ces fluctua-
tions sont déterminées en grande partie par la complexité
des tâches à exécuter, par ses habiletés et sa motivation et
par le soutien que les parents et les enseignants lui apportent.

Plus un enfant a des comportements autonomes dans
ses apprentissages, moins les actions des parents doivent
être directives. C'est ce qu'on appelle le dirigisme décrois-
sant. Accompagner l'enfant dans son cheminement vers
l'autonomie implique, de la part des parents, une bonne
perception de ses habiletés et de ses capacités ainsi qu'une
grande souplesse. Ils doivent faire confiance aux capacités
de l'enfant de fonctionner seul à certains moments.

Favoriser l'autonomie de son enfant n'équivaut pas,
cependant, à pratiquer le laisser-aller. En effet, il est
important de l'aider à découvrir les moyens et les stratégies qui correspondent à ses capacités intellectuelles, à ses
motivations, à son tempérament et à sa façon d'apprendre. S'il doit faire face à des défis d'apprentissage trop
élevés, comme c'est souvent le cas chez ceux qui éprouvent des troubles d'apprentissage, ou s'il subit une série
d'échecs, il va perdre son désir d'autonomie.

*Les principaux signes d'autonomie scolaire sont la capacité de
planifier des travaux et la maîtrise d'une méthode personnelle de
travail.* Ces aptitudes se développent progressivement à
partir du début de la scolarité et, à compter de 8 ou 9
ans, elles doivent être observables et vérifiables. Elles comprennent, en ce qui concerne l'exécution d'un travail ou
la préparation d'un examen, les trois paramètres suivants :

- l'anticipation de la succession des étapes pour réaliser
le travail ou pour préparer l'examen ;

- l'anticipation de la durée ou du temps à consacrer à
chacune des étapes en fonction de l'échéance ;

- l'anticipation des moyens ou des stratégies à utiliser au cours de chacune des étapes.

## Exercice n° 34
## J'évalue l'autonomie scolaire de mon enfant

Dans un premier temps, faites l'exercice individuellement, puis échangez avec votre partenaire.

En général, mon enfant :

| | Jamais | | Rarement | | Parfois | | Souvent | |
|---|---|---|---|---|---|---|---|---|
| | M | P | M | P | M | P | M | P |
| - Commence seul ses travaux scolaires | ☐ | ☐ | ☐ | ☐ | ☐ | ☐ | ☐ | ☐ |
| - Les exécute dans un endroit approprié | ☐ | ☐ | ☐ | ☐ | ☐ | ☐ | ☐ | ☐ |
| - Les exécute dans un temps approprié | ☐ | ☐ | ☐ | ☐ | ☐ | ☐ | ☐ | ☐ |
| - Prend note dans un calepin des travaux scolaires à effectuer | ☐ | ☐ | ☐ | ☐ | ☐ | ☐ | ☐ | ☐ |
| - N'oublie pas les livres ou les cahiers qui sont nécessaires pour les effectuer | ☐ | ☐ | ☐ | ☐ | ☐ | ☐ | ☐ | ☐ |
| - Choisit l'ordre des travaux scolaires à effectuer | ☐ | ☐ | ☐ | ☐ | ☐ | ☐ | ☐ | ☐ |
| - En évalue bien l'ampleur et la durée | ☐ | ☐ | ☐ | ☐ | ☐ | ☐ | ☐ | ☐ |
| - Évite de les faire à la dernière minute | ☐ | ☐ | ☐ | ☐ | ☐ | ☐ | ☐ | ☐ |
| - Demande de l'aide à l'occasion | ☐ | ☐ | ☐ | ☐ | ☐ | ☐ | ☐ | ☐ |
| - Essaie d'autres moyens ou stratégies à la suite d'une erreur | ☐ | ☐ | ☐ | ☐ | ☐ | ☐ | ☐ | ☐ |
| - Persiste dans ses efforts malgré un échec | ☐ | ☐ | ☐ | ☐ | ☐ | ☐ | ☐ | ☐ |
| - Révise après coup ses travaux scolaires | ☐ | ☐ | ☐ | ☐ | ☐ | ☐ | ☐ | ☐ |

Certaines attitudes parentales favorisent l'accès à l'autonomie scolaire. Il importe d'abord de guider l'apprenti sorcier et non de le diriger. En effet, on ne doit pas lui imposer les méthodes ou les moyens qu'on utiliserait soi-même. Tout au plus peut-on les lui suggérer ou les offrir comme des moyens parmi d'autres.

Il est important de favoriser la créativité de l'apprenti sorcier car elle est étroitement liée à la motivation. Pour ce faire, *les parents doivent être capables de tolérer leur propre anxiété et d'accepter que leur enfant puisse suivre un autre chemin que celui qu'ils auraient pris eux-mêmes pour atteindre l'objectif poursuivi.*

L'apprenti sorcier a le droit d'être différent. Il faut avoir confiance en ses capacités quand il utilise des moyens ou des stratégies autres que ceux qu'on lui suggère.

Finalement, il est important de retenir que chaque geste que l'on pose à la place de l'enfant, quand celui-ci en est capable, nuit à son autonomie.

# 3

# Le point de vue des apprentis sorciers

## De grands besoins

De 8 à 10 ans, l'apprenti sorcier est un être dynamique qui cherche à organiser sa vie. Il est encore «petit» par bien des côtés et il demande qu'on le dorlote; mais, en même temps, il est déjà «grand» et le fait savoir. Il surprend par des réflexions très sensées avant de déconcerter par des questions qui manifestent une grande naïveté. Chose certaine, l'enfant de cet âge a des besoins qui sont nombreux et variés.

## *Savoir*

Depuis sa naissance, l'enfant manifeste beaucoup de curiosité. Tout petit, il rampe, il fouille et il «goûte» à tout ce qui l'entoure. Puis, à l'âge de l'imaginaire, soit entre 4 et 6 ans, sa curiosité se porte sur les relations: «Que font maman et papa dans leur chambre?», «À quoi s'amuse ma grande sœur avec ses amies?». Rendu à l'école, il est curieux d'apprendre à lire car il veut découvrir les mystères des adultes. Enfin, vers 8 ou 9 ans, il s'interroge sur les propriétés des choses, sur les relations sociales, sur les relations d'autorité, de complicité, etc.

L'enfant a besoin de savoir «comment ça se fait» plus que «pourquoi ça se fait». C'est l'âge des «débrouillards» comme l'illustre la populaire revue du même nom dans laquelle on trouve de très nombreuses expériences à faire qui sont toutes plus fascinantes les unes que les autres.

Ce *désir d'essayer* concerne aussi le domaine des activités parascolaires. L'enfant de cet âge a naturellement le goût de s'initier à toutes sortes de sports et d'activités artistiques. Toutefois, comme il est centré sur le «faire» et donc sur les résultats, il a de la difficulté à persévérer dans les domaines où il n'excelle pas. Après quelques cours de judo ou quelques rencontres de ballet-jazz, le petit garçon ou la petite fille peut vouloir tout laisser tomber! C'est le temps des «C'est plate!» ou des «Je suis pas bon!». Par contre, si l'enfant excelle dans une activité, il ne sait plus s'arrêter et son enthousiasme est sans borne. On constate, finalement, qu'il est important que l'enfant de cet âge soit incité à pratiquer diverses activités afin de mieux se connaître et afin d'apprendre à évaluer ses forces.

## Exercice n° 35
## L'activité préférée de mon enfant

Faites cette expérience ensemble.

- Demandez à votre enfant de vous dessiner ce qu'il aime le plus faire.

- Demandez-lui pourquoi il aime faire ça et notez sa réponse.

_____

_____

_____

## Exercice n° 36
## Aider l'enfant à préciser ses intérêts

Faites cette expérience avec votre enfant.

- D'abord, dites-lui ceci : « Si tu veux, on va faire un jeu ensemble. On va écrire sur de petits bouts de papier toutes les activités que tu fais déjà (patiner, te baigner, jouer au Nintendo, danser, faire ta chambre, aller à l'école, etc.). Ensuite, tu vas classer tes papiers en trois piles. Dans la première, tu vas mettre les activités que tu préfères, dans la deuxième, celles que tu aimes le moins, et, dans la dernière, celles qui te laissent indifférent. »
- N'essayez pas d'influencer votre enfant lorsqu'il classe ses papiers et contentez-vous de comprendre ses critères de sélection.

- Lorsque c'est fait, regardez avec l'enfant les activités qu'il préfère et vérifiez avec lui si ce sont celles où il réalise de bonnes performances ou croit le faire. Regardez ensuite celles qu'il aime le moins et vérifiez s'il se sent compétent dans ces activités. Regardez ensuite la troisième pile, s'il y en a une.

Notre société est axée sur la performance et a tendance à privilégier des savoir-faire plutôt que des «savoir-être». Il importe donc de prêter attention à d'autres désirs de connaissance qu'ont les enfants.

**Exercice n° 37**
**Aider l'enfant à découvrir d'autres intérêts**

- Avec votre enfant, faites une liste d'activités culturelles (visite de musée, concert, spectacle, etc.) ou artistiques (dessiner, jouer avec de la pâte à modeler, bricoler, etc.);

- demandez-lui ensuite quelles sont celles, parmi ces activités, qui l'intéressent le plus et demandez-lui également de vous dire pourquoi;

- demandez-lui, enfin, de dessiner une de ces activités.

L'enfant de cet âge doit expérimenter beaucoup. Mais il doit également commencer à apprendre à être persévérant car cela peut aussi devenir une source de plaisir. En règle générale, il est préférable de permettre à l'apprenti sorcier de choisir ses activités. Ce choix se fait en puisant dans une banque d'activités qui sont accessibles et qui cadrent avec les ressources financières des parents. Une fois le choix effectué (il s'agit de celui de l'enfant qui ne coïncidera pas nécessairement avec celui des parents), l'enfant fait un contrat avec eux. Il s'engage à persévérer pendant un mois ou pendant toute une session. Pour leur part, les parents s'engagent à le soutenir et à l'encourager.

---

**Exercice n° 38**
**Choisir une activité agréable**

Faites cette expérience avec votre enfant.

Les activités dont il s'agit peuvent être planifiées ou spontanées ; ce sont soit des activités parascolaires, soit des activités familiales.

Banque d'activités

1- _____

2- _____

3- _____

Activité choisie

_____

Entente avec les parents

_____

_____

Le besoin de savoir de l'enfant l'amène à vivre des activités dans plusieurs domaines. Mais il a également besoin de savoir « comment ça marche » les relations : celles qui s'établissent entre les parents et les enfants, entre les amis, avec d'autres adultes. Ce besoin s'exprime par toute une série de remarques et de questions : « Pourquoi tu chicanes toujours après moi ? », « C'est pas juste, le prof n'a pas vu Thomas qui m'a tapé le premier ! », « Pourquoi Natacha a le droit de sortir après le souper et pas moi ? », etc.

L'univers de l'enfant prend de l'expansion et sa capacité de raisonnement l'amène à chercher des réponses précises et concrètes. Il ne sert à rien de lui faire de longs discours philosophiques ; il est préférable de lui expliquer les relations de cause à effet ou les conséquences logiques de ses actes.

Dans le domaine des relations, nombreuses sont les réalités qui sont plus susceptibles d'intéresser le « sorcier » que l'« apprenti ». Les parents, comme les enfants, ne savent pas toujours pourquoi ils sont eux-mêmes en colère ou enclins au laisser-faire, pourquoi ils préfèrent un enfant à un autre ou pourquoi l'amitié et l'amour ne sont pas éternels. Mais il y en a qui ont plus de chances que d'autres de pouvoir transmettre à leurs enfants un « savoir-être » fait d'intuition et de sensibilité. Ce sont ceux qui cherchent déjà pour eux-mêmes la réponse à toutes ces interrogations et qui cheminent dans leur vie en restant en contact avec eux-mêmes et avec les autres.

Nos doutes existentiels n'apportent rien à un enfant de cet âge qui a besoin, par contre, d'expérimenter et de faire de petits voyages intérieurs. On peut l'aider en l'interpellant de multiples façons : « Qu'est-ce que tu ressens quand ton ami ne veut pas jouer avec toi ? », « Penses-tu que tu peux faire quelque chose lorsque tu n'es pas certain de tes mots de vocabulaire ? », « Je sais que tu es très en colère mais tu ne dois pas me parler de cette façon!», «Aujourd'hui, as-tu regardé le soleil qui est en toi?».

Les adultes se sentent très souvent dépassés par la complexité des émotions humaines. Il leur est souvent difficile de guider leurs enfants dans les méandres de leurs mondes intérieurs. Peut-être sont-ils aussi trop habitués à donner des réponses aux enfants plutôt que de leur fournir des questions qui leur permettraient de trouver eux-mêmes une réponse, même si elle est partielle!

## Construire des mécanismes d'adaptation

Rendu à «l'âge des règles», l'enfant a déjà connu beaucoup d'expériences humaines et éprouvé une grande variété d'émotions. Il sait ce que c'est que d'avoir de la peine lorsque les parents s'en vont travailler, de rire aux chatouilles du soir, d'être en colère parce qu'un ami lui enlève un jouet ou parce que le petit dernier déchire son dessin préféré. Il a vibré au désarroi de papa qui a perdu son emploi ou à la grande fatigue de maman. Il s'est senti très mal lorsque ses parents se sont chicanés et il a ressenti une grande joie lorsque grand-maman lui a fait une petite surprise.

L'enfant de cet âge a connu la peur du noir, celle des chiens, celle de la solitude. Il a aussi ressenti le doute, la honte, l'espérance, la fébrilité joyeuse, le désir de connaître, de savoir et d'avoir. Il a éprouvé de la curiosité pour son corps et celui des autres et un grand intérêt pour les secrets des adultes.

Il a connu la garderie ou des gardiennes, les petits groupes d'enfants, les cours de toutes sortes et le plaisir des activités sportives et artistiques. Il a lu, vu et entendu beaucoup d'informations et de reportages sur les personnes, les animaux, les pays et les découvertes scientifiques. Il a été heureux et malheureux, inquiet et stimulé.

Graduellement, il a appris à se défendre contre les sentiments trop forts ou troublants et il l'a fait à sa façon, selon son tempérament et les modèles qu'il a eus devant lui. À la recherche d'un équilibre et d'un bien-être à l'intérieur et à l'extérieur de lui, il a élaboré des mécanismes de défense et des mécanismes d'adaptation.

Entre 8 et 10 ans, l'enfant continue de découvrir, par imitation et par « essais et erreurs », comment se protéger et s'adapter.

---

**Exercice n° 39**
**J'observe les mécanismes d'adaptation de mon enfant**

Dans un premier temps, faites l'exercice individuellement, puis échangez avec votre partenaire.

Observez votre enfant et essayez de reconnaître les façons qu'il a de s'adapter aux situations et de se protéger contre des sentiments intenses, qu'ils soient agréables ou désagréables.

| | Jamais | | Parfois | | Souvent | | Toujours | |
|---|---|---|---|---|---|---|---|---|
| | M | P | M | P | M | P | M | P |
| Mon enfant : | | | | | | | | |
| - Observe la situation pendant un certain temps sans réagir | ☐ | ☐ | ☐ | ☐ | ☐ | ☐ | ☐ | ☐ |
| - Se retire de la situation | ☐ | ☐ | ☐ | ☐ | ☐ | ☐ | ☐ | ☐ |
| - Devient visiblement mal à l'aise | ☐ | ☐ | ☐ | ☐ | ☐ | ☐ | ☐ | ☐ |
| - Semble inquiet ou anxieux | ☐ | ☐ | ☐ | ☐ | ☐ | ☐ | ☐ | ☐ |
| - Va chercher de l'aide | ☐ | ☐ | ☐ | ☐ | ☐ | ☐ | ☐ | ☐ |
| - Fait comme si de rien n'était | ☐ | ☐ | ☐ | ☐ | ☐ | ☐ | ☐ | ☐ |
| - Pleure | ☐ | ☐ | ☐ | ☐ | ☐ | ☐ | ☐ | ☐ |
| - Crie | ☐ | ☐ | ☐ | ☐ | ☐ | ☐ | ☐ | ☐ |
| - Bouge beaucoup | ☐ | ☐ | ☐ | ☐ | ☐ | ☐ | ☐ | ☐ |
| - Boude | ☐ | ☐ | ☐ | ☐ | ☐ | ☐ | ☐ | ☐ |
| - Frappe | ☐ | ☐ | ☐ | ☐ | ☐ | ☐ | ☐ | ☐ |
| - Lance des injures | ☐ | ☐ | ☐ | ☐ | ☐ | ☐ | ☐ | ☐ |

| (suite) | Jamais | | Parfois | | Souvent | | Toujours | |
|---|---|---|---|---|---|---|---|---|
| | M | P | M | P | M | P | M | P |
| - Ne comprend plus rien, n'écoute plus | ☐ | ☐ | ☐ | ☐ | ☐ | ☐ | ☐ | ☐ |
| - Se dévalorise | ☐ | ☐ | ☐ | ☐ | ☐ | ☐ | ☐ | ☐ |
| - Redevient « bébé » | ☐ | ☐ | ☐ | ☐ | ☐ | ☐ | ☐ | ☐ |
| - Met la faute sur l'autre | ☐ | ☐ | ☐ | ☐ | ☐ | ☐ | ☐ | ☐ |
| - Nie le problème | ☐ | ☐ | ☐ | ☐ | ☐ | ☐ | ☐ | ☐ |
| - Devient très ordonné | ☐ | ☐ | ☐ | ☐ | ☐ | ☐ | ☐ | ☐ |
| - Semble indifférent | ☐ | ☐ | ☐ | ☐ | ☐ | ☐ | ☐ | ☐ |
| - Refoule ses sentiments | ☐ | ☐ | ☐ | ☐ | ☐ | ☐ | ☐ | ☐ |
| - Devient théâtral | ☐ | ☐ | ☐ | ☐ | ☐ | ☐ | ☐ | ☐ |
| - Cherche à comprendre | ☐ | ☐ | ☐ | ☐ | ☐ | ☐ | ☐ | ☐ |
| - Discute | ☐ | ☐ | ☐ | ☐ | ☐ | ☐ | ☐ | ☐ |
| - Exprime ce qu'il ressent | ☐ | ☐ | ☐ | ☐ | ☐ | ☐ | ☐ | ☐ |
| - Se réfugie dans l'imaginaire | ☐ | ☐ | ☐ | ☐ | ☐ | ☐ | ☐ | ☐ |
| - Dessine, invente, bricole, crée | ☐ | ☐ | ☐ | ☐ | ☐ | ☐ | ☐ | ☐ |
| - Autre réaction | ☐ | ☐ | ☐ | ☐ | ☐ | ☐ | ☐ | ☐ |

Un enfant qui a différentes façons de réagir aux émotions trop fortes ou aux situations difficiles a développé une souplesse qui lui sera très utile tout le long de sa vie. Il possède, en effet, plusieurs stratégies d'adaptation, ce qui n'est pas le cas de l'enfant qui a presque toujours la même façon de réagir et qui, de ce fait, sera souvent coincé intérieurement!

Il est possible d'aider les enfants à assouplir leurs mécanismes de défense de même qu'à diversifier leurs mécanismes d'adaptation. Il faut se rappeler également qu'il est normal qu'un enfant de cet âge ait plus de difficulté qu'un adulte à utiliser des défenses rationnelles.

**Exercice n° 40**
**J'observe mes propres mécanismes d'adaptation**

Refaites individuellement le questionnaire de l'exercice précédent en pensant à vous et essayez de trouver la réponse à la question suivante : Suis-je quelqu'un de souple, de moyennement souple, de plutôt rigide ou de très rigide dans ma façon d'affronter une situation ?

Chaque *jamais* et chaque *toujours* valent 1 point. Chaque *parfois* vaut 5 points et chaque *souvent*, 10 points.

Total des points : _____

| | |
|---|---|
| Plus de 190 points : | Vous avez plus d'une corde à votre arc. Le tout est de savoir viser juste. |
| De 130 à 190 points : | Votre souplesse vous permet de sentir d'où vient le vent. |
| De 50 à 130 points : | Vous pouvez utiliser des stratégies gagnantes mais vous perdez parfois vos moyens. |
| Moins de 50 points : | Vous avez peu de stratégies à votre disposition et vous devez vous sentir souvent mal pris et anxieux. |

Ce n'est pas un hasard si les entraîneurs des jeunes gymnastes olympiques sont d'anciens champions gymnastes. En effet, il est plus facile d'entraîner un jeune à la souplesse lorsqu'on est souple soi-même. Il est également possible d'assouplir son corps et son esprit à tout âge mais plus on commence jeune, plus c'est facile.

Un adulte suggère plus facilement à son enfant des façons de s'y prendre autrement s'il varie lui-même ses stratégies d'adaptation !

## *Se rapprocher du parent du même sexe*

Entre 8 et 10 ans, l'apprenti sorcier a besoin d'avoir des contacts fréquents et complices avec le parent du même sexe parce qu'il a besoin d'être confirmé dans son identité. C'est pour les mêmes raisons qu'il recherche la compagnie des enfants de son sexe.

Lorsqu'un enfant est éloigné du parent de son sexe à cause d'un décès, d'un divorce ou d'absences répétées, il recherche des modèles à l'extérieur de la maison. Ces modèles pourront pallier l'absence du parent même s'ils ne le remplaceront jamais complètement. D'autre part, il est bon de se rappeler qu'un parent qui ne vit pas quotidiennement avec son enfant a tout de même un rôle primordial à jouer auprès de lui. On peut constater l'importance de ce rôle en se rappelant qu'un enfant dont le parent est décédé va s'inventer un parent idéal et le garder dans sa tête et dans son cœur. Ce parent idéal sera bien difficile à imiter !

Enfin, soulignons que la seule présence physique du parent du même sexe à la maison ne suffit pas et que l'enfant a besoin de tisser des liens étroits avec lui ou avec elle en faisant des activités concrètes.

L'enfant qui n'a pas du tout de contact avec le parent du même sexe doit être amené à vivre une relation privilégiée avec un adulte de son sexe. Différents mouvements de jeunesse peuvent répondre à ce grand besoin que ressentent les apprentis sorciers.

---

**Exercice n° 41**
**J'identifie mes liens privilégiés avec l'enfant de mon sexe**

*Questionnaire pour la mère qui a une fille*

- Vivez-vous avec votre fille ?

---

- Sinon, la voyez-vous régulièrement ?

---

- Quelles sont les activités que vous faites seule avec elle ?

- Votre fille semble-t-elle heureuse de passer du temps avec vous ?

- Dans quelles circonstances est-elle le plus contente ?

- Avez-vous établi une complicité avec elle ?

- Comment pouvez-vous améliorer votre relation avec elle ?

*Questionnaire pour le père qui a un fils*

- Vivez-vous avec votre fils ?

- Sinon, le voyez-vous régulièrement ?

- Quelles sont les activités que vous faites seul avec lui ?

- Votre fils semble-t-il heureux de passer du temps avec vous ?

- Dans quelles circonstances est-il le plus content ?

- Avez-vous établi une complicité avec lui ?

- Comment pouvez-vous améliorer votre relation avec lui ?

## *Se structurer par des règles*

Le jeune qui est âgé de 8 à 10 ans adore s'organiser lui-même. Il aime aussi classer et ramasser. Vaut mieux l'encourager à le faire et lui réserver un coin dans la maison afin qu'il puisse accumuler... l'inutile.

---

**Exercice n° 42**
**J'observe les capacités d'organisation de mon enfant**

Dans un premier temps, faites l'exercice individuellement, puis échangez avec votre partenaire.

Est-ce que votre enfant :

|  | M | | P | |
|---|---|---|---|---|
|  | Oui | Non | Oui | Non |
| - Désire revenir à la maison après l'école même s'il y sera seul ? | ☐ | ☐ | ☐ | ☐ |
| - Fait des collections (roches, timbres, cartes, etc.) ? | ☐ | ☐ | ☐ | ☐ |
| - Ramasse tout ce qui l'intéresse (bouts de bois, etc.) ? | ☐ | ☐ | ☐ | ☐ |
| - S'invente des rituels (ne pas toucher aux lignes du trottoir, placer ses jouets toujours de la même façon, s'asseoir toujours à la même place, etc.) ? | ☐ | ☐ | ☐ | ☐ |
| - Adore les jeux de règles (Nintendo, ballon-chasseur, corde élastique, etc.) ? | ☐ | ☐ | ☐ | ☐ |
| - Veut se garder seul ? | ☐ | ☐ | ☐ | ☐ |
| - Veut aller au centre d'achats avec ses amis ou faire d'autres activités sans les adultes ? | ☐ | ☐ | ☐ | ☐ |
| - Désire cuisiner seul ? | ☐ | ☐ | ☐ | ☐ |
| - Aime organiser (jeux, fêtes, etc.) ? | ☐ | ☐ | ☐ | ☐ |
| - Demande à avoir des responsabilités ? | ☐ | ☐ | ☐ | ☐ |
| - Autre | ☐ | ☐ | ☐ | ☐ |

Le parent guide favorise l'autonomie et la responsabilité de son enfant en lui permettant d'organiser et de maîtriser peu à peu sa vie personnelle.

---

## *Actualiser son imaginaire*

L'enfant de cet âge est tout entier dans l'action. Il a beaucoup d'imagination qu'il désire concrétiser. Il aime encore les contes tout en préférant souvent les histoires courtes. Il adore les films fantastiques mais il est très sensible à leur contenu émotif. Il s'identifie pleinement aux personnages et devient anxieux lorsqu'ils sont victimes de violence par exemple. Il adhère encore au magique mais il le critique aussi : «Ça ne se peut pas», «C'est bébé-la-la». Sa nouvelle capacité de raisonner logiquement l'aide à critiquer l'impossible.

Il a besoin de créer, c'est-à-dire de mettre en action ce qu'il imagine dans sa tête. Il construit, fait des mélanges, invente des jeux, se déguise, crée des situations, etc. Les parents doivent lui fournir le matériel de création, qu'il s'agisse de terre glaise, de cartons, de colle, de peinture, de bouts de bois ou de morceaux de tissu.

---

**Exercice n° 43**
**J'observe la créativité de mon enfant**

Faites cet exercice avec votre enfant.

- À l'occasion d'une fête ou d'un événement spécial, demandez à votre enfant de décorer la maison ou une pièce de la maison. Fournissez-lui du matériel varié pour susciter sa créativité.

- Proposez-lui de faire seul ou avec ses amis ou sa fratrie une machine à :
  • voyager dans le temps
  • faire des nuages
  • inventer des mots
  • piler les pommes de terre
  • faire le lit
  • se calmer
  • autre

---

## *Cultiver son imagination*

L'enfant de cet âge adore la magie et cherche à comprendre les mécanismes qui se cachent derrière les choses et les événements. Mais, au fond de lui, il espère faire de la magie « pour vrai » car il désire avoir des pouvoirs qui feraient de lui une vedette et un être « tout-puissant ».

Il est intéressant d'encourager l'enfant de cet âge à être fantaisiste et créateur.

---

### Exercice n° 44
### Je stimule l'imaginaire de mon enfant

Faites l'exercice suivant avec votre enfant.

Commencez à lui raconter une petite histoire et demandez-lui de la terminer. Voici quelques exemples d'histoires pour vous inciter à en inventer une vous-même !

#### *L'histoire du robot*
#### *qui voulait devenir un enfant*

Un jour, Frédéric et Jacinthe eurent l'idée de fabriquer un robot qui leur obéirait au doigt et à l'œil. Ils pensaient : « Comme ce serait agréable si nous avions un robot qui ferait le ménage de notre chambre à notre place, qui desservirait la table et, surtout, qui ferait nos devoirs ! Chaque fois que maman et papa nous demanderaient de rendre un service ou de faire une tâche, nous n'aurions qu'à sortir notre robot du placard et à lui ordonner de le faire pour nous ! Papa et maman n'en sauraient rien ! Ils seraient fiers de nous et nous récompenseraient sûrement. »

Les deux enfants allèrent chercher dans la cave et chez leurs amis toutes sortes de bouts de bois et de métal pour fabriquer ce robot. Comment allons-nous l'appeler ? _____. Oui, c'est une bonne idée ! Après de longs jours de travail assidu et avec l'aide de _____, les enfants terminèrent leur petit robot et le trouvèrent _____ .

Les jours suivants, chaque fois qu'on leur demandait de faire quelque chose qu'ils n'aimaient pas, ils sortaient _____ du placard et lui ordonnaient de faire le travail. Au fil des jours, Frédéric et Jacinthe s'aperçurent que _____ changeait. Il devenait _____ .

Un jour, _____ se mit à parler aux enfants qui furent éberlués de l'entendre. Il leur dit : _____

_____ .

Les enfants écarquillèrent les yeux, très surpris de voir que _____ voulait devenir un enfant comme eux. Ils lui répondirent : _____

_____

_____ .

Finalement Frédéric et Jacinthe prirent la décision suivante :

_____ .

Comment _____ réagit-il à cette décision ? Il _____

_____ .

### L'histoire d'une dauphine
### qui adorait les enfants et s'ennuyait toute seule

Dans les mers du Sud, là où le soleil brille toute l'année et où les dauphins s'amusent toute la journée, il y avait une petite dauphine très aimée de tous ses amis dauphins. Elle était aimée parce que _____

_____ .

Cette dauphine s'appelait _____. C'était une dauphine espiègle qui aimait jouer des tours. Par exemple, elle _____ et tout le monde avait bien ri. _____ aimait aussi beaucoup les enfants.

Tout le monde sait que les dauphins sont très gentils avec les enfants mais _____ l'était encore plus que les autres. Elle se rendait souvent près de la plage pour les apercevoir. Elle criait alors comme le font les dauphins. Les enfants entraient dans l'eau et _____

_____ .

Un jour, _____ s'ennuyait terriblement toute seule dans l'océan. Ses amis étaient partis en vacances avec leurs parents. Elle prit alors une décision : _____

_____ .

Elle se rendit près de la plage et fit ce qu'elle avait dit. Les enfants se mirent à

_____

et _____ en fut tout émue.

Depuis ce temps, _____

_____ .

## *Avoir des amis de son sexe*

Rendus à « l'âge des règles », les enfants ont besoin d'amis de leur sexe afin de confirmer leur identité sociale. Les enfants sont alors passablement « sexistes » même lorsque les parents ont tenté de leur transmettre des valeurs d'égalité. Cela est tout à fait normal car les garçons et les filles ont besoin d'apprendre ce que veut dire concrètement être un garçon ou être une fille dans notre société.

Les garçons font « des affaires de gars » et les filles, « des affaires de filles ». Les garçons forment de plus grands groupes et ils sont plus centrés sur la performance physique. Les filles forment de plus petits groupes et elles sont plus centrées sur les relations et les émotions. De part et d'autre, ils ont besoin d'affirmer leur identité. « Les garçons, les cornichons », disent les filles, « les filles, les guenilles », répondent les garçons afin de bien délimiter leur appartenance sexuelle.

À cet âge, il y a déjà un attrait pour l'autre sexe. Les enfants s'agacent : « Mélanie est amoureuse de toi ! », « Stéphane dit que tu es sa blonde ! ». Le sentiment amoureux est sincère et ne doit pas être ridiculisé. Certains enfants vivent de grandes peines d'amour qu'il faut respecter et qu'il ne faut pas minimiser.

Il est très important d'aider les enfants de cet âge à s'intégrer à un groupe d'amis. Il faut se rappeler que les groupes formés par les enfants qui suivent un même cours de judo, de ballet ou de natation sont rarement de vrais groupes d'appartenance. Par contre, les scouts, les jeunes naturalistes et d'autres regroupements sont conçus pour favoriser l'échange, le partage et les relations.

## Exercice n° 45
## J'aide mon enfant à se faire des amis

Lorsqu'un enfant est trop solitaire ou victime du rejet de ses pairs, les parents doivent intervenir tout en se posant d'abord les questions suivantes :

- Est-ce que je suis moi-même quelqu'un de sociable ou, au contraire, suis-je gêné(e), solitaire et méfiant(e) ?
- Est-ce que je favorise la socialisation de mes enfants en accueillant leurs amis à la maison, en invitant mon enfant à prêter ses choses personnelles et en encourageant le partage et la collaboration ?
- Est-ce que je parle souvent en bien des autres (voisins, parenté, amis) ou est-ce que je crée un climat de paranoïa ?
- Est-ce que je crois que mon enfant est « aimable » ?
- Est-ce que je suis favorable à ce que mon enfant sorte de la maison pour aller chez d'autres enfants ?
- Est-ce que je fais des efforts pour ne pas surprotéger mon enfant et l'empêcher ainsi d'apprendre à faire sa place, à se défendre et à s'affirmer ?
- Quelles attitudes puis-je changer pour favoriser l'ouverture vers les autres ?

Ensuite, ils peuvent tenter de changer certaines attitudes pour favoriser la socialisation :

- Je m'efforce de parler en bien des autres enfants
- J'invite des amis à la maison
- J'accepte que mon enfant aille chez ses amis
- Je le laisse régler lui-même ses problèmes avec ses amis
- Je favorise son indépendance en le laissant seul parfois
- Je favorise son indépendance en ne jouant pas tout le temps le rôle d'ami
- Je l'encourage à aller vers les autres
- Je lui montre que j'ai confiance en sa capacité de se faire aimer

Lorsque le problème perdure, les parents peuvent tenter une expérience qui consiste à demander à leur enfant d'inviter un ami pour la fin de semaine. Ils l'aideront à préparer cette rencontre en lui posant les questions suivantes :

- À quoi allez-vous jouer ?
- Est-ce que tu penses que ton ami(e) va être intéressé(e) par ce jeu ?
- S'il(elle) n'est pas intéressé(e), que vas-tu faire ?
- Comment peux-tu affirmer ton choix tout en faisant plaisir à l'autre ?
- Selon toi, qu'est-ce qui fait que tes amis partent ?
- Qu'est-ce que tu peux changer pour les retenir ?

Ensuite, faites un jeu de rôle avec votre enfant. Jouez à être l'ami invité et faites comme si ça se passait pour vrai. Enseignez à votre enfant de nouvelles habiletés sociales.

Si le problème persiste, prenez rendez-vous avec l'enseignante de votre enfant et faites-lui part de vos inquiétudes. Demandez-lui d'observer votre enfant en groupe et de favoriser son insertion.

Il nous est arrivé de voir des enfants se transformer complètement. Ainsi, une enseignante, en l'absence d'un enfant, a discuté avec les autres enfants de la classe des façons concrètes de l'aider à se faire des amis. Les enfants, lorsqu'on les y invite, sont généralement empathiques et sensibles aux besoins des autres.

## Faire preuve d'autonomie

Les enfants de cet âge prennent beaucoup de risques qui ne sont pas toujours calculés. Les parents sont inquiets, surtout ceux qui ont des garçons. En effet, ceux-ci sont téméraires et casse-cou. Ils font de la bicyclette comme s'ils montaient un pur-sang, de la planche à roulettes ou du « skate » comme s'ils faisaient du surf en pleine mer et des acrobaties comme s'ils étaient Tarzan. Les filles courent souvent moins de risques mais, comme elles désirent ardemment développer des relations, elles peuvent davantage entrer en contact avec des personnes à risque.

**Exercice n° 46**
**Encadrer l'enfant sans le brimer**

Faites l'exercice ensemble.

- Quelles sont les activités à risque de votre enfant ?

- Quelles sont les activités de votre enfant qui ne comportent pas de risques ?

_____

- Comment faites-vous pour encourager votre enfant à réduire les risques ?

_____

- Comment faites-vous pour faire part à votre enfant de vos inquiétudes ?

_____

- Quelles sont les conséquences naturelles et logiques auxquelles vous avez recours lorsque vous réalisez que votre enfant a pris des risques démesurés ?

_____

Il faut encadrer suffisamment les enfants de cet âge, mais sans les brimer. Ce n'est pas une tâche facile !

Prenons l'exemple suivant. Un enfant fait de la bicyclette et traverse la rue à vive allure sans regarder. Le parent doit rechercher avec l'enfant une conséquence naturelle découlant de cette situation dangereuse. Peut-être est-ce de perdre le privilège d'utiliser sa bicyclette pour le reste de la journée ?

Dans ce domaine, plus la conséquence est en lien avec le comportement dangereux, plus il y a de chances que l'enfant comprenne le sens de la règle de sécurité. Cette conséquence ne doit pas être une punition massive (« Pas de bicyclette pour une semaine ! ») ni une sanction du besoin d'initiative (« Tu n'es pas capable d'aller à bicyclette parce que tu es trop bébé, je te confisque ta bicyclette ! »). Elle doit être éducative et servir à transmettre les valeurs auxquelles on croit.

**Exercice n° 47**
**J'encourage les initiatives de mon enfant**

Dans un premier temps, faites l'exercice individuellement, puis échangez avec votre partenaire.

Tous les parents veulent avoir des enfants autonomes. Pour cela, il faut leur permettre de prendre des initiatives.

Mon enfant a le droit de faire les choix suivants à la maison :

**M** _____

_____

_____

**P** _____

_____

_____

J'aime quand mon enfant décide lui-même de :

**M** _____

_____

_____

**P** _____

_____

_____

Voici quelques moyens que j'utilise pour encourager ses initiatives :

**M** _____

_____

_____

P

# Des besoins qu'il est nécessaire
# de reconnaître

## *Histoires vraies*

- Johannie a 8 ans. Ses parents viennent consulter parce qu'elle est constamment en conflit ouvert avec sa grande sœur de 13 ans et son petit frère de 4 ans. Elle est agressive et agitée. Son père trouve particulièrement pénible que sa fille soit dans la lune chaque fois qu'il lui parle et qu'elle semble indifférente à toutes les punitions. Les parents sont en thérapie de couple depuis quelques années. Ils ont eu ensemble les deux plus jeunes enfants alors que l'aînée vient d'une précédente union du père. Les parents songent à se séparer.

Johannie est une enfant qui a des difficultés de concentration. Elle est très sensible aux « chicanes » de ses parents et se sent responsable de leurs problèmes de couple. Toute son énergie est mobilisée pour « faire semblant » que rien ne l'atteint. Elle réfléchit, comme un miroir, les conflits de ses parents et elle est mal dans sa peau.

Les parents ont cessé de se quereller ouvertement devant les enfants. Le père a consacré plus de temps de qualité à sa fille (en jouant plutôt qu'en exigeant) et la mère a cherché à favoriser une communication plus saine entre les enfants. La tension est tombée. Johannie a pu exprimer sa peine et ses peurs. Elle a même fait un dessin pour sa sœur dans lequel elles sont assises ensemble sur le lit de l'aînée. Elle lui a aussi écrit une petite lettre pour lui dire qu'elle avait besoin de son aide, qu'elle se sentait seule et qu'elle avait peur de la perdre si son père quittait sa mère. Cette lettre a rapproché les deux sœurs.

◆ ◆ ◆

- Marc-Antoine est un beau petit garçon de 9 ans. Ses parents sont inquiets parce qu'il ne réussit pas bien à l'école. Il est aussi ouvertement provocant à la maison.

C'est le deuxième d'une famille de 3 garçons. Il est le préféré du père mais sa mère dit qu'elle est incapable de lui donner de l'affection. Dès qu'il l'approche, elle doit retenir un mouvement de répulsion physique. Les parents viennent d'un milieu huppé et ils sont très exigeants sur le plan scolaire.

Marc-Antoine est un vrai petit adulte. Il s'exprime de façon recherchée et il se tient comme il faut. Il se contrôle énormément et reste superficiel dans sa relation. Cet enfant est immensément triste ; il ressent le rejet de sa mère de façon intense même s'il n'en a jamais été question en tant que tel.

Après quelques rencontres avec la mère seule, il devient évident que Marc-Antoine lui rappelle des membres de sa propre famille. Elle a un passé chargé qu'elle se refuse à regarder pour ne pas souffrir. Elle dit avoir tout oublié. Elle mentionne simplement qu'elle a vécu beaucoup d'injustices et que c'est pour cette raison qu'elle n'exige rien de ses enfants en dehors de l'école. Elle veut à tout prix être «juste». Pour éviter les conflits et les comparaisons, elle a même fait installer dans la salle de bains des garçons trois lavabos identiques. Elle se rend compte de son illogisme mais elle ne sait pas comment discipliner ses fils, tous les trois étant très dépendants.

Elle refuse de l'aide pour elle-même mais accepte d'envisager de nouvelles stratégies éducatives avec ses enfants et particulièrement avec Marc-Antoine. Celui-ci est soulagé de comprendre qu'une partie du problème vient du passé de sa mère puisqu'elle le confond parfois avec quelqu'un d'autre. Le père s'intéresse davantage à son fils. Un système d'allocation est instauré qui est assorti de « tâches » établies en fonction de l'âge des enfants. Marc-Antoine est fier de pouvoir aider sa mère à sa façon et la rivalité entre les frères s'estompe.

Marc-Antoine progresse mais la relation mère-fils restera complexe tant que la mère n'acceptera pas d'aide pour elle-même. Elle le fera lorsqu'elle se sentira prête.

- Stéphanie a 9 ans. C'est une fillette extrêmement inhibée. Les parents consultent parce qu'elle refuse d'aller à l'école. Le matin, elle a mal au cœur et au ventre. Le dimanche soir et la veille des examens, elle fait de l'insomnie sévère. Elle éprouve des difficultés d'apprentissage et prend une médication pour un déficit d'attention et de concentration. En consultation, Stéphanie parle tout bas, n'est intéressée par aucun jeu et sourit de façon anxieuse.

Les parents ne comprennent pas ce qui se passe chez Stéphanie. Ils ne savent plus comment faire pour l'aider. En thérapie, l'enfant utilise peu son imaginaire. Puis, elle se met à s'ouvrir graduellement et parle de sa dévalorisation et de sa gêne; elle arrive aussi à dessiner ses peurs. Les parents encouragent les initiatives de Stéphanie qui contrôle de mieux en mieux ses craintes.

- Louis a 8 ans. Il lui arrive souvent de faire intrusion et il prend beaucoup de place. Les parents consultent à la demande de l'école parce qu'il a un tic qui en fait la risée de plusieurs. Il se lèche les lèvres au point d'avoir en permanence des croûtes et des rougeurs tout autour de la bouche.

Louis est un enfant unique. Les parents ont fait un long cheminement de couple. Le père était violent et très impulsif et l'enfant a été témoin de scènes de violence en bas âge. À l'occasion, il a été l'otage du conflit de couple ; par exemple, alors qu'il avait 8 mois, le père l'a suspendu au-dessus de l'escalier en menaçant la mère de le laisser tomber. Le père a été aidé et le couple vit maintenant sinon dans l'harmonie du moins dans la tranquillité. La mère dit qu'elle a tendance à trop protéger son fils. Elle a toujours craint qu'il s'attache davantage à ses gardiennes qu'à elle-même. Elle l'a changé régulièrement de milieu de garde pour éviter cet attachement. L'enfant a fait de l'asthme sévère dans sa petite enfance. C'est un enfant nerveux qui bouge et qui parle beaucoup.

Louis est malheureux d'être à l'écart de son groupe de pairs mais il ne peut pas s'empêcher de se lécher les lèvres. En thérapie, il s'empare du fusil et joue des scènes violentes à répétition. Il se met des menottes, puis me les met ensuite, nous empêchant tour à tour d'agir. Louis a été marqué par la violence familiale et il craint son père malgré une relation généralement positive avec lui. Son anxiété est forte et se traduit entre autres choses par des tics. Un engagement de plus en plus chaleureux du père est nécessaire. La mère doit également travailler sur la difficulté qu'elle a à se séparer de son fils. De plus, l'enfant doit liquider son traumatisme et apprendre de nouvelles façons de gérer son stress et d'exprimer son agressivité.

On peut constater, en conclusion, que tous ces enfants avaient trouvé des façons différentes de s'adapter à des situations familiales difficiles. Mais leurs mécanismes de défense étaient rigides et inefficaces au point que des symptômes sont apparus.

Il arrive à toutes les familles de vivre des conflits et à tous les enfants de devoir se défendre de sentiments trop intenses ou trop négatifs. La capacité qu'ont les parents d'intervenir rapidement, la souplesse d'adaptation de l'enfant ainsi que le contexte scolaire et social vont influencer la durée et l'importance des symptômes présentés. Lorsque les choses ne se résorbent pas rapidement, il vaut mieux consulter!

# 4

# Pistes de réflexion

## Retour aux exercices

Vous avez observé votre enfant, rempli des questionnaires et fait certains exercices relatifs à «l'âge des règles» dont la liste suit:

Complétez maintenant votre auto-évaluation et revenez, si nécessaire, à l'un ou l'autre des exercices proposés.

# Auto-évaluation

| | Un peu (1 pt) | | Moyennement (5 pts) | | Beaucoup (10 pts) | |
|---|---|---|---|---|---|---|
| | M | P | M | P | M | P |
| Je m'efforce de respecter le fait que mon enfant est un être unique | ☐ | ☐ | ☐ | ☐ | ☐ | ☐ |
| J'encourage mon enfant à faire des choix personnels | ☐ | ☐ | ☐ | ☐ | ☐ | ☐ |
| Je désire qu'il se sente libre de s'exprimer | ☐ | ☐ | ☐ | ☐ | ☐ | ☐ |
| Je détermine clairement ce que sont mes limites | ☐ | ☐ | ☐ | ☐ | ☐ | ☐ |
| Lorsque je suis face à un problème de discipline, je cherche activement une solution avec mon enfant | ☐ | ☐ | ☐ | ☐ | ☐ | ☐ |
| Je considère que l'hérédité joue un certain rôle dans le développement de mon enfant ainsi que les conditions physiques et psychologiques dans lesquelles il évolue, et je crois aussi que chacun a une « marge de liberté » | ☐ | ☐ | ☐ | ☐ | ☐ | ☐ |
| Je m'efforce de comprendre le sens caché derrière les comportements de mon enfant | ☐ | ☐ | ☐ | ☐ | ☐ | ☐ |
| J'aide activement mon enfant à devenir un *enfant créateur* | ☐ | ☐ | ☐ | ☐ | ☐ | ☐ |
| Je reconnais qu'il a des forces et des limites | ☐ | ☐ | ☐ | ☐ | ☐ | ☐ |
| Je m'efforce d'établir une relation de mutualité avec mon enfant | ☐ | ☐ | ☐ | ☐ | ☐ | ☐ |
| Je prends des moyens pour l'écouter attentivement | ☐ | ☐ | ☐ | ☐ | ☐ | ☐ |

| (suite) | Un peu (1 pt) | | Moyennement (5 pts) | | Beaucoup (10 pts) | |
|---|---|---|---|---|---|---|
| | M | P | M | P | M | P |
| Je lui témoigne souvent de l'estime | ☐ | ☐ | ☐ | ☐ | ☐ | ☐ |
| Je favorise l'autonomie et le sens des responsabilités | ☐ | ☐ | ☐ | ☐ | ☐ | ☐ |
| Je cherche à connaître mon style personnel comme parent | ☐ | ☐ | ☐ | ☐ | ☐ | ☐ |
| Je m'efforce d'être un *parent guide* mais je reconnais mes limites | ☐ | ☐ | ☐ | ☐ | ☐ | ☐ |
| Je sais quelles sont les valeurs que je veux transmettre à mon enfant | ☐ | ☐ | ☐ | ☐ | ☐ | ☐ |
| Je détermine des règles claires et précises et je les dis à mon enfant | ☐ | ☐ | ☐ | ☐ | ☐ | ☐ |
| Je cherche à faire des activités agréables avec mon enfant | ☐ | ☐ | ☐ | ☐ | ☐ | ☐ |
| J'organise des rencontres familiales régulières pour discuter avec mon enfant du code de vie familial | ☐ | ☐ | ☐ | ☐ | ☐ | ☐ |
| Je permets à mon enfant de prendre conscience qu'on apprend en faisant des erreurs | ☐ | ☐ | ☐ | ☐ | ☐ | ☐ |
| J'aide mon enfant à accepter un délai entre son désir et la satisfaction de ce désir | ☐ | ☐ | ☐ | ☐ | ☐ | ☐ |
| Je m'intéresse moi-même à des tâches intellectuelles | ☐ | ☐ | ☐ | ☐ | ☐ | ☐ |
| J'observe le degré de motivation scolaire de mon enfant | ☐ | ☐ | ☐ | ☐ | ☐ | ☐ |
| Je fais en sorte de favoriser cette motivation en liant travail intellectuel et plaisir d'apprendre | ☐ | ☐ | ☐ | ☐ | ☐ | ☐ |

| *(suite)* | Un peu (1 pt) | | Moyennement (5 pts) | | Beaucoup (10 pts) | |
|---|---|---|---|---|---|---|
| | M | P | M | P | M | P |
| J'accepte que mon enfant soit différent de moi et qu'il ait son opinion personnelle sur les matières scolaires | ☐ | ☐ | ☐ | ☐ | ☐ | ☐ |
| J'encourage mon enfant à prendre en charge lui-même son travail scolaire mais je continue à m'intéresser à ce qu'il fait | ☐ | ☐ | ☐ | ☐ | ☐ | ☐ |
| Je permets à mon enfant d'avoir des activités variées et qu'il aime | ☐ | ☐ | ☐ | ☐ | ☐ | ☐ |
| Je favorise la découverte d'intérêts variés chez mon enfant | ☐ | ☐ | ☐ | ☐ | ☐ | ☐ |
| Je mets l'accent sur le plaisir plutôt que sur la performance | ☐ | ☐ | ☐ | ☐ | ☐ | ☐ |
| Je suggère de nouvelles stratégies à mon enfant lorsque je me rends compte qu'il réagit toujours de la même façon aux situations difficiles | ☐ | ☐ | ☐ | ☐ | ☐ | ☐ |
| Je cherche moi-même à assouplir mes mécanismes d'adaptation | ☐ | ☐ | ☐ | ☐ | ☐ | ☐ |
| Je favorise un rapprochement entre mon enfant et le parent du même sexe | ☐ | ☐ | ☐ | ☐ | ☐ | ☐ |
| J'encourage mon enfant à se donner des règles (au jeu, dans d'autres loisirs, etc.) | ☐ | ☐ | ☐ | ☐ | ☐ | ☐ |
| Je favorise les activités qui font appel à l'imaginaire | ☐ | ☐ | ☐ | ☐ | ☐ | ☐ |
| Je considère que la créativité est essentielle à mon enfant | ☐ | ☐ | ☐ | ☐ | ☐ | ☐ |

| (suite) | Un peu (1 pt) | | Moyennement (5 pts) | | Beaucoup (10 pts) | |
|---|---|---|---|---|---|---|
| | M | P | M | P | M | P |
| J'encourage mon enfant à se faire des amis et à s'éloigner de moi par moments | ☐ | ☐ | ☐ | ☐ | ☐ | ☐ |
| Je favorise les défis mais je fais prendre conscience à mon enfant de la différence qu'il y a entre témérité et initiative | ☐ | ☐ | ☐ | ☐ | ☐ | ☐ |

Total des points

De 220 à 370 points : Vous cherchez à être un parent guide ! À « l'âge des règles », vous déterminez clairement les vôtres mais vous cherchez aussi à favoriser l'autodiscipline chez votre enfant. Pour ce faire, vous le faites participer à la vie familiale et vous tenez compte de ses idées, de ses sentiments et du sens caché de ses comportements. Vous comprenez son besoin d'autonomie et d'encadrement et vous favorisez son intégration sociale.

De 150 à 220 points : « L'âge des règles » n'est pas nécessairement une étape facile à vivre pour vous mais vous vous efforcez de comprendre votre enfant et de l'aider à se discipliner. Vous doutez de l'importance de l'autodétermination ou encore vous ne savez pas vraiment comment vous y prendre pour lâcher prise. Faites un retour sur vous-même et demandez-vous quel type de relation d'autorité vous avez vécu vous-même alors que vous étiez enfant ! Vous êtes sur la bonne voie pour devenir un parent guide !

Moins de 150 points : Votre enfant vieillit mais vous éprouvez de la difficulté à lui apporter de l'aide dans cette nouvelle étape de sa vie. Vous pouvez vous ajuster à ses nouveaux besoins en discutant régulièrement avec lui de ses désirs et de ses sentiments. Vous pouvez aussi respecter vos propres besoins sans vous centrer exclusivement sur ceux de votre enfant. Travaillez votre souplesse et vous favoriserez sa motivation, sa gentillesse, sa générosité et son désir de collaboration. Donnez-lui l'occasion de « faire » des expériences et d'« être » avec vous dans le plaisir !

# IV

# L'ÂGE DES HÉROS

## de 10 à 12 ans

# 1

# De l'autodiscipline aux rôles familiaux

## L'importance des héros

L'enfant, au cours de ses premières années, s'est identifié à des personnages « magiques » et s'en est servi pour grandir ainsi que pour devenir sage et futé. Mais, vers 10 ans, après avoir traversé « l'âge des règles » et cherché activement à comprendre les lois qui régissent les objets, les relations et les apprentissages, il se détache de la pensée magique. Il n'est plus attiré par les contes et les fables dont il souligne l'aspect naïf et « bébé » mais il se sent encore démuni et désemparé devant la complexité de la vie. Il a besoin de s'identifier à des personnages habiles, forts, puissants et intelligents pour se projeter dans l'ave-nir. C'est l'âge d'or de Batman et compagnie.

Les parents s'inquiètent parfois de l'admiration sans bornes que leur enfant voue à ses héros, surtout si ceux-ci semblent avoir très peu de morale. En fait, les parents ont souvent bien du mal à faire le deuil de la période où ils étaient les seuls et uniques héros et héroïnes de leur enfant. Ils doivent comprendre que celui-ci est en quête d'autonomie.

L'apprenti sorcier choisit parfois comme héros ou héroïne temporaire un oncle, une tante, une voisine ou un ami plus âgé auquel il attribue des qualités exception-nelles. Il peut s'agir également d'une figure d'autorité qui est bien réelle (policier, soldat, enseignant, etc.) ou encore d'un chanteur ou d'une chanteuse populaire. La personne choisie, pour sa fonction ou un trait de sa per-sonnalité, représente un idéal à atteindre. Ce héros ou cette héroïne a une force, un charme ou une puissance que le jeune aimerait bien posséder.

L'enfant n'est pas du tout critique envers ses héros parce qu'il doit nécessairement éliminer tout ce qui est susceptible de nuire à son désir de perfection et de toute-puissance. C'est à cette condition qu'il peut espérer être lui-même, un jour, sans peur et sans reproche.

Il arrive que l'enfant choisisse un héros parmi les per-sonnages de la télévision ou du cinéma. Il va avoir ten-dance, alors, à s'identifier au « bon ». Symboliquement, il cherche à contrôler ses tendances agressives ou négatives et à vaincre le « méchant » qui est en lui. Il faut noter, d'un autre point de vue, qu'il y a peu d'héroïnes qui sont pro-posées aux enfants. Cette situation est regrettable. En effet, les femmes sont encore représentées dans les médias comme des êtres passifs, faibles et, la plupart du temps, émotifs. Comme des « sex-symbols » aussi, et plus souvent qu'il y a 10 ou 15 ans ! La fille a donc tendance à s'identifier autant que le garçon aux héros masculins ou à rechercher dans son entourage des jeunes femmes qu'elle va admirer et idolâtrer. Les chanteuses et les comédiennes deviennent vite des modèles à imiter puisqu'elles sont presque les seules à être valorisées socialement.

---

**Exercice n° 1**
**Mon enfant identifie ses héros et héroïnes**

Demandez à votre enfant de remplir ce questionnaire et discutez-en avec lui par la suite, s'il le désire.

- Écris le nom des trois personnes que tu admires le plus (une enseignante, une tante, une personne amie, etc.) et indique, à côté de chaque nom, la qualité que tu apprécies le plus chez cette personne.

_____    _____

_____    _____

_____    _____

- En pensant à des émissions de télévision ou à des films, nomme trois personnages auxquels tu aimerais ressembler et dis pourquoi.

_____    _____

_____    _____

_____    _____

- En pensant aux personnes dont tu viens de parler ou à d'autres, nomme tes héros ou héroïnes.

_____

_____

_____

- Donne, pour chacun(e), la raison de ton choix.

_____

_____

_____

- Pour toi, qu'est-ce qu'un héros ou une héroïne ?

_____

_____

- Nomme cinq qualités qu'on trouve chez tes héros ou héroïnes.

_____

_____

_____

_____

_____

- Quelles sont les qualités, les talents ou les pouvoirs de tes héros ou héroïnes que tu aimerais posséder toi-même ?

_____

_____

_____

_____

Pourquoi ?

_____

_____

Les parents ne doivent pas critiquer les héros de leur enfant. Ils doivent plutôt comprendre que plus il se sentira capable de faire face à ses difficultés moins il aura besoin de héros tout-puissants. Il est bon de se rappeler que l'enfant qui recherche la force se sent faible, que celui qui recherche la richesse se sent lésé et que cet autre qui recherche la ruse se sent peut-être trompé ! En prenant le contre-pied des qualités extraordinaires de ses héros, vous découvrirez les véritables peurs de votre enfant et vous pourrez l'aider à devenir le héros de sa propre histoire.

Ne nous arrive-t-il pas, à nous qui sommes des adultes raisonnables, de nous en remettre à des forces surhumaines pour y puiser le courage de faire face aux vicissitudes de la vie ?

# Déjà la puberté ?

À l'âge des héros, il existe une différence souvent marquée entre les garçons qui sont encore des enfants et les filles qui deviennent peu à peu des adolescentes. La maturation physique et sexuelle des deux sexes ne se fait pas en même temps ; les filles sont en avance d'à peu près deux ans sur les garçons. Il n'est donc pas surprenant, en 6e année, de voir des différences significatives entre les garçons et les filles.

## La réalité des filles

La première menstruation apparaît aujourd'hui 3 années plus tôt qu'il y a un siècle. Plusieurs auteurs pensent que cette tendance est due à une meilleure alimentation et à des croisements génétiques plus diversifiés. Quoi qu'il en soit, ce phénomène a une répercussion certaine sur la psychologie des filles.

Les seins commencent déjà à poindre vers 10 ans et demi chez la majorité des fillettes et la première menstruation apparaît vers 12 ans, parfois même un peu avant.

À vrai dire, les filles ont une poussée de croissance à partir de 9 ans et demi et elles se mettent alors à dépasser les garçons de leur âge. Une fois enclenché, le processus de la puberté sera généralement complété en moins de 3 à 4 ans et la croissance se terminera 2 ans après la venue des premières règles. La fille sera alors rapidement rejointe et dépassée en grandeur par les garçons.

La fille qui vit une puberté précoce, c'est-à-dire qui se situe entre 8 et 10 ans, semble désavantagée par cette situation. Elle se sent différente des autres filles et elle est marginalisée par ses amies. Elle devient un sujet de préoccupation pour ses parents qui ont tendance à trop la protéger. Son estime d'elle-même diminue.

---

### Matière à réflexion

Marie-Ève est souvent maussade. Elle pleure pour un rien et se trouve laide et grosse. Elle s'impatiente et entre souvent en conflit avec sa mère. Certains jours, elle se maquille et s'habille de façon osée. Elle teste les effets de son apparence sur les garçons qui la regardent différemment. À d'autres moments, elle tente de dissimuler la forme de ses seins et voudrait bien redevenir la petite fille d'antan. Toute son image sociale se transforme et elle ne se sent pas prête à faire face aux propos équivoques des garçons et des hommes qui l'entourent. Elle est ambivalente dans sa tête et mal à l'aise dans son corps. Les maux de ventre se font plus fréquents et elle sait bien que ses premières menstruations s'en viennent. Elle les désire et les refuse tout à la fois.

Marie-Ève sent un nouveau malaise entre elle et son père. Une certaine pudeur fait en sorte qu'ils s'éloignent physiquement. En même temps, elle a tellement besoin de s'entendre dire par le premier homme de sa vie qu'elle est belle et qu'il est merveilleux de devenir une femme ! Papa commence à parler des garçons comme de jeunes loups sans scrupules et Marie-Ève s'exaspère. Maman est fière de la voir grandir mais Marie-Ève sent parfois de la jalousie ou de l'envie dans ses remarques ou dans ses critiques. Tout un nouveau monde, celui de la sexualité, s'ouvre à elle et cela lui fait profondément peur tout en l'attirant de façon irrésistible.

---

**Exercice n° 2**
**Ma fille et sa puberté : les changements *physiques***

Demandez à votre fille de faire seule cet exercice et discutez-en avec elle par la suite, si elle le désire.

*Les filles de ton âge commencent à vivre toutes sortes de transformations dans leur corps et cela n'est pas toujours facile. Essaie de répondre aux questions suivantes le plus spontanément possible. Si tu le désires, parles-en ensuite avec ta mère, avec ton père ou avec les deux.*

|  | Pas du tout (0 pt) | Un peu (1 pt) | Moyennement (5 pts) | Beaucoup (10 pts) |
|---|---|---|---|---|
| Est-ce que tu as remarqué certains changements dans ton corps depuis quelque temps ? | ☐ | ☐ | ☐ | ☐ |
| Est-ce que tu as remarqué l'apparition de poils sur ton pubis ? | ☐ | ☐ | ☐ | ☐ |
| Est-ce que tes seins ont commencé à grossir ? | ☐ | ☐ | ☐ | ☐ |
| Est-ce que tu as mal au ventre de temps en temps sans raison ? | ☐ | ☐ | ☐ | ☐ |
| Est-ce que tu as déjà eu tes premières menstruations ? | ☐ | ☐ | ☐ | ☐ |
| As-tu beaucoup grandi au cours des derniers mois ? | ☐ | ☐ | ☐ | ☐ |

Total des points

| De 45 à 60 points : | Ton corps se transforme rapidement. Tu es déjà une adolescente ! |
|---|---|
| De 25 à 45 points : | Tu t'aperçois déjà de certains changements dans ton corps. Il est tout à fait normal d'être un peu inquiète mais tout cela est parfaitement naturel. |
| Moins de 25 points : | Les filles ne vivent pas toutes en même temps les changements dans leur corps. Pour certaines, cela vient un peu plus tard. Mais cela arrivera, c'est certain ! |

**Exercice n° 3**
**Ma fille et sa puberté : les changements *psychologiques***

Demandez à votre fille de faire seule cet exercice et discutez-en avec elle par la suite, si elle le désire.

*Les filles de ton âge commencent à vivre toutes sortes de changements dans leur humeur et cela n'est pas toujours facile. Essaie de répondre aux questions suivantes le plus spontanément possible. Si tu le désires, parles-en ensuite avec ta mère, ton père ou avec les deux.*

| | Pas du tout (0 pt) | Un peu (1 pt) | Moyennement (5 pts) | Beaucoup (10 pts) |
|---|---|---|---|---|
| Est-ce que tu as souvent envie de pleurer ? | ☐ | ☐ | ☐ | ☐ |
| Est-ce que tu te fâches souvent pour un rien ? | ☐ | ☐ | ☐ | ☐ |
| Est-ce que ton humeur est très variable ? | ☐ | ☐ | ☐ | ☐ |
| Est-ce que tu aimerais redevenir petite ? | ☐ | ☐ | ☐ | ☐ |
| Est-ce que tu te sens mal à l'aise de te rapprocher physiquement de ton père ? | ☐ | ☐ | ☐ | ☐ |
| Est-ce que tu te chicanes plus souvent qu'avant avec ta mère ? | ☐ | ☐ | ☐ | ☐ |
| Est-ce que tu es fière de devenir une femme ? | ☐ | ☐ | ☐ | ☐ |
| Est-ce que tu es troublée par la façon dont les garçons te regardent ? | ☐ | ☐ | ☐ | ☐ |
| Est-ce que cela te fait peur parfois ? | ☐ | ☐ | ☐ | ☐ |
| Est-ce que cela t'excite parfois ? | ☐ | ☐ | ☐ | ☐ |

Total des points

De 70 à 100 points : Tu es dans une période de ta vie qui est pleine de chan-gements et tu ne sais pas toujours sur quel pied danser. Cela est tout à fait normal parce que tu cherches à savoir qui tu es. Avec le temps et en en parlant avec tes amies et des adultes que tu aimes bien, tu te sentiras mieux dans ta peau.

De 45 à 70 points : Ton humeur est changeante et tes relations avec les autres ne sont pas toujours faciles. Cependant, tu sembles trouver un certain équilibre dans ta vie.

Moins de 45 points : Tu vis peu de changements psychologiques. Ta vie semble calme et sereine. Pour l'instant !

## La réalité des garçons

Chez les garçons, la croissance s'accélère vers 10 ans et demi. Le pénis commence à croître à cet âge pour atteindre sa forme finale vers 14 ans et demi. Les testicules croissent dès 9 ans et demi mais les poils pubiens n'apparaissent que vers 12 ans.

Il est plus difficile de déterminer l'âge de la puberté chez le garçon que chez la fille. On ne peut pas prendre la première éjaculation nocturne comme critère de maturité sexuelle car elle indique justement que la puberté est déjà commencée. La seule technique valable est l'analyse microscopique de l'urine pour détecter la présence de spermatozoïdes.

Les garçons doivent donc se fier aux transformations physiques visibles pour déterminer s'ils sont pubères ou non car aucun événement particulier ne vient le confirmer. Il est plausible de penser que les rites de passage qu'on trouve chez plusieurs peuples et qui sont d'ailleurs plus fréquents pour les garçons que pour les filles ont justement pour objet de souligner, du moins symboliquement, l'accès des garçons au monde des adultes.

L'âge de la puberté pour les garçons a suivi, au cours des siècles, la même courbe que pour les filles et se présente maintenant plus tôt.

Une puberté précoce chez le garçon, c'est-à-dire entre 10 et 11 ans, a des effets positifs sur lui. Celui qui est plus grand, mieux bâti et plus éveillé sexuellement devient facilement le leader de son groupe d'amis. Il est valorisé et avantagé socialement. Ses parents lui donnent plus de permissions et de responsabilités. Ils sont fiers de lui et le valorisent. Son estime de lui-même s'améliore.

À l'âge des héros, les garçons sont assez compétitifs entre eux. Ils se comparent, se tiraillent pour vérifier leur force physique et tentent de prouver qu'ils sont des hommes en se faisant des « blondes » ou en taquinant les filles. En fait, ils sont souvent intimidés par ces dernières.

---

### Matière à réflexion

Jean-Charles aime se balader à bicyclette avec ses amis ou encore les retrouver au parc. Ils y jouent parfois une partie de soccer ou de baseball mais, le plus souvent, ils ne font que se promener en espérant rencontrer d'autres jeunes. Jean-Charles est très fier lorsque ses amis le trouvent rapide à la course, provocant sans exagération ou crâneur à l'égard des filles. Il a hâte de grandir et de ressembler à ses idoles. Il doute parfois que cela se produise mais, la plupart du temps, il préfère ne pas y penser et se tirailler avec ses amis.

Jean-Charles parle avec admiration de son père mais raconte à quel point sa mère est une mère poule. Il ne veut surtout pas passer pour un « bébé ». Il déteste que sa sœur le suive partout et il peut être brusque avec elle à l'occasion. Il ne le lui dira pas mais il regrette ses gestes d'impatience parce qu'au fond il l'aime bien.

---

## Exercice n° 4
## Mon fils et sa puberté : les changements *physiques*

Demandez à votre fils de faire seul cet exercice et discutez-en avec lui par la suite, s'il le désire.

*Les garçons de ton âge commencent à grandir et à se transformer et ils sont très fiers de ces changements. Essaie de répondre aux questions suivantes le plus spontanément possible. Si tu le désires, parles-en ensuite avec ta mère, avec ton père ou avec les deux.*

| | Pas du tout (0 pt) | Un peu (1 pt) | Moyennement (5 pts) | Beaucoup (10 pts) |
|---|---|---|---|---|
| Est-ce que tu as remarqué certains changements dans ton corps depuis quelques temps ? | ☐ | ☐ | ☐ | ☐ |
| Est-ce que tu as remarqué des changements à ton pénis ? | ☐ | ☐ | ☐ | ☐ |
| Est-ce que tu as remarqué des changements à tes testicules ? | ☐ | ☐ | ☐ | ☐ |
| Est-ce que tes muscles ont grossi ? | ☐ | ☐ | ☐ | ☐ |
| Est-ce que tu as beaucoup grandi dernièrement ? | ☐ | ☐ | ☐ | ☐ |
| Est-ce que tu as déjà eu une éjaculation nocturne ? | ☐ | ☐ | ☐ | ☐ |

Total des points

De 45 à 60 points :  Ton corps se transforme rapidement. Tu deviens peu à peu un adolescent.

De 25 à 45 points :  Tu t'aperçois déjà de certains changements dans ton corps. Tous les garçons vivent ces transformations qui sont tout à fait normales.

Moins de 25 points :  Les garçons de ton âge voient très peu de changements. Vers 12 ans, tout va aller un peu plus vite. Patience !

**Exercice n° 5**
**Mon fils et sa puberté : les changements *psychologiques***

Demandez à votre fils de faire seul cet exercice et discutez-en avec lui par la suite, s'il le désire.

*Les garçons de ton âge commencent à sentir des changements dans leur humeur. Essaie de répondre aux questions suivantes le plus spontanément possible. Si tu le désires, parles-en ensuite avec ta mère, avec ton père ou avec les deux.*

| | Pas du tout (0 pt) | Un peu (1 pt) | Moyennement (5 pts) | Beaucoup (10 pts) |
|---|---|---|---|---|
| Est-ce que tu as souvent envie de pleurer ? | ☐ | ☐ | ☐ | ☐ |
| Est-ce que tu te fâches souvent pour un rien ? | ☐ | ☐ | ☐ | ☐ |
| Est-ce que ton humeur est très variable ? | ☐ | ☐ | ☐ | ☐ |
| Est-ce que tu aimerais redevenir « petit » ? | ☐ | ☐ | ☐ | ☐ |
| Est-ce que tu te sens mal à l'aise lorsque ta mère veut t'embrasser ? | ☐ | ☐ | ☐ | ☐ |
| Est-ce que tu te chicanes plus souvent qu'avant avec ton père ? | ☐ | ☐ | ☐ | ☐ |
| Est-ce que tu as hâte de devenir un homme ? | ☐ | ☐ | ☐ | ☐ |
| Est-ce que tu es gêné lorsque les filles te regardent ? | ☐ | ☐ | ☐ | ☐ |
| Est-ce que tu cherches à te faire une amie de cœur ? | ☐ | ☐ | ☐ | ☐ |
| Est-ce que tu aimes te tirailler avec tes amis et vérifier ta force ? | ☐ | ☐ | ☐ | ☐ |

Total des points

De 70 à 100 points : Tu es dans une période de ta vie qui est pleine de changements et tu ne sais pas toujours sur quel pied danser.
Cela est tout à fait normal parce que tu cherches à
savoir qui tu es. Avec le temps et en en parlant avec
ceux que tu aimes bien, tu te sentiras mieux dans ta
peau.

De 45 à 70 points : Ton humeur est changeante et tes relations avec les
autres ne sont pas toujours faciles. Cependant, tu sembles trouver un certain équilibre dans ta vie.

Moins de 45 points : Tu vis peu de changements psychologiques. Ta vie semble calme et sereine. Pour l'instant !

## L'importance de la famille

L'enfant, pour une grande partie de son développement
et de son évolution, ne peut se passer de la cellule familiale ou d'un équivalent adéquat. Le rôle d'éducation,
d'alimentation et de protection matérielle que joue la
famille est difficilement remplaçable. Il faut remarquer, à
cet égard, que les problèmes individuels et familiaux
découlent, le plus souvent, des difficultés qu'ont les
parents à assumer leurs fonctions affective, éducative,
morale et matérielle auprès de leurs enfants.

Nous savons que les conditions sociales et matérielles
influencent la vie des familles. De façon générale, les
familles d'aujourd'hui vivent dans un état de pauvreté
moindre qu'il y a quelques décennies même si elles sont
nombreuses à connaître un état de grande insécurité
financière qui les affecte énormément. Près de 19 p. cent
des enfants vivent quand même à l'heure actuelle sous le
seuil de la pauvreté. Il s'agit d'une situation à risque car
les enfants pauvres sont plus souvent stressés et plus souvent impliqués dans des activités antisociales que les

autres ; ils ont également une moins bonne estime d'eux-
mêmes.

Plus que les conditions financières, les conditions
affectives et éducatives affectent les enfants. Ainsi, en
matière d'éducation des enfants, il arrive encore très souvent, malgré les moyens de communication qui existent
de nos jours, que les parents ne disposent pas des informations essentielles. À cela s'ajoute le fait que les mères
ont de plus en plus de difficultés à assumer les tâches multiples qui leur incombent. Quant aux pères, ils sont
encore très nombreux à être distants sur le plan émotif, à
ne se préoccuper que de la réussite économique et sociale
et à être démissionnaires sur le plan des relations et de
l'éducation des enfants. Enfin, les couples, faut-il le rappeler, se séparent de plus en plus fréquemment.

C'est ainsi que beaucoup de problèmes affectifs, com-
portementaux, scolaires ou psychosomatiques qu'on trouve chez les enfants et les adolescents tirent leur origine
des difficultés conjugales et familiales de leurs parents.

Il est important de ne pas perdre de vue que la fin
ultime du projet familial est le développement de l'autonomie de l'enfant et, finalement, son départ de la cellule
originale. La famille doit donc répondre le plus adéquatement possible à ses besoins fondamentaux d'amour et
de sécurité.

Toute l'éducation familiale doit aider l'enfant à faire
un apprentissage progressif des réalités de la vie collective, des moyens dont il dispose pour satisfaire ses propres
besoins individuels et des outils de communication nécessaires pour entretenir de saines relations avec autrui. Elle
doit donc favoriser en même temps la « socialisation » et
l'« individuation » (trouver son identité). Dans cette tâche
qui dure jusqu'à la fin de l'adolescence, la famille est
irremplaçable et ne peut que bénéficier de l'apport

d'alliés naturels comme l'école, la garderie, le club sportif et les mouvements de jeunesse.

Il est de plus en plus vrai de dire qu'il n'est pas facile d'être parent. La tâche de trouver un juste équilibre entre un comportement trop protecteur et l'indifférence nécessiterait, la plupart du temps, une formation. Il est regrettable qu'elle ne puisse s'acquérir que sur le tas; en effet, des erreurs de parcours, qui sont souvent involontaires et qu'il aurait été facile d'éviter, ont des conséquences sérieuses chez les enfants.

Plusieurs chercheurs s'interrogent actuellement sur l'évolution de la famille et se demandent si elle va conserver sa forme présente. Il faut constater que sa structure actuelle est très différente de celle de la famille patriarcale des origines. La famille disparaîtra-t-elle complètement au profit de structures sociales plus étendues? Ou, au contraire, se renforcera-t-elle? Il est bien difficile de formuler des hypothèses précises mais des signes avant-coureurs témoignent d'une transformation et d'une évolution certaine.

## Un père « présent », attentif et affectueux

Une ère nouvelle s'ouvre pour les pères. En effet, le statut des enfants et des femmes s'est beaucoup transformé au cours des vingt dernières années et, avec lui, le rôle du père dans la famille.

Le père, jusqu'à récemment, était véritablement ancré dans des rôles de pourvoyeur, de chef et de protecteur extérieur de la cellule familiale. Sa parole avait force de loi et cette loi était bien souvent coercitive. Depuis, ces modèles masculins ont été remis en question et l'homme peut enfin se libérer de ses rôles traditionnels et vivre comme un simple être humain.

---

**Exercice n° 6**
**Être père, c'est...**

Faites cet exercice en indiquant ce qu'est votre rôle de père par ordre d'importance, soit de 1 (le plus important) à 8 (le moins important).

| | |
|---|---|
| Être en mesure de faire vivre ma famille | _____ |
| Faire régner la discipline | _____ |
| Régler les conflits | _____ |
| Protéger les miens | _____ |
| M'occuper des soins à donner aux enfants | _____ |
| Jouer avec les enfants | _____ |
| Discuter avec ma conjointe de l'éducation des enfants | _____ |
| Donner de l'affection aux enfants | _____ |

Il est normal, dans une période de transition comme celle que nous vivons, de vouloir assumer tous les rôles à la fois et d'avoir de la difficulté à laisser tomber certains stéréotypes. Le père qui veut assumer le rôle traditionnel aussi bien qu'un rôle «nouveau» se retrouve souvent débordé et mal dans sa peau!

---

Jadis, le père vivait à distance des événements quotidiens de la vie de ses enfants et il s'en sentait éloigné sur le plan émotif. Il réservait ses interventions pour les grandes occasions: conflits majeurs, avertissements sérieux ou situations requérant une discipline autoritaire. Il ne se départait jamais de ce rôle et des attitudes qui s'y rattachaient, restant ainsi à l'écart du mouvement quotidien de la vie familiale comme la coutume l'enseignait.

Aujourd'hui, tout cela s'effondre comme un édifice vermoulu, tout cela est emporté par une vague irrésistible de changements culturels. Être père maintenant, c'est d'abord et avant tout *vivre une présence affectueuse* auprès de ses enfants. C'est aussi choisir de s'engager personnellement, au jour le jour, avec les êtres qui sont les plus importants pour soi.

---

## Matière à réflexion

### Lettre à mon papa*

Cher Papounet!

Je voudrais te dire que je t'aime plus que jamais. Tu sais que je donne beaucoup de mes dessins à maman, mais un jour je vais en donner autant à toi qu'à elle. J'aime pas plus maman que toi, au contraire, je vous aime tous les deux pareil.

J'ai un petit message juste pour toi, c'est CONFIDENTIEL. J'aimerais que tu ne le répètes à personne. Je veux te dire que j'aime beaucoup quand tu joues avec moi, quand tu me parles, quand tu réponds à mes questions. J'aime aussi quand tu viens me border dans mon lit le soir.

Mais je n'aime pas quand tu es sévère avec moi, ça me fait de la peine. Tu es gentil de lire ma lettre.

Ton chaton Krystel
(9 ans)

### Cher Papou!

J'aime quand on fait des activités en famille. Par exemple, aller au cinéma, au restaurant et chez les grands-parents. Je t'aime beaucoup mais surtout quand on va dans ton atelier et qu'on fait du bricolage avec du bois. J'espère que tu sais combien je t'aime et combien tu es important pour moi. Papa, j'aimerais que tu joues plus souvent avec moi. Un jour, je ne sais pas quand, j'aimerais faire du canot ou aller à la pêche et à la chasse avec toi.

Je t'aime papa
1000 XXX de Didier
(10 ans)

* Nous remercions Colette Thibaudeau, travailleuse sociale et pionnière, au Québec, des « groupes de pères », de nous avoir fourni ces lettres d'enfants adressées à leurs pères.

---

Le père « nouveau » prend une part active aux multiples tâches quotidiennes et surtout à l'éducation de ses enfants. En effet, la tendance actuelle est de participer et non plus de rester à l'écart des relations et des réalités familiales. C'est une très bonne chose puisque chaque enfant a autant besoin de son père que de sa mère. Il en a besoin pour son affection, pour sa tendresse, pour le modèle qu'il représente et, finalement, pour apprendre à ses côtés à affirmer son identité de fille ou de garçon.

Le père «nouveau» est en train de découvrir une façon bien différente d'être en relation avec ses enfants. Il a déjà compris qu'il ne suffisait pas d'aider sa conjointe, non plus que de passer quelques instants avec ses enfants le soir ou durant la fin de semaine. Il est encore tout surpris de constater que sa présence joue un rôle essentiel dès le premier âge. Les enfants, en effet, s'identifient fortement aux adultes qui vivent avec eux de façon quotidienne. La présence paternelle, dans l'existence de l'enfant, est donc tout aussi fondamentale que celle de la mère.

Une présence chaleureuse et affectueuse du père, dès les premiers instants de la vie, aide le garçon à développer une identité forte et une personnalité équilibrée. Du côté de la fille, c'est la même chose. Celle qui partage une relation tendre et affectueuse avec son père durant la petite enfance et l'adolescence développe davantage de confiance en elle-même. Il y a également moins de chances qu'elle se soumette passivement à ses partenaires masculins dans ses relations futures. De façon générale, les enfants qui reçoivent beaucoup d'attention et de considération de leur père prennent plus d'initiatives personnelles et abordent leurs études avec plus de confiance en eux.

La relation père-enfant n'atteint un stade vraiment significatif que lorsque le père consent à faire quelques efforts pour saisir les caractéristiques personnelles de chaque enfant, et cela à chacune des étapes de l'évolution vers la maturité. Cela demande qu'il élabore une vision d'ensemble du développement de l'enfant et de l'adolescent. Cette connaissance va lui permettre d'ajuster sa relation, ses attitudes et ses interventions éducatives à la personnalité et au niveau de développement de chaque enfant. Elle va lui procurer également une compréhension plus profonde des différences individuelles. En ce sens, nous conseillons aux pères qui sont en train de parcourir ce livre de le considérer comme un guide d'initiation à la relation et à la communication. Un guide qui traite à la fois des âges et des mécanismes du développement de l'enfant et de l'amélioration des relations entre parents et enfants.

Les pères qui décident de développer leurs compétences relationnelles découvrent bien vite que la qualité des soins à apporter aux enfants n'est pas uniquement l'apanage du sexe féminin. C'est plutôt une question de plaisir, d'intérêt et d'attitudes personnelles. L'apprentissage par la pratique quotidienne, dans le domaine de l'éducation familiale, constitue la voie royale vers l'établissement de relations de plus en plus harmonieuses entre pères et enfants. Il ne faut surtout pas oublier, d'autre part, que les liens à tisser entre le père et l'enfant ne doivent pas obligatoirement passer par la relation à la mère. Le père, en effet, représente pour son enfant une référence affective tout aussi viscérale que la mère.

Les pères, en exprimant ouvertement et fréquemment leur sensibilité intérieure, peuvent établir tout aussi naturellement que les femmes des relations *d'attachement, d'égalité* et *d'intimité* avec leurs enfants. Il n'en tient qu'à eux de développer et de cultiver cette compétence extraordinaire !

Être père, c'est d'abord une *décision individuelle* que l'on prend consciemment et volontairement puisqu'elle doit s'intégrer dans un projet personnel de vie. Mais c'est aussi une *décision mutuelle* que l'on partage, en toute sérénité, avec sa compagne à un moment précis de la vie du couple. C'est, finalement, une décision qui se renouvelle constamment au-delà des inévitables écueils de la vie en commun. En ce sens, la paternité biologique représente bien peu de chose à côté de la paternité psychologique et affective. Être père, c'est vraiment faire le choix conscient d'un engagement à vie. L'attachement pour ses enfants doit, en effet, persister au-delà du possible effritement de la relation du couple ou du départ des enfants de la cellule familiale. Il n'y a pas uniquement le jeune enfant qui a besoin de l'amour de son père ; l'adolescent et le jeune adulte aussi. Il est donc essentiel que le père maintienne des relations stables et continues avec eux, des liens étroits, durables et de qualité.

Lorsque le père est indifférent ou simplement absent de la vie de ses enfants, les risques que surgissent des difficultés ou des manques importants chez ces derniers se multiplient d'autant. Ces difficultés se manifestent généralement par des troubles de l'identité, par de l'insécurité affective, par une faible estime de soi ou par de la méfiance relationnelle à l'égard des autres. Un père absent prive, en effet, son fils ou sa fille d'un modèle, d'un confident, d'un ami et d'un guide. Les enfants ont nécessairement besoin de la «présence attentive» d'un père qui les écoute, qui les aide à agir seuls et les appuie dans leurs initiatives personnelles. Ils ont également besoin d'un père *présent* pour apprendre, à ses côtés, à devenir progressivement autonomes et responsables. Ils ont finalement besoin d'un père *présent* pour se sentir aimés et en sécurité.

À l'âge des héros, c'est par des attitudes, des actions et des gestes très simples et très concrets que la paternité se vit et s'exprime chaque jour: les activités de routine (repas, bains, soins), les jeux physiques et sociaux, les responsabilités, les règles de vie, les échanges, enfin tout ce qui compose la vie familiale. Ce qui importe avant tout pour un père, c'est d'*investir sur le plan affectif* son enfant, de le reconnaître comme sien, de l'apprivoiser et de se laisser apprivoiser par lui. En d'autres mots, l'homme, pour devenir un père, doit accepter volontairement de franchir le difficile passage qui mène de l'indifférence à la présence attentive. Lorsqu'un homme choisit d'être un père *présent*, il décide du même coup de l'être à temps plein. Il se rapproche progressivement, à travers toutes les subtilités de cette expérience relationnelle, de sa propre vie émotive et, par la même occasion, de celle de ses enfants.

---

**Exercice n° 7**
**Suis-je un père «nouveau»?**

| | Un peu (1 pt) | Moyennement (5 pts) | Beaucoup (10 pts) |
|---|---|---|---|
| Je partage les tâches quotidiennes (faire les devoirs, aider au coucher, préparer les lunchs, etc.) | ☐ | ☐ | ☐ |
| Je prends du temps chaque jour pour écouter mes enfants et simplement être présent à eux | ☐ | ☐ | ☐ |
| J'exprime mon affection à mes enfants de différentes façons | ☐ | ☐ | ☐ |
| Je dis régulièrement à mes enfants que je suis fier d'eux | ☐ | ☐ | ☐ |
| Je leur dis que je les aime de différentes façons | ☐ | ☐ | ☐ |
| Je suis plus présent que mon père l'était | ☐ | ☐ | ☐ |
| J'ai changé mon mode de vie depuis que j'ai des enfants (travail, disponibilité, etc.) | ☐ | ☐ | ☐ |

Total des points

---

De 50 à 70 points :   Vous êtes un père « nouveau » en ce sens que vous êtes très présent à vos enfants. Vous considérez que votre rôle de père implique un engagement et une présence affective constante. Vos enfants apprécient certainement cette présence. Attention ! Si vous ne laissez pas tomber quelque chose, vous souffrirez du syndrome du surhomme !

De 35 à 50 points :   Vous désirez vous engager davantage auprès de vos enfants mais le temps ou l'énergie vous manquent. Toutefois, vous vous sentez coupable de temps en temps d'être moins présent que vous le voudriez. Vos enfants vous manquent ! Il est difficile de réorganiser sa vie en tenant compte d'eux mais aussi de vos besoins personnels !

De 7 à 35 points :   Vous n'êtes pas vraiment un père « nouveau ». Vous voyez davantage votre rôle comme celui d'un pourvoyeur ! Si votre attachement à vos enfants n'est pas beaucoup développé, vous n'en souffrez pas outre mesure ; mais si cet attachement est grand, vous perdez des années précieuses dans votre relation avec eux. Il n'est pas toujours nécessaire de faire des virages à 90° pour améliorer la situation !

# Une mère « autonome », attentive et chaleureuse

La mère est généralement perçue comme plus protectrice, plus attentive et plus chaleureuse que le père envers l'enfant. Mais en voulant à tout prix offrir un confort maximum à l'enfant, le protéger des maladies, des accidents et des épreuves de la vie, elle réduit souvent ses possibilités d'exploration et d'action et limite quelquefois son autonomie et ses initiatives personnelles.

La mère, tout comme le père, doit relever le défi de trouver un juste équilibre entre un comportement trop protecteur et l'indifférence. Le fait d'être trop près de son enfant, ou d'en être trop loin, ou même d'être absente ne peut que marquer profondément sa personnalité.

Il est vrai que, durant les premiers mois de son existence, l'enfant vit dans une complète dépendance à l'égard de sa mère et qu'il ne se différencie d'elle que très lentement. Dans cette relation d'attachement naît l'amour le plus total et le plus puissant qu'un être humain puisse connaître. La mère devient donc, pour ses enfants des deux sexes, l'objet du premier et du plus puissant des amours, le modèle initial de toutes leurs relations amoureuses futures.

La mère ne se contente pas de nourrir son enfant ; elle l'investit sur le plan affectif, le soigne et lui donne régulièrement de multiples sensations physiques. Elle doit aussi accepter de partager avec le père la position privilégiée qu'elle détient auprès de sa progéniture pour que l'homme et l'enfant puissent vivre une relation d'attachement. Une juste mesure d'amour maternel, surtout en ce qui concerne le garçon, va permettre à l'enfant mâle de se détacher plus rapidement de sa dépendance à l'égard de la femme, de découvrir ses propres caractéristiques sexuelles et de consolider, peu à peu, son identité d'homme. Pour la fille, cet amour bien dosé sera à la base de son processus d'identification à une personne de son sexe. Son identité personnelle sera construite à partir d'un modèle féminin autonome, capable de s'affirmer, libre et actif mais aussi en mesure d'être attentif et chaleureux.

Généralement, le développement psychologique et moteur de l'enfant amène naturellement cette séparation progressive ou ce passage de la dépendance affective à l'autonomie puis à la relation d'égalité. Toutefois, un amour maternel trop puissant et trop envahissant peut empêcher l'enfant de prendre ses distances, de s'affirmer, de devenir autonome et de se percevoir comme complètement distinct et libre par rapport à ceux qui l'aiment.

À l'opposé, si l'enfant n'a jamais profondément ressenti cet amour, il risque de passer une grande partie de sa vie future à le rechercher dans ses relations amoureuses et sociales. Cette recherche perpétuelle d'amour et de considération affective de la part des autres s'effectue la plupart du temps à travers une expérience de souffrance intérieure ou avec un pénible sentiment de manque et d'abandon.

Jusqu'à très récemment, les spécialistes croyaient qu'il revenait uniquement à la mère d'incarner la relation d'attachement. Mais l'on sait maintenant que le père peut aussi l'établir. Une saine distanciation dans la relation mère-enfant va permettre au père de prendre sa place, d'investir sa fille ou son fils sur le plan affectif, de reconnaître cet enfant comme sien, de vivre et de partager un amour total et inconditionnel à son égard.

De nos jours, nous attendons de la mère qu'elle protège moins ses enfants et qu'elle les contrôle moins. En d'autres mots, qu'elle soit plus *autonome,* plus libre dans ses relations tout en étant protectrice, maternante, attentive et chaleureuse envers ses enfants. Plus que jamais auparavant, il doit y avoir auprès des enfants un solide équilibre entre la présence féminine et la présence masculine. Cet équilibre doit être consciemment et volontairement créé et le père doit en faire partie à l'égal de la mère.

Les femmes, aujourd'hui, se plaignent souvent de devoir être des «superfemmes» et d'avoir à assumer la très grande partie des responsabilités familiales. Plusieurs se sentent perdantes. En effet, elles ont acquis le droit au travail extérieur mais pas celui du salaire égal. Elles ont obtenu de leur conjoint une participation aux tâches ménagères mais elles doivent constamment lui rappeler les ententes et planifier le fonctionnement de la maison. Elles ont délégué une partie des soins des enfants à d'autres femmes qui gagnent un salaire dérisoire (éducatrices en garderie, gardiennes à la maison, etc.) mais elles se sentent souvent «privées» de la présence de leurs petits. Elles ont cherché à être des amantes autant que des mères mais elles se retrouvent souvent seules et face à leur propre désir de séduire.

Lorsque l'enfant atteint l'âge des héros, la mère a souvent la trentaine et se demande où elle doit mettre ses énergies. Elle a des ambitions qui ont été refrénées volontairement par son désir de prendre soin de la famille et elle se demande comment orienter sa vie. Son conjoint est souvent au faîte de sa carrière et est moins présent qu'avant. Son enfant est plus autonome mais il a encore énormément besoin de présence, d'attention et d'affection... quand cela lui convient. La plupart du temps, il préfère, avec raison, la compagnie de ses amis tout en étant encore trop jeune pour se passer de surveillance ou, à tout le moins, de présence.

---

### Matière à réflexion

Je me souviens de mon plus jeune fils à l'âge des héros. Je travaillais à Montréal tout en demeurant en banlieue. Jean-Sébastien ne voulait plus aller à la garderie scolaire et il était bien capable de s'organiser seul. Souvent, je l'appelais en fin de journée, à son retour de l'école. Parfois, il n'y avait pas de réponse et je me faisais du mauvais sang pour lui. J'étais inquiète ! À mon retour, il avait toujours de bonnes explications à me donner ou je trouvais un petit bout de papier me disant où il était. J'aurais aimé être là, à 3 heures 30 pile. Mais je sais qu'il m'aurait à peine embrassée avant de retourner jouer avec ses amis. Nostalgie de l'époque de mon enfance certainement ! (D.L.)

La mère est tiraillée, tout comme le père, entre les stéréotypes de son enfance et la réalité nouvelle. Elle n'a
plus de modèle à suivre et elle doit en inventer un.
Comment être une mère monoparentale? Comment élever des enfants dans une famille recomposée? Comment
conserver une complicité amoureuse avec le père de ses
enfants tout en négociant le partage des responsabilités
sans passer pour une mégère ou, pire, pour une « mégère
féministe»? Comment concilier les besoins des enfants
avec les siens? Comment créer l'espace nécessaire pour
que le conjoint et les enfants aient le goût de participer et
pour qu'ils ne se sentent pas contrôlés et dirigés? Autant
de questions pour lesquelles il n'y a pas de réponse simple!

La transition vers la mère « nouvelle » est aussi difficile
à faire pour les femmes que l'est pour les hommes celle
vers le père «nouveau». Les femmes doivent constamment combattre leur désir d'être la personne idéale, capable d'aimer sans limite et de s'oublier sans compter.
Comme ce désir est irréalisable, les femmes se sentent
souvent en deçà de leurs attentes et elles sont sujettes au
«burnout» affectif. Elles projettent alors massivement ces
attentes sur leurs conjoints et leurs enfants, leur deman-
dant d'être «parfaits» à leur tour, et ceux-ci s'installent
alors dans une forme de résistance passive.

## Exercice n° 8
## Suis-je une mère « nouvelle » ?

|  | Un peu (1 pt) | Moyennement (5 pts) | Beaucoup (10 pts) |
|---|---|---|---|
| J'apprécie que mon conjoint soit très présent avec les enfants | ☐ | ☐ | ☐ |
| Je suis autonome financièrement | ☐ | ☐ | ☐ |
| Je fais plusieurs activités seule | ☐ | ☐ | ☐ |
| J'évite de trop protéger mes enfants | ☐ | ☐ | ☐ |
| Je suis chaleureuse avec mes enfants | ☐ | ☐ | ☐ |
| Je demande que mon conjoint et mes enfants partagent les tâches quotidiennes | ☐ | ☐ | ☐ |
| J'accepte que mon conjoint n'ait pas la même façon de faire que moi quant aux soins à donner aux enfants | ☐ | ☐ | ☐ |

Total des points

De 45 à 70 points : Vous êtes une mère « nouvelle » dans la mesure où vous désirez sincèrement partager avec votre conjoint non seulement les tâches mais aussi les joies liées à l'éducation des enfants. Vous affirmez votre besoin d'autonomie et vous faites confiance ! Attention au syndrome de la « superfemme » !

De 30 à 45 points : Vous désirez changer certains éléments de votre rôle traditionnel de mère mais vous ne voulez pas « lâcher prise ». Votre idéal de mère est très élevé mais vous désirez aussi vous épanouir pleinement. Attention à l'épuisement !

De 7 à 35 points : Vous n'êtes pas vraiment une mère « nouvelle ». Vous avez tendance à vous oublier pour les autres et vous vous sentez parfois déprimée ou agressive. Mais vous aimez probablement beaucoup ceux qui vous entourent. Vous laissez peu de place à votre conjoint et vous avez une grande emprise sur chacun. Toutefois, il y a fort à parier qu'on vous trouve possessive et « contrôlante » !

## Vers une famille « nouvelle »

Le temps semble venu où hommes et femmes, ensemble, peuvent remettre en question leur façon habituelle, souvent stéréotypée, de voir la famille et réviser leur propre place et leur propre rôle de parent. Plus d'égalité dans les relations hommes-femmes et plus d'égalité dans les rôles parentaux ne peuvent que susciter, à la longue, une plus grande égalité et une plus grande intimité dans les relations entre les adultes et les enfants.

L'enfant doit apprendre, vers 5 ou 6 ans, à se distinguer et à se libérer des personnes de son entourage qui subviennent à ses besoins et qui lui procurent amour et sécurité. C'est en accédant progressivement à une relation d'égalité avec ses parents que l'enfant, fille ou garçon, développe la conscience réelle de ce qu'il est. Si cette relation est satisfaisante, empreinte d'abord d'amour et de sécurité, puis d'égalité et d'intimité, elle suscite nécessairement la confiance, l'autonomie et le sens de l'initiative chez l'enfant et l'adolescent. S'il peut ressentir la confiance de ses parents, il aura davantage confiance en lui-même et développera une identité positive et inévitablement distincte de celle de ses parents.

Être parent, c'est n'être ni trop proche, ni trop lointain, ni trop présent, ni trop absent, ni trop chaleureux, ni trop froid, ni trop dévoué, ni trop égoïste. Cela ressemble à une mission impossible à réaliser et l'instinct maternel ou paternel n'aide pas vraiment à définir cette façon d'être. De fait, cela ne peut être atteint que si les parents ont le désir conscient, au fil des interactions et des événements quotidiens, de rechercher la « bonne distance », celle qui préserve la paix intérieure de l'enfant, ses différences fondamentales, son affirmation, son autonomie et son identité propre. En écoutant vraiment ce que dit l'enfant chaque jour, les parents sont dans une meilleure position pour découvrir et pratiquer le juste équilibre entre un comportement trop protecteur et l'indifférence.

De nos jours, la famille peut encore être un milieu de vie privilégié où se développent la relation d'attachement (la présence chaleureuse et aimante), la relation d'égalité (la compréhension et l'influence mutuelle) ainsi que la relation d'intimité (la coopération et la recherche d'harmonie).

Si tel n'est pas le cas et si les liens affectifs sont inexistants ou faibles, l'enfant se développera difficilement. Plusieurs recherches effectuées auprès d'enfants de différents âges ont révélé que même le développement intellectuel nécessite de fréquentes interactions humaines. Sans affection, sans stimulation régulière, sans amour, les relations parents-enfants de même que la vie familiale de tous les jours n'ont plus aucun sens.

Par contre, une vie familiale qui est empreinte d'amour, de confiance réciproque et d'humour devient un stimulant exceptionnel qui favorise à la fois l'évolution des enfants et celle des parents. À cet égard, il faut se rappeler qu'un des secrets de l'harmonie familiale réside dans la pratique consciente de *l'authenticité:* les adultes doivent agir et intervenir comme des personnes humaines et ne pas s'identifier à des rôles parentaux préconçus. Les parents qui choisissent de jouer des rôles et de reproduire des comportements stéréotypés n'ont pas confiance en leurs propres intuitions ou en leurs compétences parentales. Ainsi se perpétuent, de génération en génération, des modèles éducatifs qui ne sont pas appropriés puisqu'ils ne tiennent à peu près jamais compte des nouvelles réalités familiales et sociales.

Les enfants – et plus particulièrement les adolescents – qui sont éduqués sur la base de modèles dépassés en arrivent à croire que leur propre vision intérieure de l'univers est inacceptable. Cela les amène à réduire, de plus en plus tôt, leurs relations avec leurs parents. Cette distanciation hâtive et, dans certains cas, ce *presque* abandon réciproque ont des effets certains et négatifs sur les enfants. À défaut de vivre dans l'amour, l'égalité et la coopération, ils se mettent à revendiquer des compensations matérielles ou à exprimer des comportements violents envers leur entourage ou envers eux-mêmes.

Il arrive trop souvent que les enfants et les adolescents n'ont droit à une approbation véritable que s'ils se conforment aux souhaits des adultes. En effet, ils sont rarement aimés et estimés pour eux-mêmes. Ils sont plutôt constamment invités à réaliser des performances, et cela quelles que soient la quantité et la qualité des efforts qu'ils déploient. Devenus des adultes à leur tour, il leur sera bien difficile de croire qu'on puisse les aimer vraiment pour ce qu'ils sont. S'ils deviennent des parents, l'histoire risque de se répéter puisqu'ils trouveront très difficile d'accepter leurs propres enfants tels qu'ils sont et de façon inconditionnelle.

Si la famille doit subsister au-delà du 20ᵉ siècle, elle devra pouvoir s'autodéterminer, c'est-à-dire être de plus en plus consciente des modèles prédéterminés qui se répètent inlassablement de même que des rôles et des comportements stéréotypés qui se rejouent chaque jour. En ayant pleine conscience de ces écueils, les parents pourront transformer progressivement un système familial qui est inexorablement fermé en un système largement ouvert sur le processus du changement et sur l'univers.

La famille « nouvelle » ne pourra être qu'un système ouvert, riche en relations de toutes sortes, suffisamment autonome financièrement, très accueillant et capable de partage et de coopération. Dotée de flexibilité et de souplesse d'adaptation, cette famille sera en mesure d'assimiler adéquatement les réalités d'un univers en perpétuel changement. Elle proposera à ses membres amour, liberté, sécurité, autonomie, initiative et sens de la responsabilité commune. Elle procurera finalement à ceux et celles qui la composent le sentiment essentiel de faire partie d'un groupe. Ce groupe sera uni par des liens étroits qui se tisseront au fil des jours et à travers les expériences quotidiennes d'ajustement mutuel.

La famille « nouvelle » devra aider chaque individu (père, mère, enfant) à rechercher son identité propre et à découvrir qui il est. C'est seulement dans ces conditions que chacun pourra choisir un rôle qui lui convient. Un père ne doit pas nécessairement être un pourvoyeur mais il ne doit pas nécessairement devenir une « bonne mère ». Il a une tendance naturelle à pousser les enfants « hors du nid » mais il peut aussi avoir un comportement trop protecteur, surtout envers sa fille et particulièrement en début d'adolescence. Une mère ne doit pas nécessairement être trop protectrice mais elle ne doit pas nécessairement non plus être une « femme de carrière ». Elle a une tendance naturelle à protéger ses enfants mais elle peut aussi faire preuve d'indifférence à leur égard. Il faudrait peut-être cesser de lier au sexe de chacun des caractéristiques prédéterminées et permettre ainsi à chacun d'être bien dans sa peau.

De même, il sera toujours important dans une famille comme dans un couple de tenir compte des besoins de chacun et de négocier la vie en commun. Il est impossible d'élever des enfants ou de vivre en couple sans faire certains compromis par amour et par générosité. Lorsque chacun est prêt à communiquer sincèrement, il est plus facile de vivre ensemble dans l'harmonie et de faire face aux inévitables crises de l'existence.

## Exercice n° 9
## Sommes-nous un couple parental « nouveau »?

Dans un premier temps, faites l'exercice individuellement, puis discutez-en avec votre partenaire.

| | Un peu (1 pt) | | Moyennement (5 pts) | | Beaucoup (10 pts) | |
|---|---|---|---|---|---|---|
| | M | P | M | P | M | P |
| Je connais les besoins de mon conjoint (de ma conjointe) | ☐ | ☐ | ☐ | ☐ | ☐ | ☐ |
| J'essaie d'aider l'autre à combler ses besoins | ☐ | ☐ | ☐ | ☐ | ☐ | ☐ |
| Je suis à l'écoute des sentiments de l'autre | ☐ | ☐ | ☐ | ☐ | ☐ | ☐ |
| Je suis prêt(e) à des compromis pour permettre à l'autre de se réaliser | ☐ | ☐ | ☐ | ☐ | ☐ | ☐ |
| Je connais les besoins de mes enfants selon leur âge et leur tempérament | ☐ | ☐ | ☐ | ☐ | ☐ | ☐ |
| Je dose mes interventions pour leur permettre d'acquérir de l'autonomie | ☐ | ☐ | ☐ | ☐ | ☐ | ☐ |
| Je discute régulièrement des attitudes éducatives à adopter avec les enfants | ☐ | ☐ | ☐ | ☐ | ☐ | ☐ |
| Je tente de discuter dans le calme afin de trouver des solutions réalistes et concrètes aux problèmes qui se présentent | ☐ | ☐ | ☐ | ☐ | ☐ | ☐ |
| Je laisse une place à l'autre et je fais confiance | ☐ | ☐ | ☐ | ☐ | ☐ | ☐ |
| Je considère la famille comme une petite communauté qui doit s'entraider | ☐ | ☐ | ☐ | ☐ | ☐ | ☐ |

*(suite)*

| | Un peu (1 pt) | | Moyennement (5 pts) | | Beaucoup (10 pts) | |
|---|---|---|---|---|---|---|
| | M | P | M | P | M | P |
| Je demande aux enfants de respecter chaque membre de la famille | ☐ | ☐ | ☐ | ☐ | ☐ | ☐ |
| Je demande aux enfants de participer aux tâches quotidiennes | ☐ | ☐ | ☐ | ☐ | ☐ | ☐ |
| Je favorise la communication avec mes enfants | ☐ | ☐ | ☐ | ☐ | ☐ | ☐ |
| J'essaie de faire des tâches qui me plaisent davantage et je demande de l'aide | ☐ | ☐ | ☐ | ☐ | ☐ | ☐ |
| Je choisis mon rôle en fonction de mes désirs et de mes goûts personnels plutôt qu'en fonction des stéréotypes traditionnels ou des courants de pensée à la mode | ☐ | ☐ | ☐ | ☐ | ☐ | ☐ |
| Je me fie à ce que je ressens tout autant qu'à ce que je crois | ☐ | ☐ | ☐ | ☐ | ☐ | ☐ |
| Je suis autonome et je favorise l'autonomie des autres membres de la famille | ☐ | ☐ | ☐ | ☐ | ☐ | ☐ |
| Je me sens libre d'orienter ma vie différemment si cela me semble nécessaire | ☐ | ☐ | ☐ | ☐ | ☐ | ☐ |
| Je tiens compte des autres mais je ne m'oublie pas totalement | ☐ | ☐ | ☐ | ☐ | ☐ | ☐ |
| Je me sens responsable et non coupable | ☐ | ☐ | ☐ | ☐ | ☐ | ☐ |

Total des points

De 150 à 200 points : Vous tentez d'être un parent « nouveau » ou un parent guide pour vos enfants. Vous êtes aussi à la recherche d'un nouvel équilibre de couple qui soit plus respectueux des besoins de chacun et moins centré sur une « lutte de pouvoir ». Vous êtes convaincu(e) de l'importance de la communication et du partage des responsabilités. Vous désirez vous accomplir tout en étant capable de compromis par

amour. La liberté et le plaisir sont des valeurs importantes pour vous ainsi que le sens de la responsabilité
commune.

De 100 à 150 points : Vous désirez faire des changements dans votre famille
afin de mieux respecter vos besoins et ceux des per-
sonnes qui vous entourent mais cela est difficile par
moments. Vous revenez rapidement à des rôles rigides
qui provoquent des insatisfactions. Vous aimez les
vôtres mais ne savez pas toujours comment communiquer ou partager les responsabilités. Comme vous
souffrez parfois de cette situation, vous cherchez des
solutions ! Prenez une chose à la fois !

De 20 à 100 points : Vous éprouvez des difficultés à devenir un parent
guide ou un couple parental « nouveau ». Il se peut
que vous n'en éprouviez pas le besoin, mais il se peut
aussi que vous ayez de la difficulté à assouplir vos
positions et à rechercher activement des solutions à
vos problèmes. Il y a fort à parier que vous avez
connu des modèles parentaux rigides et insatisfai-
sants. Même si vous ne voulez pas reproduire les
erreurs passées, vous vous sentez impuissant(e) à
changer ! Peut-être avez-vous besoin d'aide pour le
faire !

2

# Apprentissage et capacité de synthèse

Entre 10 et 12 ans, l'enfant est mis en contact avec des apprentissages plus complexes qui nécessitent davantage d'abstraction et, surtout, une meilleure gestion des habiletés intellectuelles. Vers la fin du cours primaire, il doit donc améliorer les compétences suivantes : l'attention et la concentration, la gestion des images mentales ainsi que la mémoire et la méthode de travail.

Au moment où l'apprenti sorcier fait face à de nouveaux apprentissages, les parents doivent agir plus que jamais comme des médiateurs entre lui et les notions et habiletés à acquérir. Agissant comme des guides, respectant le style d'apprentissage qui est propre à chacun, ils doivent aider leur enfant à faire des liens entre les informations qu'il recueille.

## Guider les apprentissages

De façon générale, les enfants sont bombardés de stimuli et d'informations de toutes sortes grâce à une panoplie de moyens audiovisuels. On constate, toutefois, que nombre d'entre eux ne font pas de liens entre les informations qu'ils possèdent ou éprouvent des difficultés à le faire. Cela est d'autant plus surprenant que l'enfant de 10 à 12 ans a une capacité de raisonnement logique qui peut se généraliser dans plusieurs domaines. En effet, c'est la période au cours de laquelle le jeune se montre plus capable de synthèse ou plus apte à relier ses connaissances en un système d'ensemble.

Les liens entre les informations ne se font pas magiquement. Il faut guider l'apprenti sorcier et l'aider à les faire. Or, il arrive souvent que les parents se sentent démunis face aux apprentissages scolaires alors qu'ils ont guidé efficacement les apprentissages de leurs tout-petits. Il y a certains facteurs qui expliquent, du moins en partie, cette situation.

• Les apprentissages scolaires se font avec l'enseignante et en l'absence des parents. Ces derniers ne partagent pas la motivation, les tâtonnements et tout le processus d'apprentissage qui a eu lieu en classe. Certains d'entre eux se sentent déconnectés de ces apprentissages auxquels ils n'ont pas pris part.

• Ils se sentent d'autant plus déconnectés qu'ils ne comprennent pas les programmes et que les manières d'enseigner sont souvent différentes de celles qu'ils ont connues dans leur enfance. Ces parents se sentent impuissants à aider leurs enfants.

• L'enfant se développe globalement et selon un rythme qui lui est propre. Or, les parents se rendent compte rapidement que les apprentissages scolaires sont découpés en une série d'objectifs pour chaque matière et ils sont nombreux à ne pas se reconnaître dans cette façon de faire. De plus, contrairement à ce qui se passait au cours des années précédentes, l'enfant doit maintenant intégrer des apprentissages dans un temps limité et selon les échéances des examens. S'il n'y parvient pas, il prendra du retard ou il devra reprendre son année scolaire. On constate ici que le régime pédagogique ne suit pas toujours les lois du développement. Par exemple, un enfant de 1 an n'aura pas à reprendre son année s'il ne sait pas encore marcher !

• Avant l'âge scolaire, le petit enfant réalise des apprentissages qui sont pour la plupart reliés directement à ses besoins et à sa vie courante. Il peut réinvestir, c'est-à-dire utiliser régulièrement ses nouvelles habiletés et connaissances dans ses rapports avec son environnement immédiat. À l'école, on lui demande de faire des apprentissages étranges et éloignés de sa vie de tous les jours. Par exemple, il ne voit pas d'emblée l'utilité de la soustraction avec emprunt. On sait bien que personne n'aime faire une chose s'il n'en perçoit pas l'utilité concrète dans sa vie ; il n'en va pas autrement pour un enfant. Les parents ont donc un rôle important à jouer, celui d'amener les apprentis sorciers à faire des liens entre ce qu'ils apprennent à l'école et l'utilité de ces apprentissages dans la vie. Cela va grandement nourrir la motivation des jeunes !

• Des informations isolées ne signifient rien pour l'apprenti sorcier s'il ne peut les mettre en relation avec des connaissances qu'il a déjà acquises. Les informations ne deviennent des éléments de formation que lorsqu'il peut tisser entre elles des liens de complémentarité, d'analogie, de similitude et des relations logiques qui permettent des synthèses. Ces relations entre les informations s'établissent surtout par des échanges verbaux. Prenons l'exemple d'un enfant qui vient d'apprendre que c'est Christophe Colomb qui a découvert l'Amérique. En discutant avec lui, on peut l'informer que ce découvreur a d'abord accosté en république Dominicaine, ce pays où tante Annie a passé ses vacances l'année dernière ; qu'il y a, d'autre part, un pays d'Amérique du Sud qui se nomme Colombie en l'honneur de ce découvreur, etc. Il y a fort à parier que l'apprenti sorcier se souviendra plus facilement du rôle et de l'identité de Christophe Colomb. Les occasions où l'on peut aider l'enfant à mettre ses informations en relation sont nombreuses ; que l'on pense, par exemple, aux discussions qui peuvent suivre une émission de télévision. Il faut constater que certains parents, à cause d'un horaire trop chargé ou par manque de disponibilité, n'aident pas suffisamment leur enfant à établir des relations entre les connaissances.

• Au primaire, l'enfant connaîtra neuf programmes académiques et chacun d'eux a été conçu comme si les autres n'existaient pas. L'enseignante, pour sa part, se voit obligée de rencontrer des centaines d'objectifs d'apprentissage. En effet, chaque programme est découpé en un nombre effarant d'objectifs. Ce découpage a été fait selon la logique de la matière à transmettre et ne correspond pas toujours à la logique du développement de l'enfant. Les objectifs sont organisés de façon séquentielle et linéaire et il est souvent difficile pour l'enfant de faire des liens entre eux.

• Chaque programme est séparé des autres et véhicule des habiletés et des connaissances qui sont souvent isolées par rapport aux objectifs des autres programmes. Il y a une logique verticale à l'intérieur de chaque programme mais il y a peu de logique horizontale entre les matières. Or, l'apprenti sorcier n'a pas une intelligence pour le français et une autre pour les mathématiques. Il est un tout qui doit faire face à des objectifs morcelés ou qui sont sans liens évidents entre eux. Pourtant, les habiletés intellectuelles de l'enfant peuvent se transférer d'un programme à un autre; encore faut-il que les programmes soient conçus pour favoriser ces transferts. On pourrait dire que le régime pédagogique est constitué de tiroirs qui sont autant de compartiments étanches. Il n'est donc pas étonnant que les apprentis sorciers éprouvent de la difficulté à faire des liens entre les connaissances qu'ils tirent de ces différents programmes.

• Tout individu ne peut intégrer des habiletés ou des connaissances nouvelles qu'à partir du connu. Les nouveaux apprentissages n'ont donc de sens pour l'apprenti sorcier que s'ils s'amorcent à partir de ses acquis. Il faut éviter qu'il perçoive les nouveaux apprentissages comme étant isolés des anciens.

• La différence fondamentale qui existe entre l'enfant qui apprend bien et celui qui éprouve des difficultés dans ses apprentissages réside dans la capacité de faire des relations entre les savoirs anciens et les nouveaux. En établissant ces relations, l'enfant peut situer les savoirs les uns par rapport aux autres, les replacer dans un ensemble et dans sa synthèse personnelle qui restera ouverte à de nouveaux savoirs. Ce sont ces nouvelles relations que l'enfant établit avec l'aide des parents qui sont souvent source de motivation !

• Il est important que l'enfant sache à quoi va lui servir dans la vie réelle chaque nouvel apprentissage. Qu'il sache, par exemple, que les notions de mathématique et de géométrie peuvent être utiles pour construire une cabane d'oiseaux ou pour faire de la couture. Les apprentissages scolaires n'ont de signification qu'en fonction de leurs relations avec des activités concrètes, qu'elles soient actuelles ou futures.

L'apprenti sorcier a dorénavant les capacités intellectuelles qu'il faut pour classifier et sérier ses connaissances dans des ensembles qui sont de plus en plus complexes et ouverts et qui lui permettront de mieux connaître et de maîtriser l'univers qui l'entoure. Le parent guide doit alimenter ces capacités, aider l'enfant à faire des liens entre les connaissances et à les utiliser dans des habiletés ou des savoir-faire. Ayant intégré ses savoirs, l'enfant dispose alors d'apprentissages réels et durables. Soulignons que cette intégration des savoirs permet à l'enfant de réaliser une synthèse personnelle qui l'unifie et lui donne accès aux merveilles scientifiques, artistiques et humanistes de notre monde. Notons, enfin, qu'il s'agit d'une intégration qui est plus complète que celle que peut faire un ordinateur ; en effet, cet appareil ne peut stocker des informations qu'en séquences linéaires, à l'image d'ailleurs du régime pédagogique de notre système scolaire.

Entre 10 et 12 ans, l'apprenti sorcier fait face à des apprentissages plus abstraits. Les lectures sont plus longues et on en demande une compréhension plus approfondie, les problèmes mathématiques à résoudre sont plus complexes et on insiste beaucoup pour que les connaissances du code grammatical soient transformées en habileté orthographique. Or, toutes ces exigences demandent une bonne capacité d'attention et de concentration.

## L'attention et la concentration

Pour être capable de bien apprendre, l'enfant doit d'abord prêter attention à ce qu'il entend ou lit, sélectionner les éléments pertinents qui lui permettront de faire la tâche et, enfin, se concentrer suffisamment longtemps sur cette dernière pour arriver à une réponse juste. L'enfant doit être capable d'attention sélective et de concentration suffisamment longue pour choisir ce qui est essentiel et laisser de côté l'accessoire.

Ce n'est que progressivement que l'enfant développe sa capacité d'attention et cette dernière peut varier selon l'activité en cause. De plus, tous les enfants ne possèdent pas au même degré cette capacité et ne sont pas tous capables d'une même concentration.

Il est impossible à l'apprenti sorcier de se concentrer s'il ne filtre pas les stimulations ou les informations non pertinentes pour dégager les éléments essentiels. On connaît tous des enfants capables de faire un travail scolaire en écoutant une pièce musicale ou en regardant une émission de télévision. D'autres en sont tout à fait incapables. Les stimuli extérieurs (les distracteurs) sont très nombreux. En classe, pensons au bruit des feuilles, au va-et-vient des enfants qui vont demander une explication ou tailler leur crayon. À la maison, pensons au petit frère qui réclame du jus à grand cri ou à maman qui prépare son souper en écoutant la radio ! L'enfant doit apprendre à rechercher le calme mais il doit aussi apprendre à être attentif malgré les stimuli inévitables qui l'entourent.

L'attention et la concentration sont intimement liées à la motivation. Par exemple, si l'enfant adore le Nintendo, il y a fort à parier qu'il pourra demeurer de longues minutes devant son écran sans sourciller lorsque vous l'appelez pour le repas. Par contre, s'il n'aime pas une émission de télévision, il réagira rapidement à la sonnerie du téléphone ou aux sollicitations de sa sœur aînée. Il en va de même pour les tâches scolaires.

En Amérique du Nord, un enfant sur vingt est affecté d'un trouble déficitaire de l'attention, soit en moyenne un enfant par classe. De quatre à six fois plus de garçons que de filles présentent ce problème. Le vrai déficit d'attention semble d'origine neurophysiologique mais aucun test précis ne peut le détecter à coup sûr.

Ces enfants sont comme des «girouettes». Ils suivent le vent, ils sont très sensibles à tout ce qui les entoure et ils ne restent jamais bien longtemps au même endroit. Comme ils manquent d'attention et de concentration, leurs résultats scolaires s'en ressentent souvent. Toutefois, certains d'entre eux, particulièrement vifs intellectuellement, n'ont besoin que de quelques minutes pour comprendre les explications et s'en sortent assez bien pendant les premières années scolaires. Du moins en ce qui concerne la performance! Car cela est différent pour ce qui a trait au comportement; ils provoquent souvent un rejet de la part de l'enseignante et des pairs. À partir de la quatrième année, les notions à apprendre étant plus abstraites et plus complexes, leur problème devient encore plus évident et leurs résultats s'en ressentent.

Ces enfants peuvent difficilement retenir et exécuter une série de consignes. Si vous dites à l'un deux: «Ouvre ton sac d'école, sors ton manuel de français, trouve la page 20 et lis les deux premiers paragraphes!», vous pouvez être certain qu'il ne retiendra que la première consigne ou, au mieux, les deux premières. Vous aurez alors tendance à le traiter d'étourdi ou de paresseux!

Les gestes de ces enfants sont rapides et imprévisibles; parfois même impulsifs, ce qui n'arrange rien! La plupart du temps, il n'y a aucune intention malveillante derrière ces gestes mais bien une grande difficulté à freiner l'impulsivité. Ils sont eux-mêmes surpris des gestes qu'ils posent et ils ont parfois le sentiment étrange qu'ils ont été posés par quelqu'un d'autre. Ces enfants sont hyperexcitables. De girouettes, ils deviennent parfois tornades! Constamment réprimandés, ils perdent rapidement leur estime d'eux-mêmes.

L'hyperactivité qui accompagne souvent un déficit d'attention et de concentration a tendance à se résorber entre 10 ans et l'adolescence même si les autres difficultés persistent.

---

**Exercice n° 10**
**J'observe la capacité d'attention et de concentration de mon enfant**

Dans un premier temps, faites l'exercice individuellement, puis discutez-en avec votre partenaire.

De façon générale, au cours des travaux scolaires à la maison, mon enfant :

|  | Oui | | Non | |
|---|---|---|---|---|
|  | M | P | M | P |
| - Est distrait par les personnes qui passent dans son champ visuel | ☐ | ☐ | ☐ | ☐ |
| - Touche aux objets qui sont dans son champ visuel | ☐ | ☐ | ☐ | ☐ |
| - Est distrait par les bruits (tourne la tête vers leur source) | ☐ | ☐ | ☐ | ☐ |
| - Oublie le matériel nécessaire | ☐ | ☐ | ☐ | ☐ |
| - Fait répéter les consignes par l'adulte | ☐ | ☐ | ☐ | ☐ |
| - Répond rapidement sans tenir compte des consignes | ☐ | ☐ | ☐ | ☐ |
| - Ne peut exécuter une série de consignes | ☐ | ☐ | ☐ | ☐ |
| - Produit des erreurs d'attention | ☐ | ☐ | ☐ | ☐ |
| - Répète les mêmes erreurs | ☐ | ☐ | ☐ | ☐ |
| - Change de ligne en lisant sans s'en rendre compte | ☐ | ☐ | ☐ | ☐ |
| - Ne se rend pas compte de ses erreurs | ☐ | ☐ | ☐ | ☐ |
| - Fait des erreurs surtout vers la fin des activités | ☐ | ☐ | ☐ | ☐ |
| - Ne révise pas ou ne corrige pas ses réponses ou ses productions | ☐ | ☐ | ☐ | ☐ |
| - Abandonne une activité en cours pour en commencer une autre | ☐ | ☐ | ☐ | ☐ |
| - A de la difficulté à terminer ce qu'il commence | ☐ | ☐ | ☐ | ☐ |

Si vous répondez « oui » dix fois ou plus, votre enfant éprouve très probablement des difficultés d'attention dont il est important de saisir le sens.

Il y a lieu de s'interroger sur la motivation d'un enfant pour une activité spécifique s'il manifeste, en la pratiquant, un ou des comportements dont il vient d'être question. Par contre, si une bonne majorité de ces comportements se manifestent au cours de plusieurs activités, il y a lieu de se demander si l'enfant ne souffre pas d'un problème sérieux d'attention. Dans ce cas, les conseils suivants peuvent être utiles.

## Aider mon enfant à être plus attentif

•   En premier lieu, il est important que le parent guide se sente calme et qu'il soit convaincu que l'attention et la concentration sont des habiletés qui s'apprennent avec le temps. Il doit également avoir la conviction que ce n'est pas par mauvaise volonté que l'enfant a du mal à être attentif mais bien parce qu'il n'a pas intégré de stratégies efficaces pour compenser sa difficulté.

•   Il est avantageux de commencer une activité par une tâche que l'enfant aime davantage ou qu'il réalise plus facilement. Ainsi, il se sentira plus en confiance et ses énergies seront plus rapidement mobilisées. Cette tâche réalisée, il importe de lui faire remarquer de façon concrète les moments où il a fait preuve d'une bonne capacité d'attention et de concentration.

•   Pour guider l'enfant dans ses apprentissages, il importe de bien connaître sa façon de travailler. Il est utile, par exemple, de l'observer afin d'évaluer son temps moyen de vigilance; certains enfants commencent à faire des erreurs d'inattention après cinq minutes de travail alors que d'autres ne le font qu'après quinze minutes, etc. Cela vaut la peine, également, de mesurer le temps que dure son attention selon chaque activité afin d'établir une moyenne.

• Il est profitable de découper l'activité en étapes qui correspondent à la durée moyenne de vigilance de l'enfant. Lorsqu'une étape est terminée, il convient de faire un arrêt pour aider l'enfant à s'engager de nouveau dans l'activité. Quand il devient capable de se concentrer durant un temps déterminé, on peut augmenter graduellement la durée de l'étape.

• Il est important de s'assurer que le travail qu'on lui demande de réaliser n'entre pas en conflit avec une autre activité qu'il voulait faire.

• En observant l'enfant, on en vient à identifier les sources les plus importantes de sa distraction. Il faut, ensuite, en éliminer le plus possible. Par exemple, on enlève les objets inutiles sur la table de travail et on s'assure qu'il n'a que le matériel nécessaire pour réaliser l'activité. Il est aussi important qu'il y ait le moins de bruit possible.

• Il n'est ni possible ni souhaitable d'éliminer toutes les sources de distraction. Par contre, il est très profitable que le parent guide aide l'enfant à identifier ce qui est susceptible de le déranger et à en prendre conscience. Il peut également l'aider à prévoir une stratégie pour refouler les stimuli extérieurs en dehors de son champ de conscience. Cette technique lui permet de voir à l'avance les sources potentielles de distraction et de se préparer à leur faire face.

• Il est important que le parent verbalise d'avance les étapes et les moyens nécessaires pour réaliser l'activité. Il s'avère encore plus profitable d'aider l'enfant à dire lui-même les étapes et les moyens qu'il prévoit utiliser.

• Il importe de ne donner à l'enfant qu'une seule consigne à la fois et d'attendre qu'elle soit exécutée avant d'en formuler une autre. Après cet entraînement de base, on peut passer à deux consignes à la fois et exiger qu'elles soient concrétisées avant d'en ajouter une troisième, etc.

• Les consignes doivent être concrètes ou formulées avec le moins de mots possible. Ainsi, il vaut mieux dire : « Apprends ces cinq mots de vocabulaire en les épelant » plutôt que « Apprends tous tes mots de vocabulaire parce que je vais te les demander ensuite et que c'est important pour la dictée de cette semaine ».

• Il est inutile de dire à l'enfant de faire des efforts si on ne lui propose pas des moyens ou des stratégies ou si on ne l'aide pas à en trouver. Ainsi, il est important qu'il apprenne à bien traiter les informations ; par exemple, en résolution de problèmes, il doit intégrer l'habitude de répondre à trois questions : qu'est-ce que je sais ? (les informations disponibles dans l'énoncé), qu'est-ce que je cherche ? (la question), qu'est-ce que je fais ? (les opérations nécessaires pour résoudre le problème et l'ordre dans lequel elles doivent être utilisées). En lecture, on peut aussi aider l'enfant à repérer et à sélectionner les informations à l'aide d'un stylo marqueur. Avec le temps, l'enfant apprendra à compenser ses difficultés d'attention par l'acquisition de méthodes de travail.

• En cours de travail, il est important de féliciter l'enfant quand il fait preuve d'une bonne attention. En reconnaissant et en soulignant les forces, on développe l'estime de soi et on favorise le développement.

• Il est essentiel de respecter le rythme de l'enfant. En le brusquant, on crée du stress et cela peut provoquer encore plus de difficultés d'attention.

• Il faut parfois faire preuve de créativité et d'ingéniosité pour faire naître du plaisir au cours d'activités dont le contenu est passablement monotone. Mais toute activité peut être source de plaisir si elle est faite comme un jeu et si la relation entre le parent et l'enfant est empreinte de complicité.

• Pour augmenter la motivation et l'attention de l'enfant à l'égard d'une activité, le parent peut la faire suivre d'une activité agréable à coup sûr comme une promenade à bicyclette, un jeu de société, etc.

• Finalement, il est important d'aider l'enfant à réviser ce qu'il fait et à corriger après coup ses erreurs. Il faut lui souligner concrètement l'importance de cette pratique et lui faire comprendre que c'est lui qui en bénéficie.

Ces conseils ne règlent pas magiquement tous les problèmes mais ils peuvent être d'une aide certaine s'ils sont appliqués avec souplesse et surtout avec constance. Les parents d'un enfant qui a d'importantes difficultés d'attention doivent avoir des attitudes fermes, positives et chaleureuses. La constance est également importante puisqu'elle permet à l'enfant d'intégrer avec le temps des attitudes et des stratégies qui lui sont propres et qui lui donnent de l'espoir face à l'avenir.

## Les images mentales

Chercheurs et spécialistes en éducation s'entendent pour dire que les images mentales sont essentielles à l'intégration et à la conservation des apprentissages. Elles sont porteuses, à travers les temps, des habiletés et des connaissances.

Depuis quelques années, de nombreux chercheurs et intervenants scolaires se sont mis à l'étude de l'élaboration des images mentales. Ils s'intéressent particulièrement à la façon d'agir sur elles pour garantir des apprentissages de plus grande qualité et qui se conservent à long terme. Les images mentales existent depuis toujours chez l'être humain mais ce n'est que depuis quelques décennies qu'on a commencé à découvrir comment elles se construisent et comment elles fonctionnent.

Qu'est-ce qu'une image mentale ? C'est une reproduction dans le cerveau de l'être humain ou une sorte de dessin intérieur d'un objet en son absence. C'est aussi la reconstitution, en pensée, d'actions et de gestes qui se sont déroulés dans le passé. L'anticipation des actions et des stratégies qui sont nécessaires à l'atteinte d'un objectif est également basée sur l'image mentale.

Les images mentales occupent toute la vie psychique de l'être humain. Leur richesse et leur diversité varient d'un individu à l'autre. Elles sont à la base de toute la vie imaginaire, de la créativité et d'une foule d'apprentissages, des plus simples aux plus complexes.

### Les sortes d'images mentales

La plupart des adultes ainsi que les enfants ne sont pas conscients de ce qui se déroule dans leur tête quand ils apprennent quelque chose de nouveau. En effet, tout se passe très rapidement dans un tout fonctionnel. Ce n'est donc que dans le but de mieux comprendre les images mentales que nous les divisons artificiellement selon leurs niveaux et leur fonctionnement.

Au cours des premières années du développement, ce sont les images mentales *reproductrices* qui occupent la première place. Celles-ci traduisent la capacité de l'enfant de reproduire en pensée des objets ou des événements déjà connus ou antérieurement perçus. Ces images mentales constituent essentiellement la mémoire. Il y a d'abord la *mémoire sensorielle* simple (visuelle, auditive, kinesthésique, olfactive, etc.). Cette mémoire est comme un tableau sensoriel découpé dans le temps et l'espace. L'individu a parfois besoin d'un indice pour évoquer le souvenir d'une personne, d'un objet, d'un air de musique, etc. Par exemple, une personne vous rencontre et engage la conversation avec vous. Il semble évident qu'elle vous connaît bien et, de votre côté, vous savez que vous l'avez déjà rencontrée sans pouvoir vous souvenir de son nom et de la circonstance au cours de laquelle vous avez fait sa connaissance. Vous vous sentez mal à l'aise et, en cours de conversation, vous êtes activement à la recherche d'un indice qui vous permettra de vous en souvenir avec précision. À un moment donné, à partir d'un indice quelconque, le déclic se fait et le souvenir de la personne vous revient clairement. L'enfant aussi a parfois besoin d'indices pour évoquer des objets, des mots de vocabulaire, etc.

Dans les images mentales reproductrices, il y a aussi la *mémoire séquentielle* qui permet à l'enfant de reproduire en pensée une succession de gestes, d'actions et d'événements passés selon un ordre logique et causal. Cette forme de mémoire permet à l'enfant, par exemple, de raconter une sortie, d'imiter après coup les gestes d'une personne, etc. Il ne faut pas s'attendre à ce que l'enfant soit habile en mémoire séquentielle avant l'âge scolaire. La reproduction en pensée des séquences auditives et visuelles est toutefois très importante pour tous les apprentissages académiques.

On sait que l'enfant peut emmagasiner en mémoire une foule d'informations ou de connaissances grâce aux images mentales qui permettent leur conservation. Mais, pour mémoriser, il faut être motivé et maîtriser des stratégies. En effet, pour que l'enfant accepte de conserver en mémoire des apprentissages, il faut qu'il ait le projet de s'en servir plus tard. C'est la même motivation qui nous amène à déposer de l'argent à la banque. C'est pour nous en servir plus tard, car autrement ce geste n'a pas de sens.

Grâce aux images mentales, l'enfant peut conserver en lui le souvenir de personnes chères ou d'événements heureux. L'amour, les soins et les stimulations qu'on lui apporte, il peut les conserver comme de précieux trésors. Lorsqu'il rencontrera des difficultés ou qu'il vivra des échecs, il pourra puiser l'énergie qui lui est nécessaire dans ses trésors pour résoudre les problèmes de la vie et avoir de l'espoir face à l'avenir. Il pourra aussi puiser dans ses réserves affectives pour aimer à son tour d'autres personnes. Dans notre société de consommation, les relations humaines sont pratiquement les seules qui puissent se conserver. Elles font partie de notre héritage.

Finalement, l'enfant accède peu à peu, surtout entre 10 et 12 ans, à des images mentales «anticipatrices». Celles-ci lui permettent de prévoir les séquences de moyens, d'étapes et de stratégies en fonction d'un résultat anticipé. Elles servent de base ou de soutien à la poursuite des buts et, surtout, à la méthode de travail. Ces habiletés sont essentielles quand l'apprenti sorcier, par exemple, doit planifier un travail de recherche avec un objectif à atteindre et une échéance précise à respecter. Les images mentales «anticipatrices» s'appuient sur la mémoire qui joue le rôle d'un magasin personnel contenant les habiletés et les connaissances que l'enfant a intégrées et dont il se va se servir dans la poursuite de ses objectifs.

**Exercice n° 11**
**Mon enfant et ses images mentales**

Dans un premier temps, faites l'exercice individuellement, puis échangez avec votre partenaire.

En général, mon enfant :

|  | Oui | | Non | |
|---|---|---|---|---|
|  | M | P | M | P |
| - Est créateur sur le plan corporel (danse, sports, etc.) | ☐ | ☐ | ☐ | ☐ |
| - Est créateur dans ses dessins | ☐ | ☐ | ☐ | ☐ |
| - Est créateur dans ses bricolages | ☐ | ☐ | ☐ | ☐ |
| - Fait preuve de fantaisie et d'humour dans ses propos | ☐ | ☐ | ☐ | ☐ |
| - Est créateur dans les histoires qu'il invente | ☐ | ☐ | ☐ | ☐ |
| - Peut facilement utiliser des synonymes dans son expression verbale | ☐ | ☐ | ☐ | ☐ |
| - Fait des associations entre les mots | ☐ | ☐ | ☐ | ☐ |
| - Évoque des images mentales (auditives et visuelles) en lisant | ☐ | ☐ | ☐ | ☐ |
| - Peut changer, en lecture, un mot pour un autre sans en modifier le sens | ☐ | ☐ | ☐ | ☐ |
| - Est créateur dans ses écrits | ☐ | ☐ | ☐ | ☐ |
| - Peut compléter une phrase incomplète à l'oral ou à l'écrit | ☐ | ☐ | ☐ | ☐ |
| - Peut planifier les étapes et les moyens pour réaliser une tâche | ☐ | ☐ | ☐ | ☐ |

Si vous avez répondu positivement dans la majorité des cas, cela signifie que votre apprenti sorcier évoque facilement des images mentales. Cela lui permet d'être créateur ; on sait, en effet, que les évocations imagées sous-tendent la créativité et lui donnent son sens. Si vous avez répondu négativement dans la majorité des cas, cela signifie que votre enfant n'exprime pas souvent d'images mentales bien qu'il puisse parfois les intégrer à certaines activités. Il est possible également qu'il éprouve plus de plaisir dans les activités motrices et concrètes. Quoi qu'il en soit, il a besoin d'être encouragé à évoquer des images mentales car celles-ci sont nécessaires aux apprentissages scolaires et elles sont à la base de la créativité et de l'esprit d'initiative.

## Gérer ses images mentales

Un grand pédagogue français, Antoine de la Garanderie, a mis en lumière les mécanismes de fonctionnement des images mentales. Nous inspirant de ses travaux, nous reprenons les grands principes sur lesquels il fonde ses explications afin que les parents puissent s'en servir concrètement.

• La première étape consiste à aider l'enfant à être attentif. En effet, une bonne attention est la porte d'entrée des images mentales. Il faut éliminer le plus possible les distractions susceptibles de déclencher la dispersion de l'enfant et l'aider à se concentrer sur l'essentiel de la tâche.

Toute activité a une forme perceptive à dominance visuelle ou auditive ou les deux à la fois. Les enfants, comme les adultes, n'apprennent pas tous de la même façon; pour ceux qui traitent les informations surtout visuellement, il importe d'attirer leur attention sur les caractères visuels de l'information. En ce qui concerne les enfants qui traitent les notions surtout de façon auditive, il faut centrer leur attention sur les caractères sonores ou auditifs de l'information. Enfin, il convient, pour d'autres enfants, de leur faire manipuler des objets pour qu'ils saisissent les caractéristiques kinesthésiques.

Par exemple, pour ce qui est de la mémorisation de mots de vocabulaire, on peut amener l'enfant soit à photographier le mot en lui faisant décrire les caractères visuels des lettres, soit à l'épeler pour qu'il soit sensible à ses caractéristiques phonétiques ou à manipuler des lettres mobiles ou à écrire le mot pour l'enfant à tendance plus kinesthésique.

• La deuxième étape est dite d'évocation. Elle est très importante pour la conservation imagée du nouvel apprentissage. Il est essentiel d'inciter l'enfant à mettre les informations dans sa tête. Or, cela ne peut se faire que s'il prévoit se servir plus tard de la nouvelle information. Il doit donc comprendre que ça lui rapportera personnellement des dividendes. Au cours de cette étape d'évocation, on demande à l'enfant ce qu'il voit dans sa tête ou ce qu'il entend, selon son style (à dominance visuelle ou auditive). Il est important de lui laisser suffisamment de temps pour qu'il puisse évoquer les images, de préférence en se fermant les yeux.

• Ensuite, il faut aider l'enfant à réfléchir sur l'information évoquée en l'amenant, par exemple, à faire des liens avec une autre notion apprise. On peut recourir à des règles ou à des lois. Par exemple, le mot « petit » prend un « t » parce qu'on dit « petite » au féminin.

• L'étape dite de mémorisation permet de consolider et de conserver l'apprentissage en vue d'un usage futur. La mémoire n'est pas magique. Il faut donc aider l'enfant à découvrir des stratégies, soit en faisant des associations phonétiques, soit par des associations visuelles ou par des groupements sémantiques.

Ce sont les images mentales qui donnent un sens aux apprentissages et surtout qui permettent de les conserver dans le temps. Par exemple, lorsque l'enfant lit, il met des images mentales sur des mots ; lorsqu'il écrit, il met des mots sur des images mentales. Ce n'est pas tellement le contenu de la lecture qui devient motivant et source de plaisir mais ce sont plutôt les images mentales qu'elle provoque. Ce sont ces images qui sous-tendent les productions écrites et surtout la créativité. Quand l'enfant exprime ses images mentales par le langage, par l'écriture, par des activités corporelles ou artistiques, il affirme son imaginaire et son identité personnelle. La reconnaissance positive de cette identité est source de valorisation et de fierté. En exprimant ses images mentales, l'enfant partage avec les autres une partie de ses richesses personnelles.

# La mémoire

Les images mentales jouent le rôle de véhicules de la mémoire. Celle-ci ne peut être imposée. Au contraire, elle se cultive et elle peut grandement s'améliorer. Nous sommes conscients qu'une multitude de parents se sentent impuissants et parfois décontenancés face à certaines difficultés de mémorisation des enfants.

Ce n'est pas d'hier que l'on cherche à comprendre les mécanismes sous-jacents à la mémoire. Encore aujourd'hui, notre compréhension est plus descriptive qu'explicative même si les quarante dernières années ont permis de réaliser des progrès dans la compréhension de cette fonction intellectuelle. On pense maintenant que la capacité de mémorisation n'est pas héréditaire et qu'elle peut s'améliorer grâce à des stratégies. Il existe même des séances de groupe pour les personnes âgées qui leur ont permis d'améliorer sensiblement leur mémoire. Rien n'est donc impossible! À part les personnes qui ont des lésions au cerveau ou qui connaissent de graves problèmes neurologiques ou de la personnalité, tout le monde peut améliorer sa mémoire. Même votre apprenti sorcier à l'âge des héros!

## *Qu'est-ce que la mémoire?*

Qu'est-ce que nous disions déjà? Ah oui! La mémoire comporte deux éléments importants: le stockage de l'information et le repêchage de cette même information. Le premier consiste à encoder, grâce aux images mentales, des informations et des connaissances dans le cerveau exactement comme le fait la mémoire vive de votre ordinateur. Le deuxième élément consiste à rechercher cette information, à la repêcher pour ainsi dire dans cette mer de connaissances, exactement comme le font certaines commandes de l'ordinateur. S'il vous est déjà arrivé d'oublier de «sauvegarder» un texte, vous savez à quel point il est important de «mettre en mémoire» les informations. S'il vous est déjà arrivé de rechercher vainement sur toutes vos disquettes mal identifiées une information pertinente, vous savez à quel point il est important de savoir «repêcher» vos connaissances. La plupart des problèmes de mémoire ne se situent pas dans le stockage mais plutôt dans le repêchage.

Si vous organisez adéquatement votre fichier d'ordinateur et si vous codifiez adéquatement vos disquettes, vous arriverez rapidement à retrouver un texte, une phrase, etc. Si l'enfant organise bien le stockage de ses connaissances, il pourra puiser plus adéquatement dans ses souvenirs pour retrouver une information pertinente.

### Les sortes de mémoires

Les spécialistes contemporains classent la mémoire selon trois niveaux : la mémoire sensorielle, la mémoire à court terme et la mémoire à long terme.

#### La mémoire sensorielle

Nos sens emmagasinent chaque jour une somme faramineuse de stimulations visuelles, auditives, olfactives, cutanées, kinesthésiques et gustatives qu'il est impossible de garder dans la conscience. Nous les « oublions » rapidement tout comme nous jetons régulièrement à la corbeille à papiers les textes qui encombrent la mémoire de notre ordinateur. Mais le corps, lui, se souvient d'une façon informelle ; les thérapeutes du corps, ostéopathes, masseurs et autres, savent bien que le toucher réveille une mémoire qui n'est pas faite de mots mais de sensations diffuses.

### La mémoire à court terme

La période des devoirs et des leçons exerce justement ce type de mémoire. Si l'on présente des mots de vocabulaire ou une table de multiplication à un enfant puis qu'on les cache, leur image s'estompe après une dizaine de secondes si elle n'est pas répétée. Ce type de mémoire peut contenir en même temps jusqu'à sept informations en moyenne. Par exemple, si on s'exerce suffisamment, on peut retenir jusqu'à neuf chiffres non ordonnés, nommés l'un à la suite de l'autre. Les apprentissages scolaires font appel à la mémoire à court terme. Il est donc important d'aider l'enfant à bien organiser l'information pour favoriser les repêchages ultérieurs.

### La mémoire à long terme

Ce ne sont pas toutes les informations emmagasinées dans la mémoire à court terme qui deviendront permanentes dans la mémoire à long terme. Par exemple, il y a des souvenirs d'enfance que nous avons retenus mais il y en a bien davantage que nous avons oubliés. De plus, certains souvenirs sont toujours prêts à être évoqués (on peut décrire assez fidèlement ses dernières vacances) tandis que d'autres ne le sont que dans certaines situations (un parfum, par exemple, rappelle le souvenir d'un voyage ancien qu'on croyait avoir oublié).

Chaque fois qu'on acquiert des connaissances nouvelles, notre mémoire fait un grand ménage pour leur laisser de la place tout comme on doit remiser de vieux meubles lorsqu'on en achète des nouveaux!

---

**Exercice n° 12**
**Mon enfant et sa mémoire**

Dans un premier temps, faites l'exercice individuellement, puis échangez avec votre partenaire.

En général, mon enfant:

| | Oui | | Non | |
|---|---|---|---|---|
| | M | P | M | P |
| - Retient bien les noms des personnes et des objets | ☐ | ☐ | ☐ | ☐ |
| - N'égare pas ses objets personnels | ☐ | ☐ | ☐ | ☐ |
| - N'oublie pas les objets et le matériel nécessaires pour effectuer ses travaux scolaires | ☐ | ☐ | ☐ | ☐ |
| - Rentre à l'heure pour les repas ou le coucher | ☐ | ☐ | ☐ | ☐ |
| - Se souvient des demandes que je lui fais ou des responsabilités que je lui confie | ☐ | ☐ | ☐ | ☐ |
| - Est capable de raconter selon un ordre chronologique les scènes d'un film, d'une histoire qu'il a lue ou entendue ou d'une expérience qu'il a vécue | ☐ | ☐ | ☐ | ☐ |
| - Retient une série de consignes verbales que je lui donne (par exemple, «Prends ton sac d'école, sors ton livre de mathématiques, fais les numéros 1 à 5 à la page 40») | ☐ | ☐ | ☐ | ☐ |
| - Est capable de reproduire après coup une séquence de gestes faits par une personne | ☐ | ☐ | ☐ | ☐ |
| - A de la facilité à épeler des mots | ☐ | ☐ | ☐ | ☐ |
| - Peut répéter une série de chiffres (par exemple, un numéro de téléphone) | ☐ | ☐ | ☐ | ☐ |

*(suite)*

| | Oui | | Non | |
|---|---|---|---|---|
| | M | P | M | P |
| - Peut retenir des chiffres après les avoir vus | ☐ | ☐ | ☐ | ☐ |
| - Peut retenir l'orthographe des mots que je lui montre | ☐ | ☐ | ☐ | ☐ |
| - Mémorise bien les tables d'addition et de multiplication | ☐ | ☐ | ☐ | ☐ |
| - Utilise des trucs de mémorisation | ☐ | ☐ | ☐ | ☐ |

Si vous avez répondu positivement dans la majorité des cas, cela signifie que votre apprenti sorcier a certainement une bonne mémoire dont il se servira toute sa vie. Par contre, si vous avez répondu négativement dans la majorité des cas, il est fort possible que votre enfant éprouve de la difficulté à stocker et à repêcher les informations, qu'elles soient verbales ou visuelles. Il ne faut surtout pas s'alarmer car la capacité de mémorisation est très influencée par le degré de motivation, par l'anxiété et par une carence de stratégies de mémorisation. Il se peut également que votre enfant éprouve de la difficulté à retenir les informations de façon séquentielle. Il s'agit d'essayer d'identifier les facteurs qui sous-tendent son manque de mémoire. Voici quelques conseils pour aider votre enfant à stocker les informations et à les repêcher.

## Comment l'améliorer?

- Permettez à votre enfant d'apprendre dans un contexte calme, dans un endroit où il y aura peu d'éléments de distraction.

- Une liste de mots ou une table de multiplication s'apprend mieux si on sait que les éléments du milieu se mémorisent moins bien que ceux du début ou de la fin. Ce qui est plus difficile doit donc se retrouver au début ou à la fin de la liste.

- Cherchez à connaître le style cognitif de votre enfant. S'il apprend de façon globale, synthétique et s'il est plutôt visuel, il serait intéressant de lui montrer à utiliser des schémas ou des dessins pour mémoriser. S'il apprend de façon séquentielle, analytique et s'il est plutôt auditif, il sera alors préférable de lui faire répéter les mots, de les épeler et, pourquoi pas, d'utiliser des chansons.

- Pour faire en sorte que l'enfant se rappelle mieux sa leçon, il est possible d'introduire un élément différent et inusité dans sa liste. Par exemple, le son d'une clochette au milieu d'un texte aidera la mémorisation des phrases qui précèdent le son ou le suivent.

- Rien n'est plus efficace pour mémoriser que d'associer de façon logique ou fantaisiste différents éléments. Par exemple, l'enfant va retenir les mots *musique, théâtre* et *décor* parce qu'il peut se les représenter dans une seule scène de spectacle. Ou il retiendra les mots *salon, maison* et *cornichon* parce qu'ils se terminent par le même son.

- Il est plus facile de retenir l'information lorsqu'on peut donner un sens à ce qu'on apprend. Par exemple, on fait une phrase avec les mots à retenir même si ceux-ci ne semblent pas du tout aller ensemble. Pour retenir *amour, tortue* et *extraordinaire,* on peut dire que «la tortue extraordinaire est tombée en amour».

- Le fait de répéter est également un excellent moyen de mémoriser de nouvelles informations. Il suffit d'augmenter l'intervalle entre chaque répétition. Allez-y avec modération si vous voulez que la motivation demeure!

Plus l'enfant pourra utiliser des stratégies différentes, plus il aura de chances de garder en mémoire les connaissances et les informations acquises antérieurement. Si vous mettez plusieurs lignes à l'eau, vous avez plus de chances d'attraper un poisson!

## Les limites de la pensée

L'apprenti sorcier a des capacités de raisonnement logique qui se généralisent de plus en plus, mais il ne les acquiert pas toutes en même temps. Par exemple, il peut faire preuve de classification logique avec certains objets alors que cette même capacité ne sera pas opérante avec d'autres objets ou dans une autre situation. De même, il ne peut appliquer son raisonnement logique à tous les éléments et à toutes les situations car sa capacité de généralisation est limitée. Entre 10 et 12 ans, la pensée logique prend la forme de systèmes logiques mais ceux-ci demeurent encore dépendants du concret. On assiste à un début d'extension du réel vers les possibles ou vers les hypothèses.

À cet âge, la pensée et les opérations logiques demeurent généralement concrètes, c'est-à-dire qu'elles nécessitent encore des objets tangibles ou des illustrations pour être actualisées. Ainsi, l'apprenti sorcier ne peut encore raisonner logiquement sur des énoncés verbaux ou sur des idées sans représentation concrète. Ses capacités d'analyse et de synthèse ne sont effectives que si elles sont représentées matériellement ou graphiquement. Elles touchent les objets ou les situations tels qu'ils sont perçus et non pas tels qu'ils sont imaginés.

Par contre, en acquérant une pensée logique, concrète et réversible, l'apprenti sorcier hérite d'un précieux instrument qui lui permet d'accéder à une multitude d'apprentissages. L'intelligence est un ensemble dynamique et mobile qui se construit graduellement par stades et selon une logique de développement. Il est important de ne pas exercer de pression pour l'accélérer car cela provoquerait certainement du stress et réduirait la motivation de l'enfant. Par contre, il faut guider et aider l'apprenti sorcier dans ses découvertes et l'encourager à établir des liens logiques entre les objets, entre les informations et entre les situations. Le parent guide doit l'accompagner dans ce processus d'apprentissage.

On sait que la motivation est le moteur interne des apprentissages. Il est donc essentiel que ceux-ci se vivent dans le plaisir et la créativité. On s'assurera ainsi que l'apprenti sorcier a un développement harmonieux et constamment ouvert sur les richesses du monde.

3

# Le point de vue
# des apprentis sorciers

## De grands besoins

À l'âge des héros, le chemin des garçons et celui des filles divergent quelque peu. En effet, les filles commencent déjà leur puberté alors que les garçons ne vont y arriver qu'un peu plus tard. De façon plus générale, on constate toutefois que le développement des garçons et des filles se poursuit sur les plans physique, intellectuel, affectif, social et moral. Chacun recherche de plus en plus la présence d'amis et tente d'apprivoiser l'autre sexe. C'est l'âge des premières lettres d'amour et des taquineries mutuelles.

## Être accepté par les jeunes de son sexe

Garçons et filles, à l'aube de l'adolescence, ont besoin de consolider leur sentiment d'appartenance à leur propre sexe. D'ailleurs, c'est à cette période que les jeunes qui ont une identité diffuse commencent à vivre de profonds malaises sociaux.

Les garçons continuent à se regrouper autour d'activités sportives ou d'intérêts communs tandis que les filles intensifient les relations d'amitié avec quelques copines. Elles se racontent leurs secrets et, à deux ou à trois, nouent souvent des intrigues.

À cet âge, l'agressivité des garçons se manifeste physiquement d'autant plus qu'ils sont maintenant les plus grands et les plus forts de l'école primaire. En contrepartie de cette affirmation masculine, les filles aiguisent leur agressivité verbalement.

Et, dans tout ce tableau grouillant de vie, il n'y a rien de plus triste que le spectacle du jeune qui est rejeté par ses pairs et isolé socialement.

---

**Exercice n° 13**
**L'importance des amis**

Demandez à votre jeune de remplir le questionnaire suivant et de tenter de découvrir s'il (si elle) est un peu, moyennement ou très sociable.

| | Jamais (0 pt) | Parfois (1pt) | Souvent (5 pts) | Toujours (10 pts) |
|---|---|---|---|---|
| Lorsque je n'ai rien à faire, j'appelle toujours un ou des amis | ☐ | ☐ | ☐ | ☐ |
| Je considère que j'ai beaucoup d'amis | ☐ | ☐ | ☐ | ☐ |
| Les autres enfants de mon sexe aiment jouer avec moi | ☐ | ☐ | ☐ | ☐ |

*(suite)*

| | Jamais (0 pt) | Parfois (1pt) | Souvent (5 pts) | Toujours (10 pts) |
|---|---|---|---|---|
| C'est moi qui mène dans mon groupe d'amis | ☐ | ☐ | ☐ | ☐ |
| Je préfère être avec mes amis plutôt qu'avec mes parents | ☐ | ☐ | ☐ | ☐ |
| J'ai beaucoup de plaisir en groupe | ☐ | ☐ | ☐ | ☐ |
| J'ai peu d'amis mais cela me satisfait | ☐ | ☐ | ☐ | ☐ |
| Je m'ennuie lorsque je suis plusieurs heures sans mes amis | ☐ | ☐ | ☐ | ☐ |
| Je passe beaucoup de temps au téléphone avec mes amis | ☐ | ☐ | ☐ | ☐ |
| Je suis prêt(e) à faire beaucoup de choses pour être accepté(e) par mon groupe d'amis | ☐ | ☐ | ☐ | ☐ |

Total des points

De 75 à 100 points : Tu es très sociable et tes amis t'apprécient probablement. Mais attention ! Tu sembles prêt(e) à faire n'importe quoi pour garder des amis.

De 30 à 75 points : Tu apprécies la présence de tes amis et tu t'ennuies un peu lorsqu'ils ne sont pas là. Mais tu es aussi capable de t'occuper seul(e) et de choisir la personne avec laquelle tu veux être.

Moins de 30 points : Tu n'es pas très sociable. Tu es peut-être trop exigeant(e) dans le choix de tes amis ou tu manques peut-être de trucs pour t'en faire. Tu peux demander de l'aide à tes parents, à ton enseignante ou encore à des adultes qui savent comment se faire des amis. Tu peux aussi te joindre à des groupes comme les scouts ou les guides. Cela pourrait t'aider ! N'hésite pas car on se sent bien seul dans la vie quand on est sans amis.

Les parents qui constatent que leur apprenti sorcier éprouve des difficultés sociales doivent faire des efforts pour l'aider. En effet, on ne peut développer d'habiletés sociales qu'en vivant des expériences de groupe ! Ils doivent éviter les attitudes extrêmes : à trop protéger un enfant, on lui confirme son manque de moyens et à le laisser se débrouiller sans aide, on risque de lui faire vivre un profond sentiment d'impuissance.

### *Être rassuré sur les changements corporels*

Le garçon de cet âge est très fier de se comparer aux plus petits que lui. Il aime aussi se mesurer à sa mère et lui montrer à quel point il est grand. Les changements corporels qui commencent à apparaître, s'ils sont soulignés de façon à exprimer de la fierté, sont vécus de façon très positive.

Par contre, le garçon qui est petit, maigre ou malhabile physiquement vit péniblement cette période de la préadolescence. Il a de la difficulté à soutenir la compétition avec les autres garçons, ce qui est très important à cet âge.

À cette époque, les changements physiques sont plus évidents chez la fille, qui les vit beaucoup plus difficilement que le garçon. Les seins attirent les regards et suscitent parfois des remarques ; les hanches s'élargissent et cela va à l'encontre de certains critères sociaux de beauté ; enfin, les rondeurs apparaissent mais elles sont mal vues dans une société qui prône une minceur absolue. De surcroît, tous ces changements sont associés à la venue de la première menstruation qui est accompagnée de douleurs au ventre et de changements dans l'humeur.

Pour les filles, la période de la préadolescence comporte donc certaines difficultés en ce qui a trait à l'image corporelle. Quant aux garçons, ils ressentent généralement un sentiment de fierté à moins d'accuser un retard de développement physique.

## Exercice n° 14
## L'image corporelle de mon enfant

Demandez à votre jeune de remplir le questionnaire suivant et discutez-en avec lui ou avec elle par la suite, si tel est son désir.

|  | Pas du tout (0 pt) | Un peu (1 pt) | Moyennement (5 pts) | Beaucoup (10 pts) |
|---|---|---|---|---|
| Je suis fier(ère) de mon corps | ☐ | ☐ | ☐ | ☐ |
| Mes amis me trouvent beau (belle) | ☐ | ☐ | ☐ | ☐ |
| Mes parents me disent souvent que je suis beau (belle) | ☐ | ☐ | ☐ | ☐ |
| Je suis fier(ère) de la façon dont mon corps se transforme | ☐ | ☐ | ☐ | ☐ |
| Je trouve que je suis plus habile physiquement qu'auparavant | ☐ | ☐ | ☐ | ☐ |

Total des points

De 40 à 50 points : Je suis content(e) des changements que je vois apparaître dans mon corps et je m'aime bien comme cela.

De 20 à 40 points : Je trouve que tous ces changements sont un peu difficiles (ou qu'il n'y a pas assez de changement dans mon corps). Je pense que les autres me trouvent plus ou moins beau (belle) et cela me fait de la peine. De façon générale, j'ai confiance que tout cela va s'arranger en vieillissant.

Moins de 20 points : Je ne suis vraiment pas content(e) de mon apparence physique. Je suis inquiet(ète) et je me demande si je vais changer un jour! Parfois, cela me panique un peu mais je suis gêné(e) d'en parler. Je sais pourtant qu'il faudrait que j'en parle si je veux soit me rassurer, soit prendre les moyens pour améliorer mon image de moi-même!

## *Être renseigné sur les comportements à risque*

Entre 10 et 12 ans, les jeunes sont attirés par l'image et par le prestige. Le sensationnalisme les tente beaucoup de même qu'ils ont souvent envie de prendre des risques importants. Ils sont prêts à beaucoup de choses pour se faire accepter par un groupe. Les jeunes qui sont solitaires ou qui manquent de sécurité sont donc plus susceptibles d'être exploités par les autres.

Les jeunes de cet âge doivent être informés des abus dont ils risquent d'être victimes ou des pressions qu'on peut exercer sur eux. Mais il ne sert à rien de leur faire peur. Il faut plutôt leur parler des motifs qui peuvent les amener à faire des choses dont ils n'ont pas réellement envie et des conséquences qui résultent de ces comportements à risque. Plutôt que de moraliser, il vaut mieux se préoccuper des besoins et sentiments qui sont à l'origine de ces comportements et concentrer son attention sur les stratégies que l'apprenti sorcier peut utiliser pour résister aux pressions extérieures.

---

**Exercice n° 15**
**L'attitude de mon enfant face aux sollicitations extérieures**

Demandez à votre jeune de remplir ce questionnaire et discutez-en avec lui ou avec elle par la suite, si tel est son désir.

| | Pas du tout (0 pt) | Un peu (1 pt) | Moyennement (5 pts) | Beaucoup (10 pts) |
|---|---|---|---|---|
| On m'a déjà offert de la drogue | ☐ | ☐ | ☐ | ☐ |
| Je connais des jeunes qui se droguent | ☐ | ☐ | ☐ | ☐ |
| Je ne sais pas quoi faire lorsqu'on m'offre de la drogue | ☐ | ☐ | ☐ | ☐ |

|  | Pas du tout (0 pt) | Un peu (1 pt) | Moyennement (5 pts) | Beaucoup (10 pts) |
|---|---|---|---|---|
| Un adulte m'a déjà fait des avances sexuelles | ☐ | ☐ | ☐ | ☐ |
| Je connais des jeunes à qui cela est arrivé | ☐ | ☐ | ☐ | ☐ |
| Je serais si gêné(e) si cela arrivait que je ne suis pas certain(e) que je saurais quoi faire | ☐ | ☐ | ☐ | ☐ |
| Un jeune de mon âge (ou plus âgé) m'a déjà fait des avances sexuelles | ☐ | ☐ | ☐ | ☐ |
| Je n'ai pas su ou je ne saurais pas comment réagir si cela arrivait | ☐ | ☐ | ☐ | ☐ |
| Lorsque je suis en groupe, je suis prêt(e) à tout pour me faire accepter | ☐ | ☐ | ☐ | ☐ |
| J'ai déjà volé dans un magasin | ☐ | ☐ | ☐ | ☐ |
| J'aime la sensation de faire quelque chose d'illégal | ☐ | ☐ | ☐ | ☐ |
| Même si au fond je me sens mal à l'aise, je suis incapable de dire non à mes amis | ☐ | ☐ | ☐ | ☐ |
| J'ai déjà fumé des cigarettes | ☐ | ☐ | ☐ | ☐ |
| J'ai peur d'être seul(e) si je ne fais pas ce que mes amis veulent de moi | ☐ | ☐ | ☐ | ☐ |
| Je ne pense jamais aux conséquences de mes actions. | ☐ | ☐ | ☐ | ☐ |
| J'aime faire des expériences nouvelles même si je sais que cela peut être dangereux pour moi | ☐ | ☐ | ☐ | ☐ |

Total des points

De 120 à 160 points : Je suis sollicité par mon entourage et je ne sais pas toujours comment réagir. Il est important pour moi de provoquer l'admiration de mes amis et les expériences nouvelles me tentent beaucoup. Dans ces situations, je sais qu'il serait bon pour moi d'en parler à quelqu'un qui m'aime et qui veut mon bien, mais j'ai peur de passer pour un(e) peureux(se) ou un « bébé ». Je dois me décider à en parler !

De 60 à 120 points : Il m'arrive de faire des expériences nouvelles mais, parfois, je me sens mal lorsque je le fais. Je n'accepte pas de faire n'importe quoi, mais ce n'est pas toujours facile de dire non. Quelquefois, je ne sais pas vraiment ce que je veux. Je pense que je dois pouvoir en parler avec mes amis ou avec des adultes qui m'aiment bien ; juste pour me connaître mieux et pour prendre les bonnes décisions.

Moins de 60 points : J'ai souvent peur qu'on me demande de faire des choses que je ne trouve pas « correctes » mais cela arrive rarement. Je pense que je saurais comment réagir mais je n'en suis pas certain(e). Plus j'ai d'informations sur les drogues, les abus sexuels et la délinquance, plus je suis préparé(e) à réagir en toutes circonstances. Je dois en parler pour me connaître moi-même.

## Être valorisé et considéré

L'apprenti sorcier a besoin d'être valorisé et de sentir que ses parents sont fiers de lui. Autrement dit, il a besoin d'être un peu le héros ou l'héroïne de ses parents. Juste retour des choses puisque ces derniers ont d'abord été ses héros !

Pour attirer l'attention sur lui, l'enfant de cet âge peut s'efforcer d'exceller dans les sports ou dans des activités artistiques ou scolaires. Il peut aussi, surtout s'il ne se reconnaît aucun talent particulier, chercher à attirer l'attention sur lui par des comportements difficiles, voire dangereux : se mettre en colère, faire preuve d'agressivité, désobéir, etc. Dans ces conditions, les parents ont naturellement tendance à critiquer et à punir; mais cela ne fait qu'augmenter le désir du jeune de forcer l'admiration en prenant encore plus de risques.

Il est toujours important, et cela l'est particulièrement à cet âge, de souligner les qualités de l'enfant et de le valoriser non seulement dans ce qu'il fait mais aussi dans ce qu'il est. Il faut également l'aider à connaître ses forces particulières et ses talents bien à lui.

---

**Exercice n° 16**
**J'observe les forces de mon enfant**

D'abord, remplissez ce questionnaire individuellement, puis comparez vos réponses avec celles de votre partenaire et, enfin, avec celles de votre enfant.

- Quelles sont les cinq plus grandes forces de l'enfant dans les domaines suivants?

*Dans les sports*

| Mère | Père | Enfant |
|---|---|---|
| | | |
| | | |
| | | |
| | | |
| | | |

*À l'école*

| Mère | Père | Enfant |
|---|---|---|
| | | |
| | | |
| | | |
| | | |
| | | |

*Dans les arts (musique, dessin, ballet, etc.)*

| Mère | Père | Enfant |
|------|------|--------|
| | | |
| | | |
| | | |
| | | |
| | | |

*Dans les relations avec les amis*

| Mère | Père | Enfant |
|------|------|--------|
| | | |
| | | |
| | | |
| | | |
| | | |

*Dans les relations avec les adultes*

| Mère | Père | Enfant |
|------|------|--------|
| | | |
| | | |
| | | |
| | | |
| | | |

- Quelles sont les trois forces ou qualités les plus importantes parmi toutes celles qui précèdent ?

| Mère | Père | Enfant |
|------|------|--------|
| | | |
| | | |
| | | |

- Comme parent, comment faites-vous pour souligner ces forces à votre enfant ?

    **M** _____

    _____

    **P** _____

    _____

- Est-ce que tes parents te disent parfois combien ils sont fiers de toi ?

    _____

    _____

- Comment aimerais-tu qu'ils le fassent ?

    _____

    _____

Prenons l'habitude de souligner régulièrement à notre enfant à quel point nous sommes fiers de lui et quelles sont les qualités ou les forces que nous lui reconnaissons. Nous construisons ainsi son estime de lui-même !

## Des besoins qu'il est nécessaire de reconnaître

### *Histoires vraies*

- Étienne a 10 ans. C'est un enfant qui a souvent mal à la tête. Il est impulsif et colérique. Il reprend sa troisième année et éprouve de la difficulté avec l'autorité que ce soit à l'école ou à la maison. Sa mère est une femme très anxieuse et malade physiquement. Son père est un homme chaleureux mais très souvent absent à cause de son travail. Étienne est un enfant sensible qui réagit fortement au climat familial. Il est l'enfant du milieu, le cadet, et il a développé une identité négative. Il est le « tannant » de la maison et le « tannant » de l'école. Ses parents admettent qu'ils ne voient Étienne que lorsqu'il fait un mauvais coup et qu'ils ont peu de temps à lui consacrer.

En thérapie, les parents sont amenés à lui confier des responsabilités de même qu'à élaborer un système de récompenses. Les parents tentent de lui souligner ses forces et de lui donner de l'attention positive. Il règle son problème de lecture et ses comportements difficiles à l'école s'estompent. Après plusieurs rencontres de travail sur son estime personnelle, Étienne dit: « Maintenant, c'est mon frère qui a pris la relève. Je ne suis plus le tannant de la maison. » Il a si bien réglé son problème qu'il dit joyeusement ne plus faire ce rêve effrayant, toujours le même, qui revenait depuis des années.

-    Louis-Philippe a 10 ans et demi. Il est en cinquième année. C'est un garçon très intelligent qui réussit bien en classe malgré des problèmes d'attention et de comportement importants. Il défie son enseignante, fait rire ses compagnons de classe et ne reste pas en place. Louis-Philippe est un enfant qui a été adopté alors qu'il avait 11 mois. Il est fils unique et ses parents s'en occupent énormément. Son père, qui est lui-même un enfant adopté et qui a connu plusieurs foyers nourriciers, passe le plus clair de ses loisirs avec lui. Sa mère, une femme chaleureuse, l'a toujours stimulé et encouragé. Les parents sont découragés et font de grandes pressions sur l'enfant pour qu'il se contrôle davantage. Ils ont tendance à accuser l'école mais collaborent le mieux possible avec l'enseignante.

Une rencontre a lieu à l'école et montre bien l'exaspé-
ration de l'enseignante et sa vision négative de l'enfant.
Celui-ci perturbe énormément la classe. Pour sa part,
Louis-Philippe parle de suicide et souffre parfois de violents maux de tête qui entraînent des vomissements. Une
consultation en neurologie indique un déficit d'attention
et de concentration mais les parents refusent une médication.

Louis-Philippe est amené, en thérapie, à faire des
«imageries mentales» qui lui permettent de se détendre
et de mieux se connaître. Il parle énormément et avec
beaucoup d'émotion. Son anxiété à l'égard de la performance diminue ainsi que ses inquiétudes face à ses origines. Louis-Philippe pose tout haut les questions
importantes concernant sa mère naturelle. Il vit le rejet
de son enseignante comme un nouvel abandon. Il
retourne toute son agressivité contre lui-même.

Les parents acceptent de diminuer les pressions et se
rendent compte de leurs exigences. Ils prennent de la distance face à leur fils et le laissent vivre les conséquences
de ses gestes. Ils lui font confiance et le laissent aller vers
ses amis. Après plusieurs semaines d'intervention, après le
changement d'attitude des parents et une sensibilisation
à ses besoins qui est faite auprès de son enseignante,
Louis-Philippe se calme en classe. Il ne présente plus de
problème de comportement mais demeure agité et peu
concentré.

◆ ◆ ◆

-   Valérie est une belle fille de 11 ans. Sa mère est morte
d'un cancer lorsqu'elle avait 7 ans. Elle vit présentement
avec son père, qui est militaire de carrière, et sa nouvelle
conjointe. Les parents sont inquiets parce que Valérie est

distraite à l'école et n'apprend pas bien. Ils la trouvent anxieuse et peu expressive. Elle est aussi peu motivée.

Valérie sourit nerveusement et dit ne jamais pleurer. Elle ne comprend pas d'où vient la source de sa distraction. Les parents ont bien senti la détresse profonde de Valérie mais ils n'arrivent pas à la lui faire dire. Ils souhaitent qu'elle parle de sa mère et l'encouragent à le faire.

En thérapie, Valérie parle de sa maman avec pudeur. Elle dit ses inquiétudes et évoque les nombreux déménagements qu'elle a vécus à cause du travail de son père. Elle dit craindre que ce dernier aille en Bosnie et préfère ne rien ressentir plutôt que de laisser monter sa peur de l'abandon et sa peine.

Valérie a peu pleuré la mort de sa mère. Son père était alors très dépressif et elle ne s'est pas donné le droit de l'inquiéter davantage. Elle éprouve des sentiments mitigés envers sa belle-mère qui était la meilleure amie de sa mère. Pour éviter de se poser des questions embarrassantes, elle préfère «oublier».

Ce sera un long chemin pour permettre à Valérie de reprendre contact avec sa dépression et sa colère. Ni son père ni sa belle-mère ne sont en mesure de l'aider car ils sont trop mêlés eux-mêmes à ce deuil non résolu.

- Chantal a presque 12 ans. Elle est en sixième année. Les parents consultent parce qu'elle a subi des attouchements sexuels de la part de son oncle paternel. Chantal en a parlé rapidement à son père en présence de sa meilleure amie. Depuis, Chantal a vu ses notes scolaires chuter et son enseignant a remarqué des changements dans son comportement. En effet, elle tente de séduire

tous les garçons de la classe et se rebelle face à son enseignant.

Cette jeune fille est jolie et grande pour son âge. Elle
a une allure adolescente. Elle ne veut pas aller voir une
psychologue mais ses parents l'y obligent. Elle entre dans
le bureau, le regard fermé et la moue aux lèvres. Elle
refuse de parler. Quand on lui explique les réactions habi-
tuelles des filles qui ont subi des attouchements, elle
pleure silencieusement. Elle refuse les papiers mouchoirs
qui lui sont offerts.

Chantal finit par parler. Elle dit qu'il n'y a aucun lien
entre ses comportements et les attouchements. Elle
regrette d'en avoir parlé parce que sa grand-mère et sa
tante préférée refusent de lui adresser la parole depuis ce
moment-là et la traitent de menteuse.

Il est difficile de déterminer si les nouveaux comportements de Chantal sont uniquement la conséquence des
attouchements qu'elle a subis puisque les changements
pubères s'opèrent chez elle en même temps. La mère,
anxieuse, surveille de près sa fille et celle-ci se referme sur
elle-même. Il faudra laisser une ouverture au dialogue
tout en lui faisant confiance sinon la famille cristallisera le
traumatisme. Pour le père, la situation est très délicate
parce qu'il sait qu'une de ses sœurs et un de ses frères ont
été victimes d'inceste de la part de leur père dans
l'enfance. La situation présente fait remonter bien des
émotions.

Tous ces enfants ont de bons parents qui sont désireux
de leur venir en aide. Mais, en même temps, ces parents
n'ont pas le recul nécessaire pour reconnaître les besoins
de leurs enfants. Alors, ils ont le courage et la sagesse de

demander de l'aide. Les enfants, à une exception près, ont accepté d'emblée la thérapie et se sont sentis soulagés de pouvoir explorer leur monde intérieur.

# 4

# Pistes de réflexion

## Retour aux exercices

Vous avez observé votre enfant, rempli des questionnaires et fait certains exercices relatifs à « l'âge des héros » dont la liste suit :

Complétez maintenant votre auto-évaluation et revenez, si nécessaire, à l'un ou l'autre des exercices proposés.

# Auto-évaluation

| | Un peu (1 pt) | | Moyennement (5 pts) | | Beaucoup (10 pts) | |
|---|---|---|---|---|---|---|
| | M | P | M | P | M | P |
| Mon enfant a des héros bien identifiés et je les respecte | ☐ | ☐ | ☐ | ☐ | ☐ | ☐ |
| Je comprends l'importance pour mon enfant d'avoir des héros pour se projeter dans l'avenir | ☐ | ☐ | ☐ | ☐ | ☐ | ☐ |
| Mon enfant est prépubère et je le vois comme tel | ☐ | ☐ | ☐ | ☐ | ☐ | ☐ |
| Mon enfant vit des changements physiques et psychologiques que je constate et je cherche à le rassurer tout en le guidant | ☐ | ☐ | ☐ | ☐ | ☐ | ☐ |
| J'accepte son besoin grandissant d'autonomie mais je l'encadre avec chaleur | ☐ | ☐ | ☐ | ☐ | ☐ | ☐ |
| Je m'efforce d'être un père présent ou une mère qui favorise l'autonomie | ☐ | ☐ | ☐ | ☐ | ☐ | ☐ |
| Je laisse à mon conjoint (à ma conjointe) une place importante auprès de l'enfant | ☐ | ☐ | ☐ | ☐ | ☐ | ☐ |
| Je favorise la réalisation individuelle de chacun des membres de ma famille | ☐ | ☐ | ☐ | ☐ | ☐ | ☐ |
| Je favorise la communication | ☐ | ☐ | ☐ | ☐ | ☐ | ☐ |
| Je favorise le partage des tâches et des responsabilités | ☐ | ☐ | ☐ | ☐ | ☐ | ☐ |
| J'accepte que mon enfant se développe selon son rythme propre | ☐ | ☐ | ☐ | ☐ | ☐ | ☐ |
| Je discute souvent avec mon enfant et je fais des liens entre ses apprentissages scolaires et la « vraie vie » | ☐ | ☐ | ☐ | ☐ | ☐ | ☐ |

*(suite)*

| | Un peu (1 pt) | | Moyennement (5 pts) | | Beaucoup (10 pts) | |
|---|---|---|---|---|---|---|
| | M | P | M | P | M | P |
| Je laisse à mon enfant la responsabilité de ses tâches scolaires | ☐ | ☐ | ☐ | ☐ | ☐ | ☐ |
| Je le soutiens et je favorise sa motivation intérieure | ☐ | ☐ | ☐ | ☐ | ☐ | ☐ |
| Je respecte sa capacité d'attention et je lui suggère des moyens pour se concentrer mieux et davantage | ☐ | ☐ | ☐ | ☐ | ☐ | ☐ |
| Je le félicite pour les efforts qu'il fournit dans ses tâches scolaires | ☐ | ☐ | ☐ | ☐ | ☐ | ☐ |
| Je découvre sa façon d'apprendre | ☐ | ☐ | ☐ | ☐ | ☐ | ☐ |
| Je l'encourage à utiliser ses propres stratégies cognitives | ☐ | ☐ | ☐ | ☐ | ☐ | ☐ |
| Je favorise la découverte de nouvelles stratégies de mémorisation chez mon enfant | ☐ | ☐ | ☐ | ☐ | ☐ | ☐ |
| Je suis conscient(e) de l'importance des amis dans la vie de mon enfant et je favorise sa vie sociale | ☐ | ☐ | ☐ | ☐ | ☐ | ☐ |
| Je le renseigne sur la sexualité, la violence, les drogues et les abus de toutes sortes sans créer un climat de peur | ☐ | ☐ | ☐ | ☐ | ☐ | ☐ |
| Je parle des motifs qui poussent un jeune à faire des expériences nouvelles parfois dangereuses | ☐ | ☐ | ☐ | ☐ | ☐ | ☐ |
| Je valorise les attitudes positives et les réussites de mon enfant | ☐ | ☐ | ☐ | ☐ | ☐ | ☐ |
| Je reconnais les forces de mon enfant | ☐ | ☐ | ☐ | ☐ | ☐ | ☐ |
| Je suis attentif(attentive) à ses besoins | ☐ | ☐ | ☐ | ☐ | ☐ | ☐ |

Total des points

De 180 à 250 points : L'âge des héros est une période enrichissante pour vous et pour votre enfant. Vous favorisez l'autonomie de votre jeune tout en le soutenant dans les changements qui s'amorcent tant sur le plan physique que sur le plan psychologique. Vous êtes attentif(attentive) à ses besoins et vous le soutenez dans la découverte de ses propres stratégies d'apprentissage.

De 110 à 180 points : Par moments, vous trouvez difficile l'entrée dans la prépuberté. Le besoin incessant d'amis, les sautes d'humeur ainsi que la quête de plus en plus grande d'indépendance et d'autonomie vous dérangent souvent. Vous craignez peut-être l'adolescence qui s'annonce et vous ne savez plus très bien comment réagir. Toutefois, vous recherchez activement la communication et vous croyez dans les forces de votre enfant.

Moins de 110 points : La période de la prépuberté est difficile pour vous. Vous avez peut-être connu des moments difficiles dans cette période de votre vie ou vous vous retrouvez avec un enfant qui réclame ce que vous n'osiez pas demander à son âge. N'oubliez pas que votre apprenti sorcier oscille, pendant cette période, entre le besoin de s'affirmer et d'être considéré comme un grand et celui de rester un petit qu'il faut dorloter. Le fait de trop le protéger, comme celui de le négliger, ne favorise aucunement la transition vers l'adolescence. Peut-être avez-vous besoin d'aide ou du moins d'échanges avec des personnes de confiance.

# CONCLUSION

L'apprenti sorcier est un être fascinant qui s'ouvre au monde ! Au monde de la connaissance, à celui des amis et à celui de la découverte ! Cet être plein d'énergie est attentif à tout ce qui se passe autour de lui et sensible à la vie sous toutes ses formes.

L'enfant, entre 6 et 12 ans, a une vie affective, intellectuelle et sociale plus riche et plus nuancée qu'au cours des premières années ainsi qu'une énergie physique qu'il maîtrise de mieux en mieux. Au cours de son cheminement, il n'est pas rare qu'il bute sur ses propres limites et sur des difficultés de tout ordre ; il lui arrive alors de se blesser et de se sentir dévalorisé. Dans ces moments, on sent qu'il a vraiment besoin de parents qui peuvent le guider et l'aider à découvrir ses propres stratégies.

Devenir un parent guide est plus un processus qu'une fin en soi. C'est une façon d'être qui implique de nouvelles façons de faire. En cherchant à devenir ce type de parent, on permet à l'enfant d'être plus créateur, plus en contact avec sa richesse intérieure et plus capable d'établir une vraie relation avec ceux qui l'entourent.

De 6 à 8 ans, l'enfant vit « l'âge de raison ». Les parents doivent l'aider à comprendre simplement les lois qui régissent le monde et, à l'intérieur d'un cadre de vie sécurisant, lui permettre de remettre les choses en question et de raisonner sans perdre de vue ses émotions. L'enfant devient alors **capable de réfléchir sur sa vie.**

De 8 à 10 ans, l'enfant vit « l'âge des règles » et les parents doivent l'encourager à mettre de l'ordre dans sa vie ! Ils doivent, à l'intérieur d'un cadre de vie souple, l'encourager à réglementer ses activités sans perdre de vue ses propres besoins et ceux des autres. L'enfant devient alors **capable d'organiser sa vie.**

De 10 à 12 ans, l'enfant vit « l'âge des héros » et les parents doivent accepter son besoin d'admirer les personnages extraordinaires qui lui servent de modèles. Ils doivent, à l'intérieur d'un cadre de vie chaleureux, permettre l'idéalisation sans que la réalité soit perdue de vue. L'enfant devient alors **capable d'imaginer sa vie.**

Les apprentis sorciers ramènent les parents à leur propre vie sociale, passée et présente, ainsi qu'à leurs compétences comme *apprentis*. Des parents dévalorisés ou solitaires risquent fort d'avoir de la difficulté à aider leur enfant tout le long de ces années de découvertes. Il devient alors important pour eux d'entrer en contact avec leur monde intérieur, de réfléchir et d'effectuer certains petits changements qui sont source d'espoir. Ainsi, ils constateront, comme leurs enfants, qu'ils peuvent être des apprentis « sages », c'est-à-dire des êtres capables d'accepter leurs erreurs et de les utiliser pour continuer à grandir.

Pour toute société, les apprentis sorciers sont l'espoir de demain. L'école joue donc un rôle très important dans leur développement. C'est par elle que les enfants développent leur goût d'entrer dans l'univers de la connaissance; c'est par elle aussi qu'ils apprennent la démocratie, c'est-à-dire l'art de s'affirmer sans brimer, de négocier sans se soumettre, de discuter en respectant le point de vue de l'autre et de se faire une place sans nuire aux autres.

Or, l'école d'aujourd'hui est trop souvent axée sur la performance ou sur le rendement plutôt que sur la curiosité, sur le conformisme plutôt que sur la créativité. Cette obsession de la performance inhibe plusieurs enfants; ceux-ci sentent qu'ils n'ont plus le droit d'être des sorciers et qu'ils doivent n'être que des apprentis selon un cheminement et des critères imposés par les adultes. Leur vie imaginaire et leur créativité en sont fortement réduites. Le sorcier, autant que l'apprenti, a besoin d'être stimulé et protégé par des éducateurs guides, qu'ils soient parents ou enseignants.

De plus, les contacts entre enseignants et parents sont trop peu fréquents; ils ne s'établissent que lorsqu'il y a problème et ils s'avèrent insuffisants pour créer une complicité dont les enfants bénéficieraient. De plus, trop nombreux sont les parents qui tentent de régler des conflits qu'ils ont eus avec l'école en critiquant sans discernement le système scolaire et ceux qui l'animent. Du côté des enseignants, ils sont aussi trop nombreux à porter des jugements sévères sur les parents et à leur imputer toutes les difficultés qu'ils rencontrent. De part et d'autre, on oublie que la famille et l'école sont en pleine mutation.

Ces parents souvent « absents » et ces enseignants souvent « démotivés » sont enclins à oublier qu'il faut d'abord attacher de l'importance au développement de bonnes relations avec les enfants plutôt qu'aux résultats aux examens. À un autre point de vue, il ont aussi tendance à considérer que le plaisir est quelque chose de louche et que l'effort doit absolument être pénible pour porter des fruits. C'est ne pas comprendre que les apprentissages que l'on conserve sont ceux qui se sont réalisés dans le plaisir et grâce à une relation significative et non par la répétition inlassable d'exercices qui sont souvent ennuyeux.

Il faut cultiver le goût d'apprendre chez les enfants de cet âge si on ne veut pas qu'ils décrochent psychologiquement. Trop d'enfants, en effet, ne font qu'user leurs fonds de culotte sur les bancs de l'école et ne voient aucun lien entre les apprentissages scolaires et la vraie vie ! Ce sont ces mêmes enfants qui sont susceptibles de devenir, un peu plus tard, de véritables décrocheurs !

Nous avons voulu que ce livre serve à donner à tous les adultes qui s'occupent des enfants de 6 à 12 ans le goût de les guider dans l'univers de l'intuition, de la réflexion, de l'expérimentation et de la communication. Nous souhaitons, enfin, qu'il permette à tous ceux et celles qui sont membres d'une famille de devenir un peu plus des apprentis « sages » et qu'il soit un jalon sur la route qui mène à « la société des parents guides » !

# BIBLIOGRAPHIE

Badinter, Élisabeth, *XY de l'identité masculine*, Éditions Odile Jacob, Paris, 1992.

Bélanger, Robert, *Parents en perte d'autorité*, Éditions R. Bélanger, Saint-Laurent, 1987.

Bélanger, Robert, *Vinaigre ou miel: comment éduquer son enfant*, Éditions R. Bélanger, Saint-Laurent, 1986.

Bell-Dolan, Last, Strauss, *Symptoms of Anxiety Disorders in Normal Children*, Journal of American Academy of Child and Adolescent Psychiatry, n° 29, 1990.

Bersihand, Geneviève, *Les filles et leurs pères*, Robert Laffont, Paris, 1987.

Bessell, Harold, *Le développement socio-affectif de l'enfant*, Institut de développement humain, Québec, 1975.

Breton, Jean-Jacques et all, *Enquête québécoise sur la santé mentale des jeunes*, Santé Québec et Hôpital Rivière-des-Prairies, Québec et Montréal, 1993.

Cloutier, R., Renaud, A., *Psychologie de l'enfant*, Gaëtan Morin, Montréal, 1990.

Commission du primaire du Conseil supérieur de l'Éducation, *Être parent d'élève au primaire: une tâche éducative irremplaçable*, Ministère de l'Éducation du Québec, Québec, 1994.

Cornaton, Michel, *Analyse critique de la non-directivité*, Édouard Privat éditeur, Toulouse, 1975.

Corneau, Guy, *Père manquant, fils manqué*, Éditions de l'Homme, Montréal, 1989.

Côté, Raoul, *La discipline familiale: une volonté à négocier*, Agence d'Arc, Montréal, 1990.

De La Garanderie, *Les profils pédagogiques*, Éditions Le Centurion, Paris, 1988.

De La Garanderie, *Le dialogue pédagogique avec l'élève*, Éditions Le Centurion, Paris, 1988.

Delaisi de Parseval, Geneviève, *La part du père*, Le Seuil, Paris, 1985.

Dinkmeyer, Mckay, *The Parents Handbook*, Editions A.G.S., 1989.

Dolle, J.M., *Pour comprendre Jean Piaget*, Édouard Privat éditeur, Toulouse, 1974.

Dolto, Françoise, *La cause des enfants*, Robert Laffont, Paris, 1985.

Dolto, Françoise, *Lorsque l'enfant paraît*, Le Seuil, Paris, 1990.

Doré, F.-Y., Mercier, P., *Les fondements de l'apprentissage et de la cognition*, Gaëtan Morin, Montréal, 1992.

Dubé, Robert, *Hyperactivité et déficit d'attention chez l'enfant*, Gaëtan Morin, Montréal, 1993.

Duclos, G., Laporte, D., *Du côté des enfants, volume 2*, Hôpital Sainte-Justine, Montréal, 1992.

Dyer, Wayne W., *Les 10 commandements pour réussir l'éducation de nos enfants*, Belfond, Paris, 1988.

Elkind, David, *L'enfant stressé*, Éditions de l'Homme, Montréal, 1984.

Erikson, E.H., *Insight and Responsibility*, Norton and Co. Inc., New York, 1964.

Erikson, E.H., *Identity, Youth and Crisis*, Norton and Co. Inc., New York, 1968.

Erikson, E.H., *Childhood and Society*, Norton and Co. Inc., New York, 1950.

Faber, A., *Jalousies et rivalités entre frères et sœurs: comment venir à bout des conflits entre vos enfants*, Stock, Paris, 1989.

Ferguson, Marilyn, *Les enfants du Verseau*, Calmann Lévy, Paris, 1980.

Friday, Nancy, *Ma mère, mon miroir*, Robert Laffont, Paris, 1979.

Galyean, B.C., *Visualisation, apprentissage et conscience*, Centre d'intégration de la personne, Québec, 1986.

Gesell, Arnold, Ilg, S.L., *L'enfant de 5 à 10 ans*, PUF, Paris, 1963.

Gobert, Dominique, *Il était une fois le bon Dieu, le Père Noël et les fées: l'enfant et la croyance*, Albin Michel, Paris, 1992.

Gordon, Thomas, *Comment apprendre l'autodiscipline aux enfants*, Le Jour, Montréal, 1990.

Inhelder, B., Piaget, J., *De la logique de l'enfant à la logique de l'adolescent*, PUF, Paris, 1955.

Kelen, Jacqueline, *Les nouveaux pères*, Flammarion, Paris, 1986.

Kohlberg, L., *The Development of Children's Orientations toward a Moral Order: Sequence in the Development of Moral Thought*, Vita Humana, 1963.

Kohlberg, L., *Stage and Sequence: the Cognitive Developmental Approach to Socialization*, Chicago, 1969.

Kohlberg, L., *Moral Stages and Moralization. Moral Development and Behavior*, New York, 1976.

Kohlberg, L., Gilligan, C., *The Adolescent as a Philosopher: the Discovery of the Self*, New York, 1971.

Landry, M.C., *La créativité des enfants, malgré ou grâce à l'éducation?* Éditions Logiques, Montréal-Paris, 1992.

Laporte, D., Duclos, G., Geoffroy, L., *Du côté des enfants, volume 1*, Hôpital Sainte-Justine et Magazine Enfants, Montréal, 1990.

Le Gall, André, *Le rôle nouveau du père*, Éditions ESF, Paris, 1975.

Legendre, R., *Dictionnaire actuel de l'éducation*, Larousse, Paris, 1988.

Legendre-Bergeron, M.F., *Lexique de la psychologie du développement de Jean Piaget*, Gaëtan Morin, Montréal, 1980.

Lindsay, Norman, *Traitement de l'information et comportement humain*, Études Vivantes, Montréal-Paris, 1980.

Lowen, Alexander, *Le plaisir*, Éditions du Jour et Tchou, Montréal, 1977.

Naouri, Aldo, *Une place pour le père*, Le Seuil, Paris, 1985.

*Nécessaire paternité, essentielle parentalité*, Rapport de consultation du Conseil de la famille, Québec, 1993.

Nielsen, Ruth F., *Le développement de la sociabilité chez l'enfant*, Delachaux et Niestlé, Neuchâtel, 1963.

Olivier, Christiane, *Les enfants de Jocaste*, Denoël, France, 1980.

Olivier, Christiane, *La psychafamille*, B. D. Carrère, France, 1988.

Olivier, Christiane, *Les fils d'Oreste*, Flammarion, France, 1994.

Pearce, John, *Les écarts de conduite: comment imposer des limites à votre enfant sans le brimer*, Éditions de l'Homme, Montréal, 1991.

Piaget, Jean, *L'image mentale chez l'enfant*, PUF, Paris, 1966.

Piaget, Jean, *Le jugement moral chez l'enfant*, PUF, Paris, 1957.

Piaget, Jean, *La prise de conscience*, PUF, Paris, 1974.

Piaget, Jean, *La genèse des structures logiques élémentaires*, Delachaux et Niestlé, Neuchâtel, 1967.

Piaget, Jean, *La genèse du nombre chez l'enfant*, Delachaux et Niestlé, Neuchâtel, 1967.

Rideau, Alain, *La psychologie moderne, 400 difficultés et problèmes chez l'enfant*, La Bibliothèque du CEPL, Paris, 1971.

Ross, J., Duclos, G., Laporte, D., *Les grands besoins des tout-petits. Vivre en harmonie avec les enfants de 0 à 6 ans*, Les éditions Héritage, Montréal, 1994.

Schell, Robert E., Hall, Elizabeth, *Psychologie génétique, le développement humain*, Éditions du Renouveau pédagogique, Montréal, 1980.

Tardif, J., *Pour un enseignement stratégique,* Éditions Logiques, Montréal, 1993.

Thibaudeau Colette, Beauchamp, D., *Pères présents, enfants gagnants: guide pédagogique à l'intention des intervenants,* Belœil, 1994.

Withmore, Diana, *Psychosynthèse et éducation,* Le Centre d'intégration de la personne de Québec inc., Québec, 1988.

Youngs, B., *Le stress chez l'enfant,* Éditions La Presse, Montréal, 1986.

# NOTES

# NOTES

# NOTES

# NOTES

# NOTES

ACHEVÉ    D'IMPRIMER
EN      FÉVRIER    1997
SUR   LES   PRESSES   DE
PAYETTE   &   SIMMS   INC.
À SAINT-LAMBERT  (Québec)